AF617480

VERBUM ENSAYO

# NOTICIAS PARA ULISES
LECTURAS CRÍTICAS DE VIRGILIO PIÑERA

serie **Biblioteca Cubana**

*Dirigida por:* Pío E. Serrano

Serie dedicada a difundir lo mejor de la literatura cubana clásica y contemporánea. Agrupa temas y abordajes relativos a las letras cubanas, con títulos de diferentes géneros y autores de dentro y fuera de la Isla, en un diálogo cultural útil y generador de intercambios. Entre los autores más destacados de la Serie, figuran: José Martí, José María Heredia, Julián del Casal, Gertrudis Gómez de Avellaneda, Cirilo Villaverde, Juana Borrero, Ramón Meza, Jorge Mañach, Alejo Carpentier, Pablo de la Torriente, José María Chacón y Calvo, Nivaria Tejera, Guillermo Cabrera Infante, Leonardo Padura, Abilio Estévez, Pedro Juan Gutiérrez, José Lorenzo Fuentes, Dulce María Loynaz, Roberto González Echevarría, Miguel Barnet, Miguel del Carrión, José Olivio Jiménez, Manuel Díaz Martínez, Francisco Morán, Carlos Montenegro, Lino Novás Calvo, Severo Sarduy, Eugenio Suárez Galbán, José Prats Sariol, Félix Luis Viera, Rafael Alcides, Antonio José Ponte, Reinaldo Montero, Luis Manuel García, Julio Travieso, José Kozer, Lydia Cabrera, Eliseo Diego, Gastón Baquero, Lina de Feria, Virgilio López Lemus, Ramón Fernández Larrea, Enrique Pérez Díaz, José Triana, Rogelio Riverón, Virgilio Piñera, Juana Rosa Pita, Zoé Valdés, José Ángel Buesa, Alfonso Hernández-Catá, Roberto Fernández Retamar, Nicolás Guillén, entre otros.

GERSENDE CAMENEN
ARMANDO VALDÉS-ZAMORA
(COORDINADORES)

# Noticias para Ulises

## Lecturas críticas de Virgilio Piñera

Puede que Ulises
–extranjero eterno, viajero eterno–
nos visite.

VIRGILIO PIÑERA

*Poeta*, nº 1, La Habana, noviembre de 1942

Este libro se publica gracias al
Laboratorio Lissa de la Universidad Gustave Eiffel

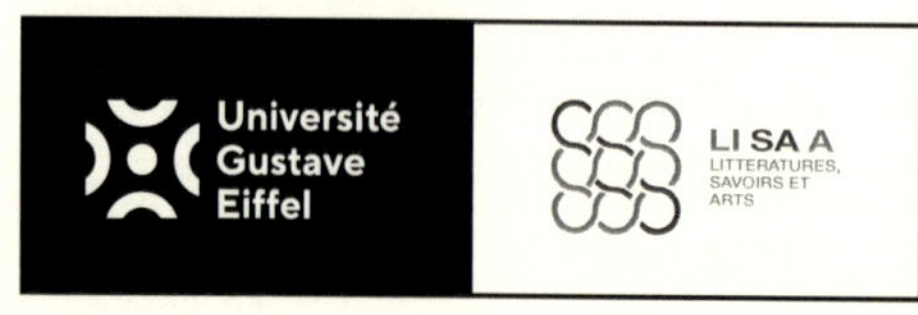




Tr.ª Sierra de Gata, 5
La Poveda (Arganda del Rey)
28500 - Madrid
Teléf.: (+34) 910 46 54 33
e-mail: info@editorialverbum.es
https://editorialverbum.es

I.S.B.N.: 978-84-1136-090-6
Depósito Legal: M-5946-2024

Diseño de colección: Origen Gráfico, S. L.
Preimpresión: Adrians Esquivel Romero
*Printed in Spain* / Impreso en España

# ÍNDICE

Gersende Camenen y Armando Valdés-Zamora
Introducción. La serenidad regocijada de un sátiro ........................... 13

1 Enrique Del Risco (New York University)
Un breve rapto de fe ........................... 35

2 David Leyva (Centro de Estudios Martianos)
*El Filántropo* y *Los siervos* ........................... 61

3 Christoph Singler (Leibniz Universität Hannover)
Desde Praga importar cucarachas. Kafka, Piñera y Arendt........... 71

4 Gerardo Fernández Fe (Escritor)
Una belleza siniestra y fría ........................... 87

5 Ernesto Hernández Busto (Escritor)
Tres poemas olvidados de Virgilio Piñera ........................... 99

6 Francy L. Moreno H (Pontificia Universidad Javeriana)
Virgilio Piñera: sus revistas, su eco ........................... 109

7 Armando Valdés-Zamora (Université Paris-Est Créteil)
La biblioteca francesa de Virgilio Piñera: el caso de *Ciclón* .......... 133

8 Gersende Camenen (Université Gustave-Eiffel)
"Y eso mismo dirán 'los dioses' de ti: que te quedes en París".
Sobre dos cartas de Virgilio Piñera a Severo Sarduy .................... 191

9 Nancy Calomarde (Universidad de Córdoba)
Virgilio Piñera en los (des)bordes de su archivo: ficciones
somáticas y archivo plástico ........................... 233

10 Pablo Gasparini (Universidade de São Paulo)
Cartas a un "colibrí ahogado": la correspondencia Gombrowicz-
Piñera pos gesta ferdydurkista ........................... 255

11 Armando Valdés-Zamora
Entrevista a Abilio Estévez. De Saint-Simon a Marcel Proust:
las memorias francesas de Virgilio Piñera ........................... 273

# INTRODUCCIÓN

# La serenidad regocijada de un sátiro

Gersende Camenen y Armando Valdés-Zamora

> Me asomé al ataúd, y pude ver a un Virgilio rejuvenecido, casi sonriente, sin ninguna arruga; los labios estirados, los ojos apaciblemente cerrados. Tenía, en ese momento, la serenidad regocijada de un sátiro.
>
> Reinaldo Arenas
>
> ("La isla en peso con todas sus cucarachas")

En una tentativa por inscribir a Virgilio Piñera entre los clásicos más relevantes de la historia literaria cubana, Antón Arrufat, en su prólogo a *La carne de René*, lo compara con Alejo Carpentier y José Lezama Lima. *El siglo de las luces*, *Paradiso*, y *La carne de René* tendrían en común ser novelas de iniciación que, a pesar de las diferencias de sus conflictos –la Historia, la Imagen, la Carne– "parecen conversar, entablar un diálogo a tres voces, dentro de la cultura cubana".[1] Acto seguido Antón, al detallar lo que distingue a la novela de Piñera de los otros dos libros, nos da una pista que ayuda a responder por qué la obra de Piñera no corrió la misma suerte que la de sus dos compatriotas. La soledad, el miedo y la huida incesante de René, la carencia de todo heroísmo, la falta de espiritualidad relegada ante la primacía de la carne y el cuerpo, y la burla de todo misticismo, en fin, un estilo "de cháchara casera, parodia y franqueza", integran esta escritura incómoda. De más está argumentar que las circunstancias de los últimos veinte años de la vida de Piñera, tampoco facilitaron la circulación de una literatura en las antípodas de los modelos promovidos por la política cultural cubana, y de lo que debía corresponder a la imagen de la revolución entre los intelectuales del mundo.

A lo anterior debe agregarse que la recepción de Piñera fuera de Cuba, aun cuando es sabido que se adelantó con *Falsa Alarma* (1948)

[1] Antón Arrufat, "La carne de Virgilio", *La carne de René*, Ediciones Unión, 1995, p. 7.

al absurdo de Ionesco en *La Soprano calva* (1950) y con *Electra Garrigó* (1941) al existencialismo de *Las moscas* (1943) de Sartre, no lo legitima con la autoridad de un fundador. Su estética ha sido leída y asociada a estas escuelas europeas e incluso a Gombrowicz. Tampoco se considera su escritura representativa de corrientes propias a la literatura latinoamericana como el barroco, el realismo mágico, lo real maravilloso, etc.

Más de une década antes del prólogo de Arrufat, Reinaldo Arenas, ya exilado en Nueva York, y con la beligerancia que lo caracterizara, había descrito a un Piñera perseguido por la fatalidad, "tocado por la maldición de la expulsión".[2] Tanto el escritor como los personajes de sus obras, escribió Arenas, hicieron de la persecución un modo de vida o de sobrevida. Un estilo doméstico, chato, cortante, grotesco y escurridizo solo puede tratar la realidad a través del humor negro.

Ha sido necesario esperar casi una década después de su muerte en 1979 para que la obra de Virgilio Piñera, poco a poco, comenzara a resucitar en Cuba. El 4 de agosto de 2012 en el teatro Trianon de La Habana se celebraron los 100 años del natalicio de Virgilio Piñera. Ese día culminaron decenas de jornadas de homenajes previstos mucho tiempo antes para festejar, de manera oficial, al escritor de *Electra Garrigó*. Tras un silencio que se extendió desde la aparición de la obra de teatro *Dos viejos pánicos* (Premio Casa de las Américas, 1968) y del poemario *La vida entera* en 1969, hasta la segunda parte de la década de los 80, el escritor antes proscrito y censurado hasta su muerte ha pasado a ser ahora en la isla una referencia canónica promovida por las instituciones gubernamentales.[3]

Fuera de Cuba, otros marcos interpretativos crearon objetos diferentes, en cierta forma, sus propios Piñeras. Al menos tres rutas geográficas y culturales se abrieron a través de la tradición argentina,

---

[2] Reinaldo Arenas, "La isla en peso con todas sus cucarachas", *Mariel*, Nueva York, año 1, nº 2, verano de 1983, pp. 20-24. También en *Necesidad de Libertad*, México, Kosmos Editorial, 1986 y en otra edición de ese mismo libro, Miami, Ediciones Universal, 2001.

[3] Rafael Rojas en su artículo "Virgilio Piñera y el pensamiento cautivo", *El País*, 6 de julio de 2012, analiza la recuperación de Piñera por el gobierno cubano, a raíz de las festividades por su centenario.

la francesa y una de contornos más difusos que abarcaría a Kafka y Gombrowich y a interpretaciones que leen al cubano de una manera descentrada de su tradición. De cierto modo, esta corriente crítica se relaciona con la des-contextualización propia de una literatura menor, según la lectura que Deleuze hace de Kafka.

Desde la rehabilitación mesurada pero oficial de Piñera en Cuba y las ediciones españolas de los 80, se originan diversos modelos de recepciones de su obra tomando como base los lugares de emisión en un primer lugar y, en segundo lugar, la evolución más reciente de las perspectivas críticas. De manera paralela a la crítica, celebraciones y ediciones de sus libros en la isla, se multiplica una recepción de cubanos exilados o residentes fuera de la isla. A lo anterior, se agrega el interés editorial, académico y crítico en general de casas de edición, revistas e instituciones extranjeras, tanto en los Estados Unidos como en Europa y en América Latina. María Isabel González Arenas en su libro *La revolución de Virgilio Piñera. Discurso crítico y estético*, hace un detallado balance de las tipologías de estudios existentes y que abarcan desde los discursos identitarios, lo grotesco, las perspectivas geográficas y sociológicas, hasta los análisis sobre la identidad sexual y el cuerpo *queer*.[4]

Creemos que se impone un sucinto recuento, a manera de balance, en este preámbulo, de esas recepciones contemporáneas que han contribuido al renacimiento de Piñera, antes de presentar los trabajos de este volumen.

En realidad, es fuera de Cuba, en Madrid, donde Alfaguara publica a principios de la década de los 80 tres libros de Piñera como bien recuerda Thomas. F. Anderson al referirse a la resurrección del cubano en su biografía del escritor *Everthing in its place: the life and works of Virgilio Piñera*[5]: *Cuentos* (1983), *La carne de René* (1985) y *Pequeñas maniobras/Presiones y diamantes* en 1986. Hay que añadir que ese mismo año se publica en Miami la pieza *Una caja de zapatos*

---

[4] María Isabel González Arenas, *La revolución de Virgilio Piñera. Discurso crítico y estético*, Madrid, Palas Atenea, 2018.

[5] Thomas. F. Anderson, *Everthing in its place: the life and works of Virgilio Piñera*, Lewisburg, Bucknell UP, 2006, p. 260.

*vacía* con edición crítica y prólogo de Luis F. González, cuyo manuscrito se puede consultar en los fondos de Cuban Heritage de la Universidad de Miami. Vale señalar que Luis F. González constituye una rareza en los estudios piñerianos por la anticipación al rescate crítico del escritor. En 1974, da a conocer su artículo "Virgilio Piñera y el arte de lo absurdo en Cuba" y en 1977 publica "Arte y situación de Virgilio Piñera".[6]

Corresponde sin embargo a tres escritores cubanos exilados el rescate de un Piñera controvertido y expulsado del panteón letrado de su país: Guillermo Cabrera Infante, Reinaldo Arenas y Heberto Padilla. El primero publicó en abril de 1980 su ensayo "Tema del héroe y la heroína" donde recrea la antinomia que representaron Lezama y Virgilio para la literatura cubana. En 1982 y 1983, los escritores Heberto Padilla y Reinaldo Arenas, ya fuera de Cuba donde ambos habían sido encarcelados, publican en Nueva York dos artículos sobre el Piñera segregado en la isla. Padilla da a conocer en el cuarto número de 1982 de *Linden Line Magazine* su "Virgilio Piñera el invisible", mientras que Arenas, como ya hemos visto, escribe para el segundo número de la revista *Mariel* "La isla en peso con todas sus cucarachas".[7] Se trata de "un ensayo delirante y lúcido a la vez, que ofrece no sólo una lectura cabal del poema ['La isla en peso'] sino también una visión de Piñera como ser perseguido a la vez que, en el inimitable estilo de Arenas, se hace una narración escalofriante del entierro del autor".[8]

---

[6] Luis F. González, "Virgilio Piñera y el arte de lo absurdo en Cuba", *Mester*, n° 5, 1974, pp. 52-58, "Arte y situación de Virgilio Piñera", *Caribe*, n° 2, 1977, pp. 68-80.

[7] Guillermo Cabrera Infante, "Vidas para leerlas", *Vuelta*, n° 441, 1980, pp. 4-16, "La carne de Virgilio", *Cambio 16*, n° 639, 1984, p. 81, "The Death of Virgilio", *Cold Tales*, traducción Mark Shafer, Colorado, Eridanos Press, 1988, pp. XI-XIV, *Vidas para leerlas*, Madrid, Alfaguara, 1992, pp. 12-58. Reinaldo Arenas en su ensayo "La isla en peso con todas sus cucarachas", ob. cit, menciona el artículo de Padilla; "Virgilio el invisible", *Linden Lane Magazine*, n° 16-18, diciembre de 1982, pp. 16-18.

[8] José Quiroga, "Piñera inconcluso", *Virgilio Piñera: la memoria del cuerpo*, Rita Molinero (ed.), San Juan, Editorial Plaza Mayor, 2002, p. 168.

En esas circunstancias puede considerarse que el rescate de Piñera en Cuba a partir de la segunda mitad de los 80 forma parte de una réplica a esta resurrección extranjera. Dicha estrategia oficial coincide con la rehabilitación de Antón Arrufat (1935-2023), albacea de Virgilio, y como se sabe autor de *Los siete contra Tebas,* Premio Uneac de teatro de 1968, obra que le valiera su exclusión de los circuitos culturales durante casi dos décadas. En su artículo de 1988 "Carne y papel: el fantasma de Virgilio", Enrico Mario Santí se refiere al momento en que comienza el rescate de la obra de Piñera en Cuba:

> A esos ocho años de marginación forzada que padeció Piñera le siguieron, a su vez, otros siete de silencio oficial. Fue sólo en el verano de 1986, por primera vez desde su muerte civil, que un grupo de fieles si bien temerosos amigos y admiradores se atrevieron a rendirle tributo en el recinto de la Unión de Escritores de La Habana. Hubo que esperar otros cuatro años, para que se publicaran en la revista *Unión* los textos leídos en ese pequeño homenaje.[9]

Si bien es cierto que en la revista *Conjunto* aparece en 1984 la pieza de teatro *El Album*[10], es con los libros de cuentos *Un fogonazo* y *Muecas para escribientes* de 1987 que se inicia el regreso de Piñera, acompañados del poemario *Una broma colosal* en 1988 y del *Teatro Inconcluso* de 1990. Una compilación de los dos libros de cuento se publicaría indistintamente en Alfaguara en 1990 y en México en 1995.

---

[9] Enrique Mario Santí, "Carne y papel: el fantasma de Virgilio", *Vuelta*, n° 18.208, 1994, pp. 59-63. La referencia de la revista cubana es *Unión*, año III, n° 10, abril-mayo-junio, 1990.

[10] *Conjunto*, n° 61-62, 1984. "Pasados siete años de su muerte, en 1984, comenzarían a publicarse y a estrenarse. El bracear con la sombra había comenzado a terminar", comenta Antón Arrufat en su conferencia inaugural del coloquio "Virgilio Piñera tal cual" leída el 19 de junio de 2012 en el Colegio Universitario San Gerónimo de La Habana. Cito la referencia a *Conjunto* por Rine Leal en *Teatro Completo* de Virgilio Piñera, La Habana, Letras Cubanas, 2002, p. XXII. Como se sabe, este volumen no incluye la obra *Los Siervos* publicada en el número 6 de 1955 de *Ciclón*, (pp. 6-29) por considerarse "eliminada por el autor". La verdadera causa es conocida: la crítica al comunismo de esta obra. Por su parte, la revista *Tablas* editada en La Habana reprodujo en su número 2 de 1983 el artículo "No estamos arando en el mar" del Piñera entusiasta por la revolución cubana. Se trata de una conferencia impartida en 1966 en la Biblioteca Nacional José Martí.

En todos los casos fue obra de Arrufat la tramitación de los manuscritos; igual ocurriría en lo adelante con la mayoría de las ediciones extranjeras que, en ocasiones, fueron introducidas por el albacea de Virgilio.[11]

De manera paralela a esta apertura editorial, fueron apareciendo libros dedicados al escritor cubano en la isla y en el extranjero. El libro de Arrufat, *Entre él y yo* (1994) contribuyó a dar una visión íntima del intelectual inmerso en sus contradicciones y en su insistencia por crear una obra contra numerosas adversidades, tanto antes como después de la revolución. "Las memorias de Arrufat rellenan un pequeño resquicio de ese hueco negro a donde la censura lanzó a Piñera", escribe Diana Álvarez Amell al evocar una conversación con Antón.[12] Los testimonios de otras personas cercanas al escritor recogidos en *Virgilio Piñera en persona* (2003) de Carlos Espinosa completaron esta imagen. Los libros de Alberto Garrandés, *La poética del límite. Sobre la cuentística de Virgilio Piñera* de 1993, de Enrique Saínz, *La poesía de Virgilio Piñera. Ensayo de aproximación* de 2001 y *Virgilio Piñera: un hombre, una isla* de Alberto Abreu en 2002 –objeciones aparte y a veces polémicas como la que Antonio José Ponte le hace al libro de Saínz–[13], vinieron a llenar un vacío crítico que poco a poco se fue renovando, de manera curiosa, por jóvenes escritores. Basta citar los ensayos y artículos de Abilio Estévez, Antonio José Ponte, Pedro Márquez de Armas y un homenaje introducido por Carlos Aguilera en la revista *Diáspora(s)* en 1999.[14]

[11] "La editorial deja constancia de su agradecimiento a Antón Arrufat, quien facilitó los borradores y colaboró en todo momento con esta edición", reza en la página 5 de *Un fogonazo*, Letras Cubanas, Pablo Gasparini, 1987.

[12] Diana Álvarez Amell, "A la sombra de Virgilio, a bordo de un Cadillac rojo Antón Arrufat recuerda a Virgilio Piñera", *Encuentro de la cultura cubana*, Madrid, n° 20, 2001, p. 30.

[13] Antonio José Ponte, "Reclamaciones equivocadas a Virgilio Piñera", *Extramuros*, n° 8, enero-abril 2002, pp. 1-3.

[14] Abilio Estévez, "El secreto de Virgilio Piñera", *Unión*, n° 10, 1990, pp. 69-70. Antonio José Ponte, "Ciclón, Rodríguez Feo, Piñera: una conversación con Antón Arrufat", *La Gaceta de Cuba*, 6, 33, 1995, "La ópera y la jaba", *Encuentro de la cultura cubana*, n° 14, 1999, pp. 14-17, y *La lengua de Virgilio. La ópera y la jaba*, Matanzas, Vigía, 2000. Carlos Aguilera introduce con una nota el dossier que la revis-

Por otra parte la revista *Albur*[15] editada en el Instituto Superior de Arte de la Habana por Iván González Cruz entre 1987 y 1992, dedicó un importante número a Virgilio Piñera con varios textos hasta entonces inéditos.

En cuanto a las obras críticas en el extranjero, la primicia corresponde a la editorial Pliegos que edita en Madrid dos libros sobre Piñera en 1989 de dos universitarias puertorriqueñas; *Los textos dramáticos de Virgilio Piñera y el teatro del absurdo* de Raquel Aguilu de Murphy y *La cuentística de Virgilio Piñera: estrategias humorísticas* de Carmen L. Torres. Estos estudios iniciales con perspectivas críticas hasta cierto punto previsibles y superables, se abrirían después a otras áreas y especialistas de múltiples países. A partir de la década de los 90 y, sobre todo, desde principios de los 2000, numerosos han sido los estudios sobre Piñera fuera de la isla, al igual que las traducciones a otros idiomas de su obra.[16] Un libro como *Virgilio Piñera: la memoria del cuerpo*, editado por Rita Molinero y publicado en 2002 en Puerto Rico[17] –por no citar que un ejemplo– antologa muchos de los textos citados aquí de intelectuales cubanos, además de incluir estudios de especialistas extranjeros.

---

ta *Diáspora(s)*, n° 4-5, noviembre de 1999, p. 26 le dedicara a Piñera. Pedro Marqués de Armas, "Relato Piñera", Unión, julio-septiembre 2001. Cito a partir de *Prosa de la nación. Ensayos de literatura cubana*, Editorial Casa Vacía, 2017, pp. 74-78.

[15] *Albur*, La Habana, año III, número XI, mayo de 1990, pp. 4-26. Ver ; *Órbita de Albur. Revista cultural cubana*, Diana María Ivizate e Iván González Cruz, Generalitat Valenciana, 2002. El artículo de Ernesto Hernández Bustos sobre la poesía de Piñera en este volumen, se refiere en parte a textos publicados en ***Albur***. El propio Iván publicaría en *Credo* –editada a partir de 1993– dos textos inéditos de Piñera, el poema "El Telegrama" y el artículo "Sexualidad y machismo" cedido por el escritor Abilio Estévez. Ver: *Revista Cultural cubana*, Iván González Cruz (ed.), Universidad Politécnica de Valencia, 1998.

[16] María Isabel González Arena en su libro *La Revolución de Virgilio Piñera: discurso crítico y estético*, ob.cit., propone una extensa y detallada clasificación de puntos de vista críticos sobre la obra y la personalidad de Piñera. A manera de colofón una minuciosa bibliografía de Piñera y sobre él, actualizan –a pesar de algunas ausencias– el estado de los estudios piñerianos hasta 2018.

[17] *Virgilio Piñera: la memoria del cuerpo*, Rita Molinero (ed.), Puerto Rico, Plaza Mayor, 2002.

Con el transcurso de los años, lo que más llama la atención es el desplazamiento de los juicios críticos sobre la narrativa y el teatro piñeriano a nuevas zonas. Si bien han sido el absurdo, lo fantástico, lo grotesco e incluso lo neobarroco las estéticas a las que se asocia la escritura del cubano, el cuerpo, la homosexualidad y lo *queer* van ocupando cada vez más espacio entre quienes lo estudian. Los ensayos de José Quiroga, "Fleshing Out Virgilio Piñera from the Cuban Closet" de 1994,[18] el de Ana García Chichester –que hiciera su tesis doctoral sobre "El que vino a salvarme" en 1991 en la Universidad de Virginia–, "Codifying Homosexuality as Grotesque: The Writings of Virglio Piñera" y el libro *A libélula, a pitonisa. Revoluçao, homosexualismo e literatura em Virgilio Piñera* de Teresa Cristófani,[19], se desvían de estudios temáticos con el tiempo devenidos tradicionaes, y proponen leer a Piñera a la luz de nociones más contemporáneas y relacionadas con diferentes políticas del cuerpo.

En cuanto al interés de la crítica argentina por la obra de Piñera, hay que tener en cuenta la forma abierta en que se ha leído siempre su literatura en el país que lo acogió, sin las ataduras exigidas por los cánones de una identidad cubana. En este sentido las lecturas de Juan José Saer y de Ricardo Piglia sobre el polaco Witold como escritor argentino, se desplazan a la propia experiencia de la escritura de Piñera que es leído con la libertad que le confiere a los ojos de un crítico su experiencia argentina. Saer en "La perspectiva exterior: Gombrowicz en Argentina" escribe que "Ser polaco. Ser francés. Ser argentino. Aparte de la elección del idioma ¿en qué otro sentido se le puede pedir semejante autodefinición a un escritor?" antes de citar la provocadora

[18] José Quiroga, "Fleshing Out Virgilio Piñera from the Cuban Closet", Emile Bergman, Paul Julian Smith (eds), *¿Entiendes? Queer Readings, Hispanic Writings*, Durham, Duke University Press, 1994, pp. 169-179.

[19] Ana García Chichester, "Codifyng Homosexuality as Grotesque: The Writings of Virglio Piñera", David William Foster and Roberto Reis (ed.), *Bodies and biases: Sexualities in Hispanic Cultures and Literature*, Minneapolis, University of Minnesota Press, 1996, pp. 294-315, Teresa Cristófani, *A libélula, a pitonisa. Revoluçao, homosexualismo e literatua em Virgilio Piñera*, Sao Paulo, Iluminuras, 1996.

ironía de Piglia cuando afirma que "el más importante autor argentino del siglo XX es Witold Gombrowicz".[20]

Por su parte, Piglia al recordar la tesis central de Borges en "El escritor argentino y la tradición" que consiste en afirmar que "las literaturas secundarias y marginales, desplazadas de las grandes corrientes europeas tienen la posibilidad de un manejo propio, 'irreverente' de las grandes tradiciones", a la vez libera de trabas por su origen cualquier análisis de la escritura de Piñera, y valora, desde otro punto de vista, la apropiación desenfadada de la herencia europea.[21] Pablo Gasparini retoma estas ideas de Saer y de Piglia en un capítulo de su libro *El exilio procaz: Gombrowicz por la Argentina*.[22] Al abordar las tesis de ambos críticos sobre Gombrowicz, Gasparini recurre a la teoría piñeriana del tantalismo en las letras argentinas a la vez que detalla su participación en la célebre traducción de *Ferdydurke* en el café Rex.

El libro de Reinaldo Laddaga *Literaturas indigentes y placeres bajos. Felisberto Hernández, Virgilio Piñera, Juan Rodolfo Wilcock* de 2000 a la vez sigue estas rutas y abre otras nuevas en el recuento y la interpretación de las relaciones de Piñera con la literatura del país donde viviera más de diez años de su vida. Al describir esta ruta argentina no debe obviarse su punto de partida más ilustre, el "Piñera narrador", introducción de José Bianco a la edición de Sudamericana de *El que vino a salvarme* de 1970.[23]

En 1979 la argentina Martha Morelos Froch publica "La anatomía: mundo fantástico de Virgilio Piñera" que, visto desde un punto de

[20] Juan José Saer, "La perspectiva exterior: Gombrowicz en Argentina", *Punto de vista*, n° 35, septiembre-noviembre de 1989, pp. 11 15.

[21] Ricardo Piglia, "¿Existe la novela argentina? Borges y Gombrowicz", *Espacios de crítica y producción*, n°. 6, Facultad de Filosofía y Letras, Universidad de Buenos Aires, 1987.

[22] Pablo Gasparini, "Del motín a los deberes del pensamiento: Piglia y Gombrowicz", *El exilio procaz: Gombrowicz por la Argentina*, Beatriz Viterbo Editora, 2006, pp. 124-175.

[23] José Bianco, "Piñera narrador", Virgilio Piñera, *El que vino a salvarme*, Buenos Aires, Sudamericana, 1970.

vista cronológico, da la impresión de ser una excepción anticipadora.[24] Llama la atención a su vez la temprana reseña de Daniel Balderston a "El Album", publicada en la revista mexicana *Texto Crítico* en 1986, a la cual agrega el artículo "Estética de la deformación en Gombrowicz y Piñera" que aparece en 1991 en *Explicación de textos literarios* una revista ahora desaparecida editada por la Universidad de California.[25] Los también argentinos Pablo Gianera y Daniel Samoilovich editan en 1999 el "Dossier de Virgilio Piñera. Cronología", referente en los estudios piñerianos, en el número 51 de *Diario de Poesía*. Gianera rememora este homenaje en una exquisita crónica motivada por su encuentro con Antón Arrufat en Buenos Aires en 2016 publicada en *La Nación*.[26]

Dos investigadores que nos honran con su participación en este libro forman parte de esta tradición crítica. Pablo Gasparini –a quien mencionamos más arriba– publica "'Carne fachera' (sobre *La carne de René*, *Ferdydurke* y *Paraíso)*"[27] mientras que Nancy Calomarde ha comentado por una parte la lectura que hace José Bianco de Virgilio, y por otra detalla la experiencia estética del cubano en su artículo "La ficción sin límites (la ruta argentina de Virgilio Piñera)". Precisamente en su capítulo "La ruta argentina de Virgilio Piñera" del libro *El diálogo oblicuo. Orígenes y Sur, fragmentos de una escena de lectura latinoamericana (1944-1956),* Calomarde cita el artículo

[24] Martha Morelos Froch, "La anatomía: mundo fantástico de Virgilio Piñera", *Hispamérica*, n° 23/24, agosto-diciembre 1979, pp. 19-34.

[25] Daniel Balderston, "Lo grotesco en Piñera: la lectura de 'El Album'", *Texto Crítico*, n° 34/35, 1986, pp. 174-178 y "Estética de la deformación en Gombrowicz y Piñera", *Explicación de textos literarios*, n° 19, 1990-1991, pp. 1-7. En este crítico panorama albiceleste, resulta curioso por su fecha un ensayo sobre *Cuentos Fríos* de Adam Gai publicado en 1985, "Virgilio Piñera y las peticiones peligrosas", *Semiosis*, Universidad Veracruzana, enero-diciembre de 1985, pp. 184-196.

[26] Pablo Gianera, "Una Habana que no es difunta", *La Nación*, 1 de diciembre de 2016.

[27] Pablo Gasparini, "'Carne fachera' (sobre *La carne de René*, *Ferdydurke* y *Paraíso)*", *Virgilio Piñera: la memoria del cuerpo*, ob. cit, pp. 289-304.

de Gasparini entre los textos que sirven de base al estudio de esa ruta piñeriana.[28]

El tema de la estancia porteña del cubano ha interesado a su vez a sus compatriotas intelectuales. En 1989 Carlos Espinosa escribe "El poder mágico de los bifes: la estancia en Buenos Aires de Virgilio Piñera".[29] En el año 1994, Ernesto Hernández Busto publica "Los reyes del Rex: Piñera y Gombrowicz en Buenos Aires" en un número de *Biblioteca de México* que él coordinó y en el cual aparece también el testimonio de Humberto Rodríguez Tomeu "'Épater le bourgeois': Piñera y Gombrowicz en Argentina".[30] Por su parte, Alfredo Alonso Estenoz, quien publicó en 2017 *Borges y Cuba: estudio de su recepción*, en su artículo de 2009 "Tántalo en Buenos Aires. Relaciones literarias y biográficas entre Piñera y Borges", describe, a partir de las vivencias del cubano en Buenos Aires, las ideas estéticas de Piñera sobre Borges y la literatura argentina.[31] En el plano de la ficción, la novela de Jorge Ángel Pérez *Fumando espero* (2003) recrea los años argentinos de Piñera.[32]

Se puede considerar que las celebraciones y homenajes organizados por el "Centenario de un maldito"[33] en 2012 agrupan y delinean

---

[28] Nancy Calomarde, "Un barroco a lo argentino (mientras Bianco lee a Piñera)", *Confluenze. Revista de Studi Iberoamericani*, n° 2. 1, 2010, pp. 83-98, "La ficción sin límites (la ruta argentina de Virgilio Piñera)", *Tinkuy*, n °13 junio de 2010, pp. 157-174, "La ruta argentina de Virgilio Piñera", *El diálogo oblicuo. Orígenes y Sur, fragmentos de una escena de lectura latinoamericana (1944-1956)*, Almenara, 2015, pp. 137-188.

[29] Carlos Espinosa, "El poder mágico de los bifes: la estancia en Buenos Aires de Virgilio Piñera, *Cuadernos Americanos*, n° 471, 1989, pp. 73-88.

[30] Ernesto Hernández Bustos, "Los reyes del Rex. Piñera y Gombrowicz en Buenos Aires", *Biblioteca de México*, 22, julio-agosto de 1994, pp. 42-43, Humberto Rodríguez Tomeo, "'Épater le bourgeois': Piñera y Gombrowicz en Argentina", ob. cit, pp. 44-45.

[31] Alfredo Alonso Estenoz, *Borges y Cuba: estudio de su recepción*, Borges Center University of Pittsburgh, 2017; "Tántalo en Buenos Aires. Relaciones literarias y biográficas entre Piñera y Borges", *Revista Iberoamericana*, Vol. LXXV, n° 226, enero-marzo 2009, pp. 55-70.

[32] Jorge Ángel Pérez, *Fumando espero*, La Habana, Letras Cubanas, 2003.

[33] Abilio Estévez, "Centenario de un maldito", *Cuadernos Hispanoamericanos*, n° 741, 2012, pp. 49-56.

puntos de vista enriquecidos por la diversidad de sus orígenes. En La Habana, el coloquio "Piñera tal cual" realizado entre el 19 y 22 de junio de ese año en el Colegio Universitario San Gerónimo reunió a especialistas cubanos y de Estados Unidos, España, México, Hungría, Inglaterra y Venezuela, alrededor de diversas temáticas. Entre los temas propuestos en la convocación figuraba "Piñera recuperado" que, en este caso, aun cuando se refiera a manuscritos, sugiere une premeditada intención oficial al organizar dicho evento.[34] La publicación de la *Órbita*... de Piñera a cargo de David Leyva –quien también colabora en este libro– en el marco de los homenajes en 2012 en Cuba, viene a completar las ediciones del centenario del autor y, entre sus aciertos, se pueden citar el espacio reservado al Piñera traductor y la publicación al fin de *Los Siervos*, la pieza de teatro hasta aquí excluida y disimulada.[35]

Pocos meses después, tuvo lugar en Nueva York el encuentro "The Accursed Circumstance: Virgilio Piñera Centennial Conference at Stony Brook University". La lista de invitados a este evento, incluyó a los escritores cubanos, Abilio Estévez, Antonio José Ponte y Enrique del Risco, junto a académicos como Rafael Rojas, Thomas F Anderson, Áurea María Sotomayor, Arcadio Díaz Quiñones y Juan Carlos Quintero Herencia quienes integraron –estos dos últimos– una mesa alrededor del polémico asunto "Contra y por la palabra: poesía y política en Virgilio". Esta proposición, junto a las ponencias que asociaron la escritura de Piñera a diferentes corrientes filosóficas, aportaron una nota original a los estudios del cubano en sus cien años.[36]

Tres libros editados en España y Miami se unieron al diálogo de la resurrección crítica de Piñera. El volumen *Insular corazón: Virgilio Piñera, 1912-2012* editado por Manuel Fuentes Vázquez reunió

[34] La mayoría de los artículos leídos en el coloquio como el de Julio Ortega, "El escritor marginal", se pueden leer en la revista *Tablas*, La Habana, n° 4 de 2012. https://ctda.library.miami.edu/media/publications/4-2012_43.pdf

[35] David Leyva (ed.), *Órbita de Virgilio Piñera*, La Habana, Ediciones Unión, 2011.

[36] El programa completo del coloquio se puede consultar en línea: https://www.stonybrook.edu/commcms/hispanic/_pdf/virgilio-pinera-programa-final.pdf

esencialmente a académicos españoles.[37] Entre ellos aparecen dos especialistas conocidos por sus estudios sobre la literatura cubana como Remedios Mataix y Gema Areta Marigó quien ha editado para Verbum la *Poesía* y los *Ensayos selectos* de Virgilio.[38] De su parte, la editorial de la desaparecida Fundación Hispano-Cubana publica *Virgilio Piñera: el artificio del miedo* compilación de Humberto López Cruz, en el cual una detallada bibliografía sobre Piñera hasta 2012 viene a cerrar el volumen cuyo contenido hace explícito el propio título.[39] Un libro en dos tomos, *Celebrando a Virgilio Piñera,* recoge las ponencias de un coloquio homónimo celebrado en la Universidad de Miami, entre el 12 y el 15 de enero del 2012. Lo particular de este libro, además de concebirse desde la perspectiva del exilio cultural de Miami, es el hecho de basarse esencialmente en estudios sobre el teatro de Virgilio, su relación con otras dramaturgias cubanas y su legado entre autores y teatrólogos cubanos.[40]

Como se puede suponer, incontables han sido las traducciones y estudios en varios países de las obras de Piñera a partir de su resurrección a mediados de los 80. Por razones de espacio y para centrarnos en las zonas de referencia que hemos privilegiado en este libro, nos referimos brevemente a continuación a la recepción, traducción y circulación de la obra de Piñera en Francia en las últimas décadas.

El crítico e historiador del surrealismo Maurice Nadeau editó *Contes froids* en Lettres nouvelles en abril de 1971. El volumen, traducido por Françoise-Marie Rosset e introducido por el conocido prólogo de Bianco, "Piñera narrador", a *El que vino a salvarme* publicado en Sudamericana, salió pocas semanas después de la publicación por Seuil del *Paradiso* de Lezama y en pleno revuelo por el Caso

[37] Manuel Fuentes Vázquez (ed.), *Insular corazón: Virgilio Piñera, 1912-2012*, Publicacions Urv, Universitat Rovira i Virgili, 2013.

[38] Gema Areta Marigó (ed.), *Ensayos selectos*, Madrid, Verbum, 2015 y *Poesía*, Madrid, Verbum, 2022.

[39] Humberto López Cruz (ed.), *Virgilio Piñera. El artificio del miedo, Madrid,* Editorial Hispano-Cubana, 2012.

[40] Matías Montes Huidobro, Yara González Montes (eds.), *Celebrando a Virgilio Piñera*, Miami, Editorial Plaza, 2013.

Padilla.[41] En 1988, Severo Sarduy publica en Seuil *Nouveaux contes froids*[42] que retoma el volumen *Cuentos* publicado por Unión en 1964 con una traducción de Liliane Hasson, libro reeditado por las ediciones Métailié en 1999.[43] Corresponde a la misma traductora el mérito de haber dado a conocer la única novela de Piñera editada en Francia, *La chair de René* publicada por Calmann-Lévy en 2005.[44] Por su parte Jacobo Machover traduce en 2001 el cuento "El interrogatorio" para la revista *Nouvelle donne*.[45] En cuanto al teatro de Piñera en francés, es Christilla Vasserot, autora en 1999 de la tesis de doctorado *Les avatars de la tragédie dans le théâtre cubain contemporain (1941-1968)*[46], quien traduce *Electra Garrigó* en 2005. Christilla es la editora también de la antología *Théâtres cubains* publicada en 1995. Entre los autores del libro figura Piñera, junto a otros dramaturgos como Antón Arrufat y Pepe Triana.[47]

Visto de manera general, Piñera ha sido traducido y editado al francés de manera esporádica y desigual, si tenemos en cuenta los períodos y los géneros. A esto se agrega la escasa recepción y circulación de sus libros que se realiza en cerrados círculos de entusiastas o académicos especialistas en la literatura cubana. Puede sorprender dado que la primera vez que se publica en francés un texto de Piñera fue en

---

[41] Virgilio Piñera, *Contes froids*, traducción de Françoise-Marie Rosset, Lettres nouvelles, 1971.

[42] Virgilio Piñera, *Nouveaux contes froids*, traducción de Liliane Hasson, Seuil, 1988. La propia Liliane había traducido en 1985 el cuento "Belisario" para su antología *Cuba: nouvelles et contes d'aujourd'hui*, Harmattan, pp. 191-194.

[43] Virgilio Piñera, *Nouveaux contes froids*, traducción de Liliane Hasson, Métailié, 1999.

[44] Virgilio Piñera, *La chair de René*, traducción de Liliane Hasson, Calmann-Lévy, 2005.

[45] Virgilio Piñera, "L'intérrogatoire", traducción de Jacobo Machover, *Nouvelle Donne*, avril 2001, p. 30.

[46] Christilla Vasserot, *Les avatars de la tragédie dans le théâtre cubain contemporain (1941-1968)*, Université Paris 3, 1999. Tesis dirigida por Claude Fell.

[47] Christilla Vasserot (ed.), *Théâtres Cubains*, Paris, Éditions Climats, 1995. Completan la lista de antologados, Armando Suárez del Villar, Eduardo Manet, Vicente Revuelta, Eugenio Hernández Espinosa, Catherina Sobrino, Víctor Varela, Héctor Quintero, Nicolás Dorr, Alberto Pedro y Joel Cano.

1957, es decir tan solo un año después de la publicación de *Cuentos fríos* por Losada. Entre finales de los años 50 y principios de los 60, sus cuentos circularon en las principales revistas francesas del momento. En octubre de ese año aparecieron en *Les temps modernes*, bajo el subtítulo de "Goyesques" los cuentos "La carne", "El insomnio" y "Cosas de cojos" traducidos por Félix Gattegno (1909-1997).[48] Claude Couffon (1926-2013) tradujo y presentó el cuento "Un fantasma a posteriori" en el número de agosto de 1963 de *Les Lettres françaises,* ilustrado con un dibujo del pintor abstracto cubano exilado en París Joaquín Ferrer (1928-2022). Este mismo cuento había sido publicado con anterioridad ese mismo año en *La Gaceta de Cuba* y fue elogiado por Cortázar en una carta a Virgilio.[49] La revista *Les temps modernes* volvió a publicar a Virgilio en 1963 cuando apareció la traducción de Robert Marrast (1928-2015) de "El filántropo", un extenso cuento perteneciente al libro *El que vino a salvarme* de 1970.[50] También en 1963, otras dos revistas publican en París textos del cubano. *L'Arc* dio a conocer "El balcón" traducido por Milène Polis y en un número de la revista *Europe* aparece por primera vez en francés la poesía de Piñera. El poeta Pierre Gamarra (1919-2009) tradujo "Vamos a ver los muertos de la patria".[51] La revista *Lettres nouvelles* que titula "*Écrivains* de Cuba" el número de diciembre de 1967-enero de 1968, publica traducciones de varios textos de Virgilio. Se trata de dos cuentos traducidos por Françoise-Marie Rosset, "La caída" y "Unas cuantas cervezas" y de cuatro poemas: "Cuando vengan a buscarme", "Pido la

[48] Virgilio Piñera, "Goyesques": "La chair", "L'insomnie", "Histoire de boiteux", *Les Temps Modernes*, octubre de 1957, pp. 619-623, traducción de Félix Gattegno.

[49] Virgilio Piñera, "Un fantôme a posteriori", *Les Lettres françaises*, 22 de agosto de 1963, p. 5, traducción de Claude Couffon y con ilustración de Joaquín Ferrer.

[50] Virgilio Piñera, "Le philanthrope", *Les Temps Modernes,* n° 207-208, agosto-septiembre de 1963, pp. 448-465, traducción de Robert Marrast. La traducción de este cuento aparecería en Cuba en un curioso volumen, *Contes Cubains 59/66*, Institut du livre, La Havane, 1967, pp. 19-28. Los nombres de los traductores de los 24 cuentos del libro... brillan por su ausencia.

[51] Virgilio Piñera, "Le Balcon", *L'Arc*, nº. 23, automne, 1963, pp. 53-56, traducido por Milène Polis, número dedicado a Cuba. "Les morts de la patrie", traducción de Pierre Gamarra, *Europe*, n° 409-410, mai-juin 1963, pp. 163-164.

canonización de Rosa Gagi", "Cirugía estética" y "Maria Vivan".[52] Si tomamos en cuenta esta difusión en revistas, sorprende la fecha tardía (1971) de la publicación de *Contes froids*.

Piñera menciona con frecuencia en sus cartas las gestiones y noticias en relación con estas traducciones, así como sus desengaños ante la frustración de múltiples proyectos de edición en el extranjero.[53] Cortázar en una carta le elogia el cuento de *La Gaceta de Cuba* al mismo tiempo que le confiesa su decepción tras haber leído *Presiones y diamantes*.[54] "No sé si ya estarán en librería los C.F. en la traducción francesa de Lettres Nouvelles ; Nadeau me ha dicho, hace meses, que saldría para finales del 70. Veremos", le escribe Piñera a Humberto el 10 de abril de 1970.[55] La visita de Sartre a Cuba y la presencia de éste en una representación de *Electra Garrigó* en La Habana entusiasma a Piñera quien llega a escribir a Humberto –a mano y después de haber terminado la carta– "Ahí te mando la foto de la asistencia de Sartre a *Electra*. Él quiere llevarla a París. Está chocho con la obra [...] Fidel va a *Electra* el sábado que viene. Aire frío va en *Temps Modernes*".[56] Ya sabemos que nada de esto ocurrió.

Se puede afirmar que tres hechos resaltan en la edición y difusión de la obra de Piñera en Francia. El primero es su escasez: se publican principalmente los cuentos, se desconocen las novelas y el teatro nunca conoció difusión. El segundo es que la circulación de los cuentos (y algunos poemas) de Piñera en la década del 60 coincide con el esplendor y el reconocimiento que él goza en la Cuba de principios de la revolución, aunque no la llega a capitalizar con una edición completa de

[52] Françoise-Marie Rosset, "La chute", "Des bières à gogo", *Les Lettres nouvelles*, décembre 1967-janvier 1968.

[53] Thomas F. Anderson, *Piñera corresponsal, una vida en cartas*, Universidad de Pittsburg, 2016, pp. 59-67.

[54] *Virgilio Piñera, de vuelta y vuelta. Correspondencia 1932-1978*, Ediciones Unión, 2011, Patricia Semidey (ed.), pp. 233-234: "Casi enseguida me puse a leer tu libro [Pequeñas maniobras] y casi enseguida no me gustó [...] En cambio, ya ves, me gustó mucho 'Un fantasma a posteriori' que leí en *La Gaceta*", carta desde París del 10 de septiembre de 1963. "Un fantasma a posteriori", *La Gaceta de Cuba*, n° 16, abril de 1963.

[55] Thomas F. Anderson, *Piñera corresponsal, una vida en cartas*, ob. cit, p. 234.

[56] Ibid, p. 101.

*Cuentos fríos* en Gallimard. En muchas ocasiones la escritura íntima de Piñera, esa especie de autobiografía intelectual, interviene como espacio revelador de las contradicciones de su circulación en francés: la mayoría de los proyectos fracasan sin que se pueda determinar con precisión las causas. El tercer aspecto abre a interrogantes que difícilmente puedan ser respondidas con objetividad: existe un evidente mimetismo entre los destinos editoriales de Piñera en Cuba y en Francia. Tanto el período de ostracismo de Piñera en la isla como el de su rehabilitación por las instituciones culturales cubanas, se reproduce en Francia. El espacio de tiempo que abarca la publicación de su volumen de cuentos en 1971 por Nadeau, y su regreso a los circuitos editoriales franceses en la segunda mitad de los 80, coincide a la vez con la etapa de la censura del gobierno cubano y con la posterior promoción de ese mismo gobierno hasta la celebración de su centenario en 2012.

El presente libro hubiera debido ser las actas de un coloquio sobre Piñera previsto para tener lugar en París, y con la distancia no solo del tiempo, sino de renovados puntos de vista crítico, vendría a llenar el vacío de la recepción en Francia de Piñera, desde la publicación en Poitiers de *En torno a Virgilio Piñera*.[57] El coloquio organizado con el apoyo de la Universidad Gustave-Eiffel y previsto para realizarse en esa universidad y en la Maison de l'Amérique latine en junio de 2020, fue cancelado debido a la epidemia de covid. El presente volumen recoge algunas de las intervenciones que no pudieron entonces realizarse en París, y otras que se han ido sumando a nuestro proyecto en el tiempo transcurrido desde entonces.

Enrique del Risco dedica su artículo a una zona incómoda de la escritura de Piñera: el activo periodismo de los dos primeros años de la revolución. Inexplorado por la crítica y más accesible una vez editado su periodismo de *Revolución*, de *Lunes* y su correspondencia, esta etapa de Piñera sorprende y desconcierta. Del Risco indaga las causas y trata de explicar este insólito paso del nihilismo al compromiso revolucionario en el escritor. El interés final por trazar paralelos con la ficción de Piñera en esa época, sorprende también por su originalidad.

[57] *En torno a Virgilio Piñera*, Jean-Pierre Clément, Fernando Moreno (ed.), Poitiers, Centre de recherches latino-américaines, 1997.

Los dos artículos que comentamos a continuación tratan sobre la poesía, el género menos estudiado de todos los de la escritura literaria de Piñera. Gerardo Fernández Fe en su artículo "Una belleza siniestra y fría" detalla la afinidad del escritor cubano con Baudelaire, a partir de la evocación de un libro de cartas del francés a su madre, que podría haber sido propiedad del autor de *Las furias*. Fernández Fe sale airoso de la audacia de cotejar ciertos poemas de Piñera con textos de *Les Fleurs du mal*, para confirmar su tesis de la influencia estética ejercida en el cubano. De esta manera "Los muertos de la patria", se asocia a "Le mort joyeux" e incluso, yendo más lejos, a "Le dormeur du val" de Rimbaud. El mérito de este artículo radica en analizar en detalles una filiación tradicionalmente mencionada por la crítica, pero pocas veces demostrada con el rigor y la fluidez con que lo describe este escritor cubano.

La dispersión de la obra de Piñera, su fragmentación material, no solo parecen estar en una disparatada armonía con su propia vida y con la figura de escritor que él se construyó, sino que también abre las puertas a infinidad de hallazgos. Sus obras completas parecen resignadas a quedar abiertas en espera de nuevos textos perdidos u olvidados. Este es el caso de los tres poemas, ausentes en los volúmenes más completos de su poesía, que Ernesto Hernández Bustos presenta en este libro. El propio Ernesto había publicado dos de ellos en México en 1994 después de que aparecieran en *Albur*. Un tercero ("Emily Dikinson") está en la papelería que conserva del autor la universidad de Princeton. Escritos de toda evidencia en tres momentos diferentes, el rescate de estos poemas ayuda a completar una visión panorámica de esa poesía que el propio Piñera iba dejando a su paso –al lado de sus cuentos y de su teatro– como si correspondiera a quienes seguimos sus rutas, ahora, compilar.

David Leyva, autor de *Virgilio Piñera o la libertad de lo grotesco*,[58] uno de los escasos libros dedicado enteramente a Piñera, vuelve a abordar el tema de "Los siervos". En su *Órbita de Virgilio Piñera* David Leyva publica la obra excluida por el propio Piñera de su

[58] David Leyva González, *Virgilio Piñera o la libertad de lo grotesco*, Premio Alejo Carpentier de ensayo 2010, Letras cubanas, 2010.

*Teatro Completo* de 1960, y dada a conocer en 1955 en el sexto número de la revista *Ciclón*. Algunos antecedentes, fuera de Cuba, preceden la publicación de Leyva. En 2002 la revista en línea *La Habana Elegante* publica "Los *Siervos*" introducida por tres textos; "Vigencia de *Los Siervos*" de Duanel Díaz, "Por el retorno de *Los Siervos*" de Norge Espinosa y el conocido "Diálogo imaginario" entre Sartre y Piñera publicado en *Lunes de Revolución* el 21 de marzo de 1960 en el cual Virgilio reniega de la obra.[59] Carlos A. Aguilera la difunde en línea en 2006 con un prólogo "Para una teoría del servilismo", en la plataforma *InCubadora*.[60] Matías Montes Huidobro ha escrito que "si antes 'Los siervos' era un texto anacrónico, la historia le ha dado vigencia, el tiempo la ha resucitado".[61] Esta lectura alegórica que resalta la crítica al comunismo unido a su exclusión sistemática del Teatro Completo, es lo que obliga a leer la obra desde una perspectiva más ideológica y política que estética, lo cual también hace Leyva en "El Filántropo y Los Siervos". Tal y como lo indica el título, Leyva compara dos obras escritas en períodos diferentes, "*Los Siervos*" y "*El Filántropo*" de 1960 que, a diferencia de la primera, es una incisiva crítica al capitalismo. Para Leyva ambas obras forman parte de un todo y deberían ser incluidas de una vez en una edición realmente completa del teatro de Piñera.

El artículo de Christoph Singler vuelve sobre la que se puede denominar ruta del este de los estudios piñerianos. En "Desde Praga importar cucarachas. Kafka, Piñera, y Arendt" Singler sitúa el célebre ensayo de Piñera sobre Kafka en el contexto de la recepción del checo en

[59] Duanel Díaz, "Vigencia de *Los Siervos*", Norge Espinosa, "Por el retorno de Los Siervos", "Diálogo imaginario", http://www.habanaelegante.com/Spring2007/VerbosaDos.html

[60] Carlos A. Aguilera, "Para una teoría del servilismo", Incubadora: https://in-cubadora.com/2022/05/21/virgilio-pinera-los-siervos-prologo-cronologia-carlos-a-aguilera/ Una versión ampliada de este artículo la publica Aguilera en su libro *Archivo y terror. Operaciones entre la literatura, política, teatro y arte*, Editorial Casa Vacía, 2019, pp. 9-20. Un artículo sobre "Los Siervos" de Irina Garbatzky puede consultarse también en *InCubadora*: "'Los Siervos' de Virgilio Piñera, una perfomance dialéctica": https://in-cubadora.com/2022/05/04/irina-garbatzky-los-siervos-de-virgilio-pinera-una-performance-dialectica/

[61] Matías Montes Huidobro, "Siervos cubanos", *Virgilio Piñera: La memoria del cuerpo*, ob. cit, p. 185.

Hispanoamérica y lo relaciona con la interpretación que hace de Kafka Hannah Arendt. La "sorpresa" que caracteriza la escritura de Kafka según Piñera, y la ausencia de psicología de los personajes kafkianos resaltada por Arendt, son algunos puntos de coincidencia entre ambos que para Singler revelan la agudeza del cubano y constituyen su aporte a la recepción del autor de *El Proceso* en Hispanoamérica. En opinión de Singler la novela *Pequeñas maniobras*, en la cual un ser escurridizo nombrado Sebastian, sigue la trayectoria de una vida negativa con la aspiración asombrosa de convertirse en un eterno subalterno, confirmaría los rasgos que de acuerdo a Arendt definen lo kafkiano.

Por su parte, el artículo "Virgilio Piñera: sus revistas, su eco" de Francy L. Moreno se detiene a demostrar el papel de este escritor cubano como creador de una cultura literaria a través de las publicaciones periódicas en las que intervendría entre 1939 y 1961. A través de estas revistas Piñera no solo difundió sus obras de ficción (poemas, cuentos, teatro) sino que también dio a conocer textos críticos que impactaron la historia literaria y contribuyeron a configurar su estatuto de escritor y de intelectual. Ya sea como colaborador disidente, lejano corresponsal, panfletista, secretario de redacción o editor, la historia escrita de las intervenciones culturales de Piñera aparece aquí referenciada con minucioso rigor.

El artículo "La biblioteca francesa de Virgilio Piñera: el caso de *Ciclón*" parte de la conocida relación paradójica del escritor cubano con los libros. Poseedor de una vasta cultura Piñera se jactaba de contar con escasos libros en su biblioteca. "Se vanagloriaba de no almacenarlos, de tenerlos en su cabeza", cuenta Abilio Estévez.[62] Se trata en su caso de una biblioteca mental y textual, memorizada y escrita. Imposible entonces trazar las huellas de Francia a través de registros archivados de ejemplares propios. Tal y como lo indica el título, el artículo pretende precisar las relaciones del escritor cubano con la cultura francesa, a partir de la lectura crítica de sus ensayos, artículos y cartas, además del testimonio de quienes lo conocieron. La historia

[62] Abilio Estévez, "Retrato de Virgilio en el infierno", *Testimonio de la orgía*, Editorial Sloper, Palma de Mallorca, 2020: https://rialta.org/retrato-de-virgilio-en-el-infierno/

de personajes del *Ancien régime* (Madame de Sévigné, Saint-Simon, Sade), la literatura de la modernidad (Baudelaire, Proust y Jarry) y las corrientes y movimientos que le fueron contemporáneos (el surrealismo, el absurdo, el teatro de la crueldad) subyacen en la escritura piñeriana, y en las proyecciones del intelectual que jugara un papel primordial en la revista *Ciclón*.

"Con el artículo "Y eso mismo dirán los dioses de ti: que te quedés en París". Sobre dos cartas de Virgilio Piñera a Severo Sarduy", dos cartas inéditas vienen a integrar un epistolario que ha ido siendo recuperado en los últimos años. La autobiografía intelectual de Piñera que representa su escritura íntima se enriquece aquí con dos cartas a Severo Sarduy, en dos momentos diferentes de la década de los 60. El hecho de que hayan sido dirigidas a otra figura prominente de la literatura cubana en este caso en su exilio parisino arroja luz sobre la relación entre ambos y, por sus contenidos, permiten ampliar las reflexiones sobre la represión a los homosexuales en ese período del castrismo y la historia cultural de la época. El hecho de que en ambas jueguen un papel relevante tanto la lengua como la cultura gala facilita la entrada a la biblioteca francesa de Piñera, a los anaqueles de su subjetividad y a la presencia de Francia en su escritura y en vida privada.

En "Virgilio Piñera en los (des)bordes de su archivo: ficciones somáticas y archivo plástico", Nancy Calomarde explora la papelería de Piñera (1946-1958) conservada en los archivos de la Universidad de Princeton. Esta escritura que la autora denomina "archivo plástico" le permite establecer vínculos con el corpus de la ficción, formas de vida, afectos y la estética del escritor cubano. El archivo de esta escritura marginal de Piñera se interpreta aquí como un pensamiento dinámico y creativo, y en este sentido le interesa a la autora el rol de Piñera como editor sobre todo en Ediciones R así como su labor de "curador". La escritura somática de Piñera es considerada, por la fragmentación de los cuerpos, como expresión de un deseo y una expresión anti-totalitaria.

Complejo y excitante el reto de Pablo Gasparini en su artículo "Cartas a un 'colibrí ahogado'": la correspondencia Gombrowicz-Piñera posgesta ferdydurkista", al proponerse leer en contrapunto las cartas de Witold Gombrowicz a Virgilio Piñera y las del cubano al escritor polaco. Las desavenencias e incomprensiones de Gombrowicz alternan con el juego de Piñera y recorren este epistolario que se inicia durante el período del primer regreso del cubano a La Habana desde Buenos Aires. El Gombrowicz en un primer momento airado por no tener respuestas de Virgilio y de su amigo Humberto a sus llamados a seguir la gesta de *Ferdydurke* ("no se dejen dominar por la palmera"), el que nombra "colibrí ahogado" al Piñera cercano a *Sur*, va dando paso después de 1959 al amigo que quiere a la vez ayudar y pedir a sus lejanos complices que colaboren a su tardía celebridad. Las burlas por el entusiasmo del cubano a la llegada de la revolución encuentran en la discreción temerosa de Piñera y en su propia caída en desgracia, la fatal confirmación de los vaticinios de Gombrowicz.

Hemos considerado oportuno concluir nuestro libro con una entrevista al escritor Abilio Estévez, amigo y discípulo de Virgilio. La cercanía casi diaria a Piñera en los últimos años de su vida, hacen de Abilio un testigo excepcional sobre la manera de emplear su vasta cultura en su vida diaria. Pensamos que las revelaciones de Abilio pueden ayudar a esclarecer la particular relación de Virgilio con su biblioteca y los libros, y sobre todo con la cultura francesa. La complejidad de la relación de Piñera con la lengua y la cultura francesas, incitan a abrir nuevas rutas en la exploración de su obra, de su transcendencia.

El presente volumen se propone aportar nuevas y disímiles maneras de leer la obra de Piñera, tanto por sus compatriotas como por estudiosos de latitudes geográficas y críticas diferentes. Es lógico considerar que la renovación de los estudios piñerianos haya ganado en intensidad a partir de la resurrección pública del escritor tanto en Cuba como en el mundo. La publicación de sus manuscritos y de sus archivos despiertan también la curiosidad por otras prácticas de su escritura, como la edición, la traducción y su epistolario. Léase este libro a la manera de una sencilla "Noticia para Ulises". "Puede que Ulises –extranjero eterno, viajero eterno– nos visite" prevenía irónicamente Piñera en 1942 en el epílogo de su revista *Poeta*. Nuestro libro habrá cumplido sus ambiciones si contribuye a enriquecer las lecturas que esta obra diversa y extravagante sigue suscitando.

# Un breve rapto de fe

Enrique Del Risco
*New York University*

En ese ajedrez retrospectivo que jugamos al analizar vidas ajenas nos permitimos operaciones que raramente emplearemos con la propia. Decisiones que, en nuestro caso, consideramos fatales, atribuidas al peso de las circunstancias o el destino, en otros nos permitimos verlas como la elección de una posibilidad entre tantas. Como si el cúmulo de detalles que desconocemos en el otro nos permitiese analizar la vida con la ligereza con que se maneja un tablero y unas cuantas fichas.

Es lo que ocurre con una de las jugadas en la biografía de Virgilio Pinera que se nos antoja más extravagante con respecto a su trayectoria anterior: su tórrida adhesión a la Revolución Cubana demostrada en prácticamente todo lo que escribió entre los años 1959 y 1961. Extravagante no porque lo fuera en una época en que buena parte de la intelectualidad cubana cayera rendida ante los nuevos vencedores. Ya Czeslaw Milosz advirtió en *La mente cautiva* de los atractivos del totalitarismo sobre todo tipo de intelectuales.

Lo extravagante en Piñera no es solo que fuera el único de los intelectuales cubanos que –hasta donde sé– ya había leído y reseñado el libro de Milosz. Más incoherencia le añade el detalle de que para entonces la obra de Piñera abundaba en advertencias sobre la naturaleza absurda de las revoluciones. (Coherencia: he aquí otro de los lujos que nos permitimos en el análisis de vidas ajenas, sobre todo cuando pretendemos que, aun de manera discreta, sean ejemplares). Ya fuera en cuentos como "El muñeco" o en la novela *La carne de René* o en las obras de teatro *Jesús* y *Los siervos* su autor nos prevenía sobre el peligro que entraña pretender sacudirnos nuestras limitaciones humanas por medio de revoluciones políticas. Tanta advertencia desechada por su propio autor no debería sorprendernos: no es extraño que un oráculo sea ciego a sus propias profecías. Intentemos –más que explicar aquellas jugadas– describirlas en detalle. Estudiar ese momento en que uno de los ironistas más consistentes echa a un lado su habitual suspicacia y abraza una causa hacia la que hasta entonces no parecía albergar sino sospechas.

Cierto que podríamos ahorrarnos cualquier esfuerzo analítico y abonarnos a la usualmente eficaz hipótesis del oportunismo. Pero sucede que, al contrastar las declaraciones públicas y privadas del escritor, encontramos que su entusiasmo por la revolución triunfante era tan sincero como sus deseos de "coronar", de aprovecharse de la situación. Sus cartas de enero de 1959 a su amigo radicado en Buenos Aires, Humberto Rodríguez Tomeu, parecen un borrador del artículo que en esos días publicará en el último número de la revista *Ciclón*. En la del 6 de enero le comenta: "No puedes imaginarte la alegría de este pueblo. La noche del 31 la pasé en casa de Pepe escuchando la transmisión de la Sierra Maestra. [...] Por supuesto, comenzaron los saqueos, cosa inevitable y además que estos saqueos son una de las reparaciones que el pueblo se da con justicia".[63] Y añade: "Vi en Miramar una negra que se había echado encima una estola de visón y encima del visón unas bombachas de nylon rosado. ¿Qué te parece?".[64] O afirma, con el candor del explorador en tierra ignota, que los miembros del Ejército Rebelde "son seres totalmente distintos a los de La Habana. Tipos fabulosos".[65] En "La inundación", el artículo que escribe para *Ciclón,* Piñera repite los mismos motivos con curiosas variaciones. De su despedida del año anterior afirma "Grité fuerte al hacer mi brindis '¡Viva la Revolución?'". Los saqueos de aquellos primeros días los explica diciendo que "cada treinta, cuarenta o cien años el pueblo es, por unas horas, el dueño absoluto de la ciudad [...] Es un espectáculo grandioso por cuanto se ve plasmarse inopinadamente ese sueño de Poder que él, también, quisiera detentar". En lugar de la anécdota de la piel de visón y las

---

[63] Thomas F. Anderson, *Piñera corresponsal. Una vida en cartas*, Pittsburgh, Instituto Internacional de Literatura Latinoamericana, Universidad de Pittsburgh, 2016, p. 79.

[64] Ibid.

[65] Ibid.

bombachas de nylon incluye el ejemplo, más procaz, de una mujer que "gritaba como poseída: '–Yo hago lo que me sale del...'", y comenta Piñera: "lucía tan majestuosa e imponente como Isabel I mandando a decapitar al conde de Essex".[66]

Esta "impropiedad" en los ejemplos históricos va a ser una constante incluso en los artículos más entusiastas de aquellos años, detalle que nos avisa sobre la incapacidad de Piñera de asimilar el vocabulario y las formas de la propaganda "responsable" que se impondrá en el país poco después. Por mucho que se esforzara, Piñera no cejaba en su mala costumbre de buscar referencias ajenas al férreo guión del materialismo histórico. En "La inundación" el dramaturgo anota: "¿Qué es un barbudo?', se preguntaban los habaneros con la misma curiosidad con que un romano de la decadencia se preguntaba '¿Qué es un bárbaro?'" para a seguidas responder que "Un barbudo –Fidel Castro– no es ni más ni menos que Napoleón durante la campaña de Italia".[67] Piñera no parece sentirse responsable por las consecuencias de sus analogías: los bárbaros asolando Roma, Napoleón proclamándose emperador años después de la campaña de Italia. Le basta con la imagen triunfante y poderosa. Luego se verá. Actúa apenas como un escritor. Alguien con mayor visión de su futuro político habría tenido más cuidado al elegir sus símiles.

No es que a Piñera le resulten ajenos los rejuegos del poder. Paralela a su descripción de los nuevos vencedores, Piñera nos habla de una "inundación patética": "[p]atetismo en los que tratan de retener su cargo; patetismo en los que luchan por encajarse". Como si él no estuviera entre los que esperaban "todo del presupuesto nacional" con las "mismas sonrisas serviles, a las mismas puertas" con "la misma desesperación".[68] Como si esas precisas impresiones de primera mano no las hubiese obtenido peleándose por aquellos mismos puestos. Como si no le hubiera escrito a su amigo Rodríguez Tomeu sobre sus desesperados esfuerzos por obtener en el ministerio

[66] Carlos Aníbal Alonso y Pablo Argüelles Acosta (ed.), *Virgilio Piñera al borde la ficción. Compilación de textos*, La Habana, Editorial UH, 2015, p. 229.

[67] Ibid., p. 231.

[68] Ibid., p. 232.

de relaciones exteriores: "un cargo de agregado cultural o lo que puedan darme".[69]

## La utilidad del escritor

"Créanos amigo Fidel: podemos ser muy útiles". Así concluye Virgilio Piñera una carta abierta "Al Sr. Fidel Castro" publicada el 14 de marzo del propio 1959.[70] Pocas ofertas de servicios al líder revolucionario fueron tan públicas y transparentes, incluso en aquellos días tan impúdicos de inicios de 1959. Los revolucionarios apenas llevaban dos meses y medio en el poder y el propio Fidel Castro acababa de asignarse el cargo de primer ministro, pero ya Piñera desesperaba en sus esfuerzos por conseguir el puesto de agregado cultural en París que le habían prometido. En una carta, tres semanas antes de publicar su oferta de servicios al primer ministro, le escribía a su amigo Humberto: "no sé cómo escribirte. Todo paró en el tacho. El cargo de agregado cultural se lo dieron a Natacha Mella. A pesar de las promesas de [Manuel] Gran y de [Raimundo] Lazo".[71] Al mismo tiempo le informaba a su amigo sobre una carta de protesta que le había escrito al canciller de entonces, Roberto Agramonte, por haber sido ignorado. También anuncia un cambio de planes. "[V]oy a pedir un cargo aquí en La Habana pues realmente vivir en París con 150 pesos es imposible".[72]

La carta abierta a Fidel Castro tres semanas después señala un cambio de estrategia en los esfuerzos de Piñera por "enganchar". Ahora no buscará vivir como empleado del servicio diplomático en el exterior sino como escritor en la isla. Pero para ello debe reconocer una culpa y presentar una disculpa. La culpa de los escritores (tal y como repetirá el Che Guevara en "El socialismo y el hombre en Cuba") fue que se quedaron cruzados "de brazos en el momento de la lucha".

---

[69] Thomas F. Anderson, *Piñera corresponsal. Una vida en cartas*, ob. cit., pp. 81-82.

[70] Carlos Aníbal Alonso y Pablo Argüelles Acosta (ed.), *Virgilio Piñera al borde la ficción*, ob. cit., p. 524.

[71] Thomas F. Anderson, ob. cit., p. 89.

[72] Ibid., p. 90.

La disculpa (que a Guevara no le interesó encontrarla en su famoso ensayo, entusiasmado como estaba con su experimento de producir "hombres y mujeres nuevos") consistía en que durante la lucha por derrocar la dictadura de Batista los escritores no constituían "como los periodistas y los profesores, una clase".[73] Arrogándose la representación de un gremio no constituido como tal, Piñera no solo ofrecía los servicios sino proponía un precio por estos: "Queremos cooperar hombro con hombro con la Revolución más para ello es preciso que se nos saque del estado miserable en que nos debatimos".[74]

Aquella carta abierta consiguió su objetivo. La respuesta, si no del primer ministro, la recibiría del órgano de prensa del movimiento que encabezaba. A inicios de junio de ese mismo año Piñera le anuncia a su amigo Rodríguez Tomeu de su comienzo como corrector del magazín *Lunes de Revolución*. "Creo que son cien pesos, lo que unido a las traducciones y colaboraciones originales me daría unos 150 pesos. Pero ya sabes lo que me cuesta a mí obtener un buen empleo".[75] De esos días datan sus primeras colaboraciones estables con el periódico *Revolución* (luego del artículo del 15 de enero). Ya en junio de 1959 Piñera insiste en crear un paralelo entre Revolución y Literatura. Si Fidel Castro había firmado el 17 de mayo la Ley de Reforma Agraria Piñera clama un mes después por la "Reforma Literaria". La "oscura cabeza negadora" no se corta en adoptar un lenguaje estentóreo y bélico, como cuadran a los tiempos: "la literatura no es un juego de niños; pues que sea, de una vez y por todas, un juego de hombres, como lo ha sido la Revolución. Y por juego de hombres entendemos gravedad, seriedad, pecho descubierto a las balas".[76]

¿Es literal tal ofrecimiento de presentar el pecho a las balas? No necesariamente. Piñera lo traduce en términos literarios como "rechazo a la gastada formulita, acometimiento de los grandes trabajos

---

[73] Carlos Aníbal Alonso y Pablo Argüelles Acosta (ed.), ob. cit., p. 523.

[74] Ibid.

[75] Thomas F. Anderson, ob. cit., p. 93.

[76] Virgilio Piñera, *Las palabras de El Escriba. Artículos publicados en* Revolución *y* Lunes de Revolución *(1959-1961)*, edición de Ernesto Fundora y Daenerys Machado, La Habana, Ediciones Unión, 2014, p. 37.

literarios".[77] Con la Revolución deberá cambiar incluso la manera de entender lo literario y así "a medida que nos vamos alejando de la vieja concepción burguesa del mundo [...] no ya Casal sino hasta el mismo Baudelaire nos resultan inoperantes. En cambio, Martí, poeta de ocasión, en un sentido menos poeta que Casal, nos resulta cercano, a tono con nuestra circunstancia".[78]

No es necesario creer en una súbita y milagrosa conversión al marxismo del mismo señor que meses antes acechaba en los pasillos del ministerio de relaciones exteriores. Basta notar el esfuerzo que pone –al tiempo que adopta el lenguaje de la revolución– en convencerse a sí mismo de que la Revolución respetará su libertad como escritor si llegara a tomar un rumbo marxista. Ya el 18 de junio de 1959, Piñera afirma en un artículo titulado "Literatura y Revolución": "Es de sobra conocido que el clásico postulado marxista: 'La literatura al servicio de la Revolución' ha ido perdiendo, con el decursar del tiempo, su severo dogmatismo" para a continuación anunciar que "actualmente en la Rusia soviética los escritores pueden tratar el tema del Amor".[79]Ante esta risible muestra de libertad creativa, Piñera va a exponer con toda seriedad sus propias concepciones sobre el compromiso político del escritor.

## Renovando la literatura nacional

De acuerdo a los argumentos que desplegará Piñera en aquellos artículos de 1959, el compromiso político del escritor no equivale a escribir libros "según consignas" ya que ni siquiera la propia Revolución "ha pensado por un momento, en consignarlo a escribir lo que ella quiera".[80] El pacto literario del escritor con la política –según Piñera– consistirá en no ignorar el hecho consumado que representa la Revolución, lo que implica que "su habitual enfoque de las cosas tendrá que ser revisado".[81] En ese artículo Piñera propone pautas más estrictas a

[77] Ibid.

[78] Ibid., p. 40.

[79] Carlos Aníbal Alonso y Pablo Argüelles Acosta (ed.), ob. cit., pp. 268-271.

[80] Virgilio Piñera, *Las palabras de El Escriba*, ob. cit., p. 41.

[81] Ibid., p. 42

los escritores que las que luego definirá Fidel Castro en sus "Palabras a los intelectuales". Por una parte, Piñera aclara que "la obra podrá ser todo lo exquisita y rara que se quiera con tal que no esté marcada con el sello de la gratuidad". Por otra, espera que "la comunicación con el pueblo (y por pueblo también entendemos al lector de Mallarmé) sea tan demostrable como la existencia del primer ministro o la aplastante realidad de mil tractores".[82]

No era la primera vez que Piñera se planteaba el asunto de la regeneración de la literatura cubana como cuestión colectiva. Ni que arremetiera contra la literatura que consideraba complaciente, puramente ornamental o gratuita. En una conferencia titulada "Cuba y la literatura", leída cuatro años antes del triunfo de la Revolución, Piñera proclama con su teatralidad habitual la inexistencia de una literatura nacional. "Los hombres que pueden darse automáticamente un himno, una Constitución y hasta una patria, no pueden, en cambio, darse una literatura".[83] En aquella conferencia acusa a los literatos locales de formulaicos, repetitivos, deshonestos, faltos de profesionalidad y rigor crítico y lamenta la decadencia de una literatura que nunca conoció esplendor. Apela a la fórmula, luego repetida, de que a la "Nada por exceso" de las grandes literaturas europeas Cuba le opone su canija "Nada por defecto". Se declara convencido de que "la pluma se negaba a entregar algo genial porque, o no nos sucedía nada, o no sabemos que nada nos sucedía".[84]

Cuando, tras el triunfo de la revolución de 1959, Cuba se convierte en el centro de las peregrinaciones de intelectuales de Occidente, parecía –en términos piñerianos– que al fin estaba sucediendo algo. Piñera pudo haberse retraído, como discretamente lo hicieron en su momento varios miembros de *Orígenes* pero, ¿cómo perder la oportunidad que se le ofrecía de darle forma a la literatura nacional presente y futura, al país todo? A Piñera aparentemente no le molestaban ni las ejecuciones tras juicios sin garantías, ni la ausencia de elecciones, –que ignora– ni la persecución de escritores o publicaciones críticos

[82] Ibid.

[83] Carlos Aníbal Alonso y Pablo Argüelles Acosta (ed.), ob. cit., p. 196.

[84] Ibid., p. 194.

de la Revolución, que apoya. Llegado el momento, Piñera no duda en igualar palabra y acto, crítica con terrorismo: "Lo que hay en el fondo de todo esto es ese sabotaje permanente de los contrarrevolucionarios de la cultura. Y así como se ponen bombas a un barco o se incendian los cañaverales, así también se ametrallan y se incendian ciertos libros y ciertas publicaciones".[85] Así, una vez que Piñera iguala a la Revolución con la idea que tiene de la excelencia literaria, un mal escritor termina siendo una suerte de saboteador, de contrarrevolucionario al que le están reservados castigos paralelos: "¿Y sabe lo que le espera por palabra incumplida, por acto no realizado, por impostura manifiesta y por engaño en descampado? Pues nada menos que el paredón. Es decir, el paredón del desprecio".[86]

## BENEFICIOS Y SACRIFICIOS

En su momento de mayor gloria "revolucionaria" Piñera le declara a Rodríguez Tomeu: "tengo dinero que no sé en qué gastar".[87] Pero no se trata solo de eso: entre mediados de 1959 y mediados de 1961, por primera (y única vez) en su vida, Piñera siente que su voz tiene un impacto perceptible e inmediato en la vida cubana. Si antes debían pasar años para que le montaran una obra ahora no solo sus viejas obras se imprimen y representan de inmediato con la asistencia de un público masivo y de importantes personalidades, sino que de los teatros le piden que escriba obras nuevas. Ya fuera a través de sus columnas en *Revolución* o en *Lunes* –con sus monstruosas tiradas–, de su trabajo como traductor en la Imprenta Nacional, de director de las Ediciones R, el mismo Piñera que en la conferencia de 1955 se quejaba de sufrir "la peor de todas las muertes, la muerte civil"[88] se siente en el centro mismo de la cultura nacional. Y allí lleva el mismo espíritu iconoclas-

---

[85] Virgilio Piñera, *Las palabras de El escriba*, ob. cit., pp. 132-133.

[86] Ibid., p. 176.

[87] Thomas F. Anderson, ob. cit., p. 116.

[88] "En verdad, señor profesor, que me opongo a tal denominación. Un hombre como yo, que sufre la peor de todas las muertes, la muerte civil, no puede compartir su punto de vista", Virgilio Piñera, "Cuba y la literatura", *Ciclón*, vol. 1, n° 2, marzo de 1955, p. 51.

ta y pendenciero que había caracterizado su trayectoria anterior. Así llegará a afirmar públicamente: "Ahora estoy en terreno favorable. La Revolución me ha dado carta de naturaleza. Los años que me queden con vida no volverán a confrontarme con tales humillaciones".[89] No fue esa la más acertada de sus profecías.

Aunque no exenta de cierto oportunismo, la adopción del compromiso revolucionario no carecía de lógica interna dentro del ejercicio literario y crítico de Piñera. Sin poderse atribuir una clara y efectiva acción política previa al triunfo revolucionario, Piñera podía considerarse a sí mismo un revolucionario de la literatura. Para ello le bastaba con evocar la cantidad de veces que emplazó al estamento literario de la República por su conservadurismo o su complacencia crítica. Como revolucionario de las letras se presentaba en sus llamados a transformar la literatura nacional a tono con los nuevos tiempos. El Piñera pre-1959 –a diferencia de lo que afirmaba el Che Guevara sobre el pecado original de una intelectualidad que desconocía casi a la perfección– sí se consideraba "auténticamente revolucionario", solo que no en un sentido político. Tanto como –y a diferencia de otros intelectuales más cautos y, por lo mismo, mejor preparados para las complejas maniobras de supervivencia que los esperaban en el futuro– para no esperar por instrucciones ni consignas sino para lanzarlas él mismo incluso antes de que los jefes de la Revolución empezaran a prestarle atención a los intelectuales. "[E]l intelectual cubano –exhorta en su "aviso a los intelectuales"– no debe demorar un minuto más su compromiso con la Revolución. Compromiso ciento por ciento. Nada de paños tibios" para a seguidas declarar que la falta de compromiso o el distanciamiento crítico "[a] la larga, hacen más daño que las tácticas no encubiertas de los contrarrevolucionarios".[90]

No le faltó habilidad a Piñera para convertir la precariedad de su vida anterior en credencial revolucionaria. El autor de *Aire frío* fatigó las páginas de *Lunes de Revolución* con la anécdota de los trajes que tuvo que empeñar para sacar adelante un par de números de la revista *Poeta* a inicios de la década del cuarenta. Desde siempre Piñera

---

[89] Carlos Aníbal Alonso y Pablo Argüelles Acosta (ed.), ob. cit., p. 157.

[90] Ibid., p. 114.

había carecido del prurito señorial que les impedía a los miembros de *Orígenes* exhibir sus propias miserias. Pero para que la comunión entre Piñera y la Revolución fuera completa no bastaba con airear sus rebeldías o miserias anteriores sino también había que hacer algunos sacrificios. Uno de ellos fue renunciar a su obra *Los siervos* la cual no solo excluyó de su *Teatro completo* sino que denunció públicamente en su diálogo imaginario con Jean-Paul Sartre.[91]

Un sacrificio no menor debió ser escribir una obra tan pobre y maniquea como *La sorpresa*. Era esta, según sus propias palabras, una pieza "a tono con la obra del Gobierno Revolucionario" que "se mueve entre el pasado reaccionario y el presente revolucionario, es decir, los campesinos oprimidos y los campesinos redimidos".[92] Tampoco pareció molestarle demasiado cumplir encargos, que en otro tiempo hubiera considerado indignos de su condición de escritor, tales como "hacer reportaje en la Sierra de Cubitas sobre el guano de murciélago". Lo más cerca que estuvo Piñera de exponer sus remilgos ante tareas así es el "¡Qué me contás!"[93] que le suelta a su amigo Rodríguez Tomeu en una carta personal.

## Un jesuita de la literatura

La de 1959 no era la primera revuelta en la que participaba Piñera. Un par de décadas antes, en los años cuarenta, ya se había rebelado contra lo que en ese momento le pareció asfixiante yugo metafísico del grupo que terminaría fundando *Orígenes*. No necesitó mucho para que se le hiciera insoportable el catolicismo de los agrupados en torno a Lezama. Bastó la adición del sacerdote de Ángel Gaztelu al consejo de redacción de la revista *Espuela de Plata* para que Piñera denunciara a sus integrantes como "católicos, no ya solo en sentido universal del término sino como cuestión dogmática".[94] Pero su rebeldía no se detu-

[91] Virgilio Piñera, "Diálogo imaginario", *Lunes de Revolución*, n° 51, 21 de marzo de 1960, pp. 38-40.

[92] Virgilio Piñera, *Las palabras de El Escriba*, ob. cit., p. 306.

[93] Thomas Anderson F, ob. cit., p. 125.

[94] Virgilio Piñera, *Virgilio Piñera, de vuelta y vuelta. Correspondencia 1932-1978*, edición de Carlos Espinosa, La Habana, Ediciones Unión, 2011, p. 33.

vo allí y en los años siguientes vemos a Piñera convertido en cruzado dispuesto a emplazar a cualquiera que, en su opinión, traicionara la pureza del oficio literario.

En aquellos años Piñera lo mismo decretaba la "franca capitulación" de la generación de la *Revista de Avance* ("me pregunto melancólicamente, si el destino del *homme de lettres* en Cuba sea el de sucesivas metamorfosis hacia un espécimen de simetría cada vez más opuesta a la de este puro hombre de letras" le escribió a Jorge Mañach) que extendía el acta de defunción de Gastón Baquero por aceptar ser columnista de un periódico nacional: "Si todo el mundo te ha felicitado yo te doy el pésame [...] cada día que transcurra irás enterrando fragmento del Gastón Baquero no solicitado por el artículo de actualidad".[95] O rechazaba invitaciones de una institución como el Lyceum y Lawn Tennis Club porque "[q]uien trabaja a conciencia en su arte, quien estima la cultura, no como entretenimiento elegante sino como destino dignamente recibido no puede aceptar tales comedias".[96]

(Fueron tiempos en los que Piñera pudo desertar hacia las filas de la intelectualidad marxista. No parecía un mal cálculo político en una época en que el Partido Comunista era aliado firme de Fulgencio Batista, entonces en el poder. Después de todo, *La isla en peso*, vapuleado con saña por el origenismo, fue recibido con entusiasmo por la crítica marxista Mirta Aguirre quien vio en el poema un "cambio de rumbo" en lo literario y "el inicio de un camino" para el poeta.[97] Pero teniendo en cuenta que Piñera compartía bastante más puntos de vista con los origenistas que con el marxismo y la propia naturaleza rebelde del escritor, es dudoso que alguna vez se planteara seriamente la posibilidad de escapar del dogma origenista para entregarse al marxista.)

Natural debió parecerle al Piñera republicano el destino de lobo solitario de la literatura cubana, peleándose por todo y contra todos, convencido de que "lo único que cuenta [...] es trabajar en la obra". O aferrarse al juramento literario de "ordenar el desorden; no pactar,

---

[95] Ibid., p. 51.

[96] Ibid., pp. 60-61.

[97] Mirta Aguirre, "Virgilio Piñera. *La isla en peso*. Un poema. La Habana, 1943", *Gaceta del Caribe*, La Habana, mayo de 1944, p. 30.

no capitular; meterse de lleno en la obra".[98] Así hasta emprender en 1955 la aventura de *Ciclón*, revista que se anunciaba ya en su primer número, como una guerra que "hemos ganado"[99] a la revista *Orígenes* y que proponía a la nueva generación de escritores no conformarse "a nuestra imagen y semejanza, sino provocarlos, espolearlos, hacerlos distintos a nosotros".[100]

## EL IRONISTA ESPERANZADO

En *La mente cautiva,* Milosz rechaza la idea –usualmente aceptada– de que los regímenes totalitarios se explican principalmente a través de la violencia: "En Occidente se tiende a analizar el destino de los países conversos en categorías de coacción y de violencia. Esto es un error. Aparte de un temor habitual, aparte de las ganas de protegerse de la pobreza y de la destrucción física funciona el deseo interior de armonía y de felicidad". La violencia no es el fin de un régimen totalitario, ni siquiera el medio principal: es uno de los tantos instrumentos empleados para conseguir la total domesticación de la sociedad. Este y otros detalles parecieron escapárseles a Piñera a juzgar por la reseña que escribió para *Ciclón* en julio de 1956. Piñera cree detectar la esencia del totalitarismo en su "voluntad de matar" que no es "necesariamente una exclusividad rusa"[101] puesto que el Este y el Oeste están de acuerdo en un punto esencial: "la concepción de la muerte".[102]

Primero en la reseña del libro de Milosz, luego en el entusiasmo con que progresivamente acoge la revolución de 1959 Piñera parece no entender que lo que distingue al totalitarismo comunista de otros sistemas de dominación modernos no es la voluntad de matar sino su inmensa capacidad de seducción a partir de la sensación de comunidad universal que crea. Una comunión colectiva especialmente seductora para los intelectuales que, como Piñera, se sentían enajenados de la vida nacional. "El intelectual –comenta Milosz sobre el acto de con-

[98] Virgilio Piñera, *Virgilio Piñera, de vuelta y vuelta*, ob. cit., p. 46.
[99] Ibid., p. 185.
[100] Ibid., p. 188.
[101] Carlos Aníbal Alonso y Pablo Argüelles Acosta (ed.), ob. cit., p. 223.
[102] Ibid., p. 224.

versión totalitaria– vuelve a ser útil. Él, que hasta ahora se había dedicado a pensar y a escribir durante los momentos libres que tenía de su trabajo retribuido en el banco o en correos, ha obtenido un lugar en la tierra, ha sido devuelto a la comunidad".

Fuera por cálculo, por una súbita suspensión de la incredulidad, o por un súbito rapto de esperanza, Piñera no pareció cuestionar los síntomas de seducción totalitaria que mencionaba Milosz en su libro. En varias ocasiones describe entusiasmado su propio proceso de integración a la comunidad de fe. Si antes los escritores "vivíamos sumergidos, inmersos en el Arte, con total indiferencia a esos problemas nacionales aludidos"[103] ahora "el escritor cubano ha entrado a formar parte, como engranaje necesario, de la comunidad".[104] Tanto en sus artículos como en su correspondencia privada, Piñera da cuenta de las "inmensas posibilidades de llevar una vida activa y animada" que ofrecía la nueva fe y no parecía dispuesto a renunciar a ellas. No menos embriagador debió resultarle la influencia que él mismo ejercía sobre las nuevas generaciones de escritores, o que las compañías teatrales le suplicaran nuevas obras. O que todos los visitantes ilustres que acudían a la isla a comprobar *in situ* los avances de la Revolución se interesaran en su obra y prometieran difundirla en sus respectivos países a través de publicaciones o puestas en escena.

El estudioso Rafael Rojas ha llamado la atención sobre el proceso que convirtió el nihilismo de los intelectuales de la República en militancia en las filas de una "Revolución secretamente inspirada en la Nada".[105] Piñera podría parecer el caso más paradigmático de esta conversión del nihilismo en compromiso revolucionario. De pasar de negar todo lo que fundamente "el ser y el valor, la verdad y el bien, el mundo y el hombre"[106] a asumir a la Revolución triunfante como fundamento de Todo. Y sin embargo "la oscura cabeza negadora" pa-

---

[103] Virgilio Piñera, *Las palabras de El Escriba*, ob. cit., p. 117.

[104] Ibid., p. 126.

[105] Rafael Rojas, "El intelectual y la revolución. Contrapunteo cubano del nihilismo y el civismo", *Encuentro de la cultura cubana*, n° 16/17, Primavera-Verano 2000, pp. 80-88.

[106] André Comte-Sponville, *Diccionario filosófico*, Barcelona, Ediciones Paidós Ibérica, 2005.

rece volver a escurrírsenos como paradigma del nihilista converso. Es cierto que toda su obra revolucionaria está impregnada por el rechazo instintivo y la desesperanza. En medio del catolicismo imperante en el círculo de Lezama Lima Piñera fue capaz de soltarle: "no olvide que el mismo Dios para existir debe estar continuamente en entredicho".[107] Pero, por negar, Piñera parecía negar incluso el nihilismo. Para ello apelaba al arte, como antes lo había hecho Nietzsche: "El arte y nada más que el arte. ¡Es el que hace posible la vida, gran seductor de la vida, el gran estimulante de la vida! El arte es la única fuerza superior opuesta a toda voluntad de negar la vida, es la fuerza anticristiana, la antibudística, la antinihilista por excelencia".[108] El arte en el caso de Piñera no parece –pese a sus insistentes afirmaciones– ser el fin sino un medio ciertamente oscuro y retorcido de acceder al amor. Incluso en *La isla en peso* –poema que los críticos de *Orígenes* concordaban en ver como punto máximo del nihilismo piñeriano–, luego de referirse a las diversas limitaciones del pueblo cubano, concluye reconociendo el amor instintivo y visceral de este por su isla: "un pueblo permanece junto a su bestia en la hora de partir,/ aullando en el mar, devorando frutas, sacrificando animales,/ siempre más abajo, hasta saber el peso de su isla,/ el peso de una isla en el amor de un pueblo".[109] El debatible nihilismo de Piñera era, en cualquier caso, esa forma de moralismo que, de acuerdo a Milosz "surge de una pasión ética, es un amor frustrado hacia el mundo y la gente".

Ciertamente en sus escritos entre 1959 y 1961 Virgilio Piñera proyecta cierto nihilismo retrospectivo sobre su obra. O más bien le da un sentido histórico a lo que en su momento parecía pura desconfianza existencial. Una y otra vez en esos escritos posteriores a 1959 insiste en conectar su desesperanza anterior –y su consecuente falta de activismo cívico– con las sucesivas frustraciones históricas de la República: "salíamos de una Revolución traicionada para caer en otra

---

[107] Virgilio Piñera, *Virgilio Piñera, de vuelta y vuelta*, ob. cit., p. 48.

[108] Friedrich Nietzsche, *La voluntad de poder*, Madrid, Editorial EDAF, 2000, p. 566.

[109] Virgilio Piñera, *La isla en peso. Obra poética*, compilación y prólogo de Antón Arrufat, Barcelona, Tusquets, 2000, p. 40.

igualmente traicionada"[110]; "sabíamos que al dictador de hoy sucedería el dictador de mañana".[111] Así hasta que su discreta esperanza acaba siendo redimida por la revolución de 1959, una revolución "verdadera" que se proponía triunfar allí donde las otras se habían quedado cortas. Una revolución que se proponía fomentar en lo social el estado de rebelión permanente en que había transcurrido la existencia literaria de Piñera.

O al menos eso era de lo que Piñera trataba de convencerse y convencer a sus lectores. "Yo a mi modo hacía Revolución en las letras"[112] dice al intentar resumir sus "25 años de vida literaria". Tiempos en los que Piñera insistía en establecer paralelos entre la experiencia del escritor y sus riesgos y las de aquellos barbudos que tan remotos le habían parecido meses atrás:

> [...] ser escritor en Cuba era un destino y un oficio tan peligroso como lo fue en su hora el del soldado rebelde y el miembro de la clandestinidad, con la marcada diferencia de que estos sabían el terreno que pisaban, no estaban en modo alguno a la defensiva y sabían que más tarde o más temprano llegaría el día de la victoria, en tanto los así llamados escritores, no teniendo otra meta que las letras por las letras (meta muy respetable, pero invalidada de antemano por faltarle el respaldo de una realidad nacional) se hundían en su propia inseguridad.[113]

La Revolución, según la concebía Piñera en esos días, era la nueva sustancia de la literatura, relevando a esta de la responsabilidad de ser el fundamento y destino de los escritores. El escritor cubano era desde entonces "un producto de la Revolución" y estaba "en el deber de reflejarla".[114] Parecía Piñera coincidir con la afirmación de Camus de que la "acción política y la creación son las dos caras de una misma rebelión contra los desórdenes del mundo.[115]

[110] Virgilio Piñera, *Las palabras de El Escriba*, ob. cit., p. 139.
[111] Ibid., p. 186.
[112] Ibid., p. 136.
[113] Ibid., p. 145.
[114] Ibid., p. 146.
[115] Albert Camus, *Moral y política*, Buenos Aires, Editorial Losada, 1978, p. 181.

## UNA REVOLUCIÓN MUY SUYA

Y sin embargo, bajo esa apariencia de incondicionalidad, Piñera siempre dejó clara su distinción entre lo que consideraba el compromiso literario con la Revolución y lo que llamaba "literatura dirigida". Al mismo tiempo que predica el apoyo político al hecho revolucionario rechaza toda subordinación ideológica. Así "el poeta, como ser humano que es, también está comprometido, pero de ahí a estarlo con un programa, con una consigna a priori, media una distancia verdaderamente astronómica".[116]

En sus artículos de *Revolución* y de *Lunes* son constantes los intentos de Piñera de congeniar el compromiso político y la autonomía del escritor. De preservar –al menos en teoría– la dignidad literaria al entender la literatura como valor intrínseco que no es medio sino fin en sí mismo. Si por una parte llamaba a los escritores cubanos a "comprometerse mañana, tarde y noche" y a "expresar en su obra la hermosura viril de la Revolución" Piñera insistía, no sin cautela en que "la Belleza sigue siendo, a lo que parece, el motor del Arte".[117] Piñera, al imaginar los términos del compromiso entre los escritores y la Revolución, proclama que "el nuevo poeta tendrá toda libertad para relatar o cantar, pero al mismo tiempo no perderá de vista la realidad"[118] e intenta al mismo tiempo comprometer a la Revolución con el Arte y así conseguir que coincidan en un punto intermedio: "la fórmula sería esta: El Arte hecho Revolución; la Revolución hecha Arte".[119]

De un lado, Piñera propone cierta subordinación de lo literario a los temas que se consideran políticamente esenciales en ese momento y que de alguna manera lo acercarían a la textura del realismo socialista o el futurismo ("una oda al tractor, o si prefieren algo más insólito, por ejemplo, una elegía a una tuerca puede ser una explosión poética tan efectiva como una explosión nuclear").[120] No obstante, al mismo tiempo aspira a que los nuevos temas no comprometan la autonomía

---

[116] Virgilio Piñera, *Las palabras de El Escriba*, ob. cit., p. 195.

[117] Ibid., p. 107.

[118] Ibid., p. 248.

[119] Ibid., p. 107.

[120] Ibid., p. 110.

literaria del escritor: "asumo una vez más mis deberes de poeta de utilidad pública, es decir de puro poeta".[121] Piñera insiste, por demás, en marcar distancias con aquellos que fundamentan el compromiso literario a partir de la subordinación a lo político al decir "yo no postulo el hecho poético desde lo social y político [...] sino desde la poesía en sí misma, por sí misma y para sí misma.[122] Pero, para que el margen de libertad literaria sea mayor, Piñera amplía la definición de lo social más allá de la oda al tractor o la elegía a la tuerca. Por eso cuando el novelista guatemalteco Miguel Ángel Asturias niega "todo contenido social a la obra borgiana" Piñera sale en defensa de Borges preguntándose "¿Quién sino Borges para reflejar esa constante problematización que es un argentino?". Y termina afirmando que la obra de Borges es de contenido social "a menos que se convenga en que Borges se ocupa de los marcianos o de los venusinos".[123]

Pero Piñera va más allá al defender la que entonces se consideraba kriptonita del compromiso político de los escritores: la llamada "literatura de evasión", un cargo bajo el que se podía incriminar a toda la obra de Piñera. El autor de *Aire frío* defiende la evasión con un truco retórico que resulta, sin embargo, consistente con toda su obra: "la evasión se justifica en tanto conduzca a la libertad".[124] Pero Piñera no demuestra más maña sofística en defender la autonomía literaria que cuando, en vez de a su condición trascendente de artista, apela a la de proletario de las letras: "si el obrero tiene autonomía en su trabajo, no veo por qué no habría de tenerla el escritor en el suyo".[125] En nombre de esta equiparación entre escritor y obrero Piñera intenta adelantarse a la inminente dictadura del proletariado: si ha de ejercerse "la vigilancia sobre el escritor", esta debería ser estética y ocuparse de "aquellos que se limitan a denunciar, sin arte alguno, la explotación del hombre por el hombre".[126] Si hay subordinación de la literatura no será a la estrategia política de la Revolución sino a su propia aspiración a la

[121] Ibid., p. 154.
[122] Ibid., p. 194.
[123] Ibid., p. 120.
[124] Ibid., p. 190.
[125] Ibid., p. 125.
[126] Ibidem.

pureza. "Si a la Revolución se la desvirtuase, moriría; si a la Literatura se la pusiese a producir slogans pretendidamente literarios, moriría igualmente". Y más adelante concluye el artículo –titulado engañosamente "Miscelánea": "Si el Arte por el Arte es cosa de matarse de risa [...] el Arte sin el Arte puede llevar al embrutecimiento, por aplastamiento de la imaginación".[127]

## El miedo de Piñera

"Yo quiero decir que tengo mucho miedo. No sé por qué tengo ese miedo pero es eso todo lo que tengo que decir".[128] Eso escribió Cabrera Infante que dijo Piñera durante uno de los famosos encuentros de la dirigencia de la Revolución con intelectuales cubanos en la Biblioteca Nacional durante el verano de 1961. Ese relato de alguien que no estuvo presente en la reunión ha prevalecido incluso luego de que fuera publicada la transcripción taquigráfica del intercambio entre Fidel Castro y Virgilio Piñera. La lectura de la transcripción da una imagen menos teatral, pero al mismo tiempo más insidiosa. Piñera no se refiere a un miedo personal y difuso, como en la versión de Cabrera Infante, sino a uno general y muy concreto: "hay un miedo [...] de que el Gobierno va a dirigir la cultura".[129] A continuación, Piñera dice no saber "qué cosa es cultura dirigida" algo que no parece ignorar en un artículo de 1959 al referirse a ciertos poemas "fabricados, con todos los elementos comunes a la poesía dirigida o de consigna".[130] Tampoco Piñera parece ignorar del todo el control estatal soviético sobre la literatura cuando en diciembre de 1960 le pregunta a Pablo Neruda sobre las condiciones de la creación literaria "en Rusia": "¿Es cierto que existe, para los escritores, un comité de control para la aceptación de sus obras?".[131]

---

[127] Ibid.

[128] Guillermo Cabrera Infante, *Mea Cuba*, Barcelona, Plaza & Janés Editores/ Cambio 16, 1993, pp. 331-332.

[129] Carlos Aníbal Alonso y Pablo Argüelles Acosta (eds), ob. cit., p. 784.

[130] Virgilio Piñera, *Las palabras de El Escriba*, ob. cit., p. 85.

[131] Carlos Aníbal Alonso y Pablo Argüelles Acosta (eds), ob. cit., p. 774.

Apenas cinco días antes del intercambio entre Piñera y Fidel Castro, *Lunes* había publicado el resultado de un encuentro entre el poeta turco Nazim Hikmet y los redactores del magazine. Allí Piñera también habló de miedo. Sin embargo, todavía se mostraba confiado en dominarlo: "el problema fundamental del miedo del escritor ante la Revolución, –le explicaba Piñera al poeta comunista– es que le es necesario domar la Revolución como se doma un caballo".[132] En cambio, luego del encuentro en la Biblioteca Nacional quedó bastante claro que la Revolución no estaba dispuesta a dejarse domar. Al contrario, era ella la que se disponía a domesticar a los escritores locales por los medios que encontrara pertinentes.

Luego de aquella reunión no menos claro debió quedarle al poder revolucionario que la entrega absoluta de Piñera a la causa había llegado a su fin. Un desenlace lógico tal y como apuntaba Albert Camus en 1948: lo que busca el revolucionario devenido en totalitario "no es la unidad, que es la armonía entre contrarios" sino "la totalidad, que consiste en aplastar las diferencias".[133] En cambio, insiste el francés, el creador debe luchar por "afirmar contra las abstracciones de la historia lo que rebasa a toda historia: la carne" esa instancia tan prominente en la obra piñeriana. Cuando el revolucionario (aunque Camus prefiere llamarle "conquistador") "se hace verdugo y policía, el artista está obligado a ser refractario".[134]

En el caso de Piñera bastó su preocupación sobre los límites que impondrían a su libertad creativa para sellar su suerte en lo que le quedaba de vida. A partir de entonces la desaparición de Piñera de la zona visible de la cultura cubana fue lenta pero inexorable. A los pocos meses del encuentro en la Biblioteca Nacional *Lunes de Revolución*, la tribuna desde la que Piñera aireaba su particular revuelta literaria, fue clausurada. En lo que quedaba de década Piñera publicaría dos novelas en Cuba y hasta ganaría el premio Casa de las Américas de teatro con *Dos viejos pánicos* pero ni esa ni ninguna de las obras que escribiera desde 1962 llegó a ser estrenada mientras vivió.

---

132 Ibid., p. 778.

133 Albert Camus, *Moral y política*, ob. cit., p. 181.

134 Ibid., pp. 181-182.

En 1970 Piñera publicó su último libro en vida –la colección de cuentos *El que vino a salvarme*– en Argentina. En su última década de existencia –esa en la que a los escritores de la talla de Piñera le llegan las alabanzas y honores que le fueron negados antes– no solo no fue silenciado públicamente, sino que hasta la discreta tertulia literaria a la que asistía en casa de unos amigos fue disuelta ante las presiones y amenazas de la Seguridad del Estado.

Piñera, quien tantas veces en los años de la República se refirió a su "muerte civil" como escritor, pudo experimentar en carne propia la versión más definitiva de la muerte civil, la totalitaria. Ya no solo se trataba del desprecio de instituciones oficiales de la cultura mientras todavía podían usarse canales alternativos para publicar libros, estrenar obras, fundar revistas. En el caso totalitario, la muerte civil se parecía bastante más a la muerte real.

Debe aclararse, no obstante, que las muertes civiles en el totalitarismo suelen ser discretas. No hay velorios ni entierros oficiales. Ni condenas públicas ni prohibiciones declaradas. Simplemente el condenado se limita a observar cómo el silencio y el ostracismo se cierran sobre él de manera cada vez más compacta. Meses antes de la muerte física de Piñera un importante funcionario, Alfredo Guevara, fundador y presidente del ICAIC, llegó a franquearse con un grupo de jóvenes cubanoamericanos sobre el "caso" del viejo escritor. Entonces dijo que el silenciamiento del escritor se justificaba porque este tenía una actitud contrarrevolucionaria activa: "cuando digo activa no digo pertenecer a una organización contrarrevolucionaria pero sí digo tener una actividad de lucha política por sus medios, con sus instrumentos intelectuales contra el proceso revolucionario"[135]. Guevara incluso se permite un ejercicio de "ciencia-ficción" e imaginar que:

> [...] si nos surgiera ahora un Virgilio Piñera que no tuviera esa historia, que no hubiera participado en *Lunes* [...] si no existiera ese pasado y fuera un nuevo Virgilio Piñera el que naciera ahora diría que ya eso sería harina de otro costal. Tendríamos que luchar en otra dimensión, tendríamos que luchar por influirlo,

[135] Alfredo Guevara, *Tiempo de fundación*, Madrid, Iberautor Promociones Culturales, 2003, p. 358.

> por ganarlo para nosotros, por conquistar ese talento para el proceso de la Revolución, pero publicarlo o no publicarlo sería otra cosa.[136]

Esta lectura tan definitiva que se hizo entonces de la obra de Piñera desde el poder ha contagiado el resto de las lecturas que hacemos desde entonces, sobre todo de lo que escribió luego de su caída en desgracia. Leemos al autor de los *Cuentos fríos* como un contrarrevolucionario o disidente activo transmitiendo desde su clandestinidad de ultratumba mensajes cifrados en contra del poder que le ha sobrevivido durante décadas. Y en efecto, mucha de su obra posterior puede leerse en clave contrarrevolucionaria, o como diría el propio Piñera, "gusana".

Todos los textos escritos tras su caída en desgracia y buena parte de los anteriores admiten leerse como un acto de resistencia contra el sistema que lo aniquiló en vida y lo persiguió unos años más después de muerto. Muchos señalan el detalle de que en su novela *Presiones y diamantes* –comenzada a escribir antes de 1959– el brillante en torno al cual se organiza la trama y que terminará lanzado a un inodoro lleva el nombre de Delphi que al revés puede entenderse como Fi-del. O es posible entender cuentos como "Otra vez Luis Catorce" o "La rebelión de los enfermos" o la pieza teatral "La niñita querida" como alegorías del poder totalitario.

La obra de Virgilio Piñera después de su caída en desgracia me hace pensar en un cuento de Slawomir Mrozek, un autor a quien –por cierto– Piñera leyó con bastante atención. Trata de unos niños que construyen un muñeco de nieve para a continuación ver cómo los personajes del pueblo, desde el borracho hasta sus principales dirigentes, se quejan a su padre por lo que asumen como una burla hacia ellos. Tras cada acusación los niños declaran su inocencia, pero "por si acaso", el padre les va añadiendo castigos. Cuando los niños al fin cumplen su castigo lo primero que deciden hacer es un muñeco de nieve. Solo que esta vez el muñeco sí va a representar todo aquello de lo que antes los acusaron falsamente.

---

[136] Ibid., p. 359.

Si el cuento de Mrozek, "El muñeco de nieve", es una fábula sobre el totalitarismo, la vida y la obra de Virgilio Piñera a partir de 1961 puede leerse como otra: la fábula del irónico profesional que ante la irrupción de una nueva fe descubre la vacuidad de su cinismo y se entrega en cuerpo y alma a ella. "Estoy dispuesto a entregarte todo –le dice al sumo sacerdote de la nueva religión– pero permíteme quedarme con algo de mi ironía. Me ha acompañado por tanto tiempo que no creo que pueda prescindir completamente de ella". A lo que el sumo sacerdote le responde: "No has entendido nada. Si te permito conservar aunque sea una pizca de ironía, de reticencia ante mi fe, esta nunca podrá prevalecer sobre la tierra". Y de inmediato manda a que le corten la cabeza al irónico. En la fábula claro. Ya se sabe que el destino real de Piñera fue algo menos sangriento.

Para explicar la relación entre la obra de Piñera anterior y posterior a su rapto de fe se basta el cuento de Mrozek. En la obra de Piñera posterior a 1961 no se pueden apreciar evidentes cambios de estilo, de temas o de situaciones y sin embargo todo parece distinto al quedar marcado –ya sea en el autor o en sus lectores– por la conciencia de una culpa esencial. La culpa de no dejarse arrastrar completamente por la fe, de ofrecer resistencia, casi sin quererlo, a través de su literatura. Como dice Rüdiger Safranski "[l]a naturaleza estática del arte hace que éste se sitúe como una reserva irónica y a veces incluso cínica frente a las imágenes del mundo y a las seguridades con las que los hombres se instauran en el mundo".[137]

La seguridad en que se instalaron los hombres a los que Piñera hizo frente casi sin querer mientras intentaba seguirlos era la más absoluta de todas las seguridades que se hayan inventado los humanos sin tener que apelar a Dios: la seguridad totalitaria. Porque ya no se trata de lidiar con dioses esquivos, inalcanzables. Se brega con la Historia, que es Dios disfrazado de tiempo y acciones humanas, pero esta es a su vez controlada a través de leyes que los jefes de Partido dicen conocer a la perfección. Y si Piñera solo aceptaba la existencia del Dios católico a condición de ponerlo en entredicho ¿cuántas recaídas

[137] Rüdiger Safranski, *El mal o El drama de la libertad*, Ciudad de México, Tusquets Editores, 2013, p. 208.

no sufriría su fe ante un Dios de tan reciente factura como el que le ofrecía el materialismo histórico?

Todo parece indicar que Piñera al volver a la creación literaria luego de su caída en desgracia lo hiciera con la misma malicia aprendida de los niños de Mrozek. Pero incluso si hubiese el milagro de conservar la inocencia era inevitable que chocara con las nuevas reglas del totalitarismo en cualquier dirección que se moviera. Tanto quejarse Piñera de la "Nada por defecto" y el destino le tenía reservado la "Nada por exceso" en mucha más cantidad de la que podría tolerar. Solo que en este caso no se trataba de la Nada a la que se llega "a través de la cultura, la tradición, la abundancia"[138] sino la Nada totalitaria: un vacío, una parálisis, creados precisamente por el exceso de sentido que le confiere a la realidad la paranoica suspicacia del totalitarismo.

Ese es el resultado de la pretensión del totalitarismo de politizarlo todo. Una concepción omnicomprensiva del mundo que le exige un significado coherente a todo lo que existe: desde el origen del universo hasta el último de los átomos, desde las relaciones de producción a las sexuales. En su obsesión por ejercer su poder sobre cada aspecto de la realidad, de controlarla, el totalitarismo marxista-leninista le asigna a cada acto vital un significado político. Esto es: a favor o en contra de la Historia que es lo mismo que decir El Partido. Cada partícula de la realidad es aliada o enemiga. Así ocurre de manera bastante explícita en el relato "Un jesuita de la literatura" de 1964. Basta con que una italiana se presente como "signora" para que el narrador pregunte si es "gusana". Y la respuesta que recibe es: "No creo, solo que no está familiarizada". O poco después, cuando la italiana se dirige a la presidenta del Comité de Defensa de la Revolución del barrio esta responde indignada "Siñora no. Compañera. Soy marxista leninista". Solo que ahora el absurdo de la situación no obedecerá a las obsesiones literarias de Piñera sino al costumbrismo totalitario. Norma que, una vez instaurada, convierte cualquier desliz respecto a ella en acto enemigo.

En el cuento "El caramelo" de 1962 el absurdo cotidiano adquiere consistencia de fábula. Una fábula sobre la experiencia "re-

138 Carlos Aníbal Alonso y Pablo Argüelles Acosta (eds.), ob. cit., p. 194.

volucionaria" de Piñera. El narrador viaja en un autobús cuando cree presenciar un asesinato: un niño y su abuela convencen a una joven de que se coma un caramelo y esta cae muerta al instante. El narrador, alarmado, los denuncia a la policía. Les cuenta que vio cómo el niño, asistido por la abuela, insistió en que la joven comiera un caramelo. Cuando la policía interroga a los acusados descubre que en realidad el niño no existe y lo que la anciana acuna en sus brazos es un cerdito. En consecuencia, a quien llevan detenido es al narrador mientras el capitán resume la situación diciendo: "¡Te pusiste fatal! [...] Fatal, fatal... Ya ves, al mejor escribiente se le va un borrón...".[139] Es difícil no ver reflejado allí el viacrucis de Piñera: el escritor prerrevolucionario que con más entusiasmo se había prestado a apoyar al nuevo Poder se veía tratado como un criminal mientras muchos de los que había acusado terminaron adaptándose bastante mejor a las circunstancias. Aquel que en 1959 intimidaba a sus enemigos literarios haciéndose preguntas tales como "¿Tiene el doctor Vitier autoridad moral para enjuiciar la Revolución?"[140] dos años después vería cómo la Revolución se sentía perfectamente autorizada a condenarlo al ostracismo.

Leer aquellos textos de Piñera en clave paranoica puede parecer excesivo pero, con frecuencia, resulta revelador. Como ocurre con el cuento "Frío en caliente". (Su fechado en 1959 parece una falsificación: alude a las nacionalizaciones masivas –que tuvieron lugar en 1960– y al programa de visas "waiver" –que comenzó oficialmente en 1961).[141] La biografía del protagonista y narrador no puede ser más distinta a la de Piñera: un negociante avispado y corrupto que hizo fortuna mediante rejuegos políticos durante la República. En el presente del cuento, despojado de todas sus propiedades e influencia, consume sus días en una cafetería, empeñado en adivinar qué sabor de helado pedirán los comensales. Tal entretenimiento puede carecer de sentido pero no las razones que lo justifican: "debo ser cauteloso. En materia de soberanía la única que me es dable poseer es la de la

[139] Virgilio Piñera, *Cuentos completos*, Madrid, Grupo Santillana Ediciones S.A., 1999. p. 260.

[140] Virgilio Piñera, *Las palabras de El Escriba*, ob. cit., p. 68.

[141] María de los Angeles Torres, *In the Land of Mirrors: Cuban Exile Politics in the United States*, University of Michigan Press, 1999, pp. 61-62

imaginación. Imaginar qué helado elegirá el cliente, o no elegirá, me coloca en esa linde de la existencia en donde sin estar muerto tampoco se está vivo".[142] Dependiendo de si se acepta o no la fecha oficial de su escritura, el final del cuento puede verse como profecía o como autorretrato de Piñera tras su caída en desgracia.

Sea la fecha de la escritura del cuento 1959 o 1962 todavía faltaría tiempo para que la gastronomía local redujera el número de sabores de helado a uno solo y volviera ridículo cualquier intento adivinatorio. Entre tanto, tras su breve lapso de ilusiones revolucionarias, Piñera se refugiaría en el arte como el único ámbito que le ofrecía alguna seguridad para desde allí retomar su vieja desconfianza hacia los hombres y sus planes, con amarga –y ahora mejor informada– lucidez.

---

142 Virgilio Piñera, *Cuentos completos*, ob. cit., p. 235.

# *El filántropo* y *Los siervos*

David Leyva González
*Centro de Estudios Martianos*

Virgilio Piñera se entusiasmó con el triunfo de la Revolución Cubana. Fue de los miles que sintieron aquel subidón de dopamina. Aunque, siendo fiel a su oficio de escritor, no tuvo el instinto de romper parquímetros, sino de salir a atesorar imágenes. Lo visto por él desde la madrugada del 31 de diciembre de 1958 hasta los primeros días de enero, quedó registrado en una amena prosa llamada "La inundación", publicada en la revista *Ciclón* de 1959. Aquí narró, entre otros sucesos y analogías –que el buen lector no debe privarse de buscar– cómo, debido a la huelga general, no hubo guaguas en La Habana, por lo que decidió hacer una caminata desde Ayestarán hasta el Parque Central. En la intercepción de las calles San Rafael y Amistad, un miliciano le puso un fusil en las manos. Sin proponérselo, estuvo veinte minutos de guardia con, quizás, la primera y única arma que sostuviera en su vida y se sintió parte de aquella efervescencia y amó el despertar de Cuba.

Cuando alguien se enamora y es correspondido en los inicios, idealiza, no distingue errores, imperfecciones, está dispuesto a concesiones y sacrificios. La Revolución en aquellos días virginales no era Aldonsa Lorenzo, sino, Dulcinea del Toboso; y para ratificar esa ilusión, el primer libro impreso por el gobierno victorioso fue *El ingenioso hidalgo Don Quijote de la Mancha*.

Piñera escribió febrilmente y se colocó a la vanguardia de los caballeros andantes defensores del cambio social. Terminó su obra maestra en teatro: *Aire frío,* publicó decenas de artículos, en algunos de ellos, emplaza a prestigiosos intelectuales de la vieja guardia como Gastón Baquero y Medardo Vitier, o cuestiona a periódicos, ahora caídos en desgracia, como el *Diario de la Marina*. Esta labor y confrontación cultural se desarrollaba en un ambiente de explosiones, quema de cultivos, firma de acuerdos comerciales con la Unión Soviética, amenazas de agresiones militares y embargos económicos, y he aquí que el escritor arriba al año 1960 con la oportunidad de publicar su *Teatro completo*.

La hermosa Revolución naciente ha ido escalando tensiones con el país emblemático del capitalismo y ha comenzado a estrechar lazos comerciales y canjes de armas por azúcar con la nación insignia del comunismo. La Guerra Fría, entonces, no solo empieza a tomar fuerza en la política internacional, sino en las propias cabezas de los individuos. El escritor decide publicar en aquel volumen su obra más anticapitalista, recién creada: *El filántropo* y realiza una primera autocensura y preventiva concesión: no recoger en su teatro su pieza anticomunista *Los siervos,* publicada cinco años atrás en la antes mencionada revista *Ciclón*.

*El filántropo* (1960) es una comedia que nos dice de manera subliminal: no solo los ratones sirven para la experimentación, sino que también los seres humanos conforman una excelente muestra de inventiva para el laboratorio capitalista. Existe un interés humano, más grande a veces que los lazos familiares o patrióticos: alcanzar una mejor fuente de dinero y bienes materiales. El olor a riqueza es una infalible carnada o sebo para ser utilizado por caprichosos empleadores. La obra de Piñera enseña cómo es el juego del dinero por hora trabajada y el mantenerte enfocado en una suma deseada, en perenne estado de competitividad y estrés.

Al multimillonario Coco, como al propio sistema capitalista, no le incomoda que le llamen cínico. Ni que se manifiesten y protesten en su contra, lo esencial está en mantener el cobro por tiempo y por resultado. El individuo debe centrarse en sí mismo y olvidar los posibles dramas medioambientales o las injusticias o desigualdades a su alrededor. Todo está en mantenerse en el barco de los empleados y merecedores de crédito, aunque sea alienante y mecánica la labor que se realice.

Los oficios que se muestran en *El filántropo* están llenos de rebajamiento e hipérbole absurda, pero los personajes se resisten a abandonarlos. La producción no se detiene y el capitalismo avanza. En la obra, el falso benefactor fracasa porque subestima a un sujeto femenino: María, quien convence a los otros de dejar de producir sin pausa. Logra aislar al rico Coco que compraba sentimientos, estados de opinión y veía a la humanidad como su sandalia. Todos se unen y dejan de engordar los caprichos del millonario que los tenía atados a diferentes cantidades de dinero.

Sin embargo, en la autocensurada pieza *Los siervos* (1955) sí aparece un poder que no concebía la crítica ni la oposición de ideas. Se trata de un teatro hipotético, en un supuesto momento en que el comunismo ruso, al estilo de Stalin, se ha expandido a todos los países del mundo y ha proclamado la existencia del mejor de los mundos posibles. En la primera escena, tres personajes: Orloff, Primer Ministro; Fiodor, Secretario del Partido y Kirianin, General del ejército, es decir, el núcleo duro del poder comunista, conversan. El tema que se analiza en esta centralizada caja negra de información es lo ocurrido con Nikita, el filósofo oficial del Partido, autor de cuarenta tomos sobre la igualación del género humano, quien, paradójicamente acaba de declararse en el periódico *Pravda* como siervo y busca las órdenes de un señor.

Hasta ahora no se ha producido una recepción real del manifiesto, pues la personas que leen el *Pravda,* ya no "leen, leyendo", sino que han llegado a un punto de puro automatismo, donde no se busca nada nuevo en los medios de comunicación. En un Estado donde prima un gran Partido y una gran consigna sobre el igualitarismo, las cuestiones de contenido son poco trascendentales, solo se establecen análisis desde las cuestiones de formas. Pero, a ese núcleo duro de poder, le preocupa que alguien lea, "leyendo", el manifiesto, y se inicie un proceso de desenmascaramiento del sistema, pues, en el fondo es sabido que esos dirigentes, con todos sus acólitos y familiares, forman una élite señorial encubierta, mientras el pueblo es parte de un grupo de no-élite formado por siervos no declarados.

Treinta y cuatro años antes de la caída del muro de Berlín, Piñera expone el punto débil del sistema comunista frente al capitalista: el hecho de que no renueva con periodicidad a los integrantes de su élite de dirigentes. Según plantea Francisco Álvarez Somoza:

> [...] todos los sistemas que no poseen una base de sustentación social y una capacidad de autorrenovación están llamados a generar desde sus mismas bases el germen de su autodestrucción, lo que pudiera resumirse en la afirmación

de que "sistema que no crea, conscientemente, las bases de su renovación, genera automáticamente las bases de su destrucción.[143]

El movimiento que inicia Nikita, personaje principal de la obra, es el de salirse de su posición permitida: filósofo oficial del Partido y comenzar a mostrarse como se siente: un siervo. Él no busca una revolución violenta, sino una revolución servil que ponga en crisis los aparentes postulados equitativos del partido. Francisco Álvarez en el ya citado estudio "La izquierda como vertiente política: la lucha por su recomposición", plantea: "el hecho que una fuerza política reconozca sus errores, las causas que lo engendraron y la magnitud de la problemática, ya constituye un elemento que potencialmente coloca al sujeto en el camino de la solución".[144] Lo anterior es muy correcto en teoría pero harto difícil en la práctica. Es más común observar a las cúpulas de poder acomodándose en las burbujas de las jefaturas. Los políticos se han vuelto artistas en esquivar las carencias reales del hombre y la mujer humildes. Y cuando alguien amenaza su gestión y las facilidades alcanzadas solo sienten la necesidad de censurar o reprimir.

Los mecanismos de castigo que tiene el núcleo duro del poder ante un conflicto subversivo son varios, pero el alcance de su autoridad se ve limitado, en este caso, al ser Nikita una figura conocida. Lo único positivo es que, por suerte, las personas están tan centradas en sus necesidades que no "leen, leyendo". Las soluciones deben tomarse entonces antes de que empiecen a aparecer los lectores conscientes.

En primera instancia, y en método bien estalinista, se propone la desaparición del camarada Nikita; pero, esto llamaría la atención del pueblo y pudiera provocar la creación de un mártir peligroso. Volverían la mirada a su manifiesto postrero, publicado en el periódico oficial y se iniciarían las lecturas reflexivas.

Otra posibilidad es la reeducación de Nikita. Sin embargo, él es ya un comunista consumado conocido por las masas. Además, en un mundo utópico como el que marca la obra, donde ya el capitalismo y

---

[143] Francisco Álvarez Somoza. "La izquierda como vertiente política: la lucha por su recomposición", *Teoría Sociopolítica*, ed. Félix Varela, La Habana, 2000, p. 139.

[144] Francisco Álvarez Somoza, ob. cit., p. 150.

la clase señorial han desaparecido, ¿a qué campo opuesto se acusaría para justificar su exclusión? ¿Qué doctrinas se enarbolarían si solo están los tomos del igualitarismo que él escribió?

Una tercera vía sería la desaparición discreta del filósofo; pero, entonces, todo el pueblo automatizado, se desautomatiza con la pregunta "¿Dónde está Nikita que hace tiempo no se le ve?". A partir de ese momento, el ser que no despertaba interés mientras era visible en su cargo, se convertirá en el ser más buscado ahora que se ha esfumado. Y como su última huella fue el manifiesto, los lectores interesados aparecerán de forma ineluctable. Igual ocurriría si se dice en los medios: ha muerto repentinamente de "causa natural". Otra vez, la condición de figura pública que antes de morir escribió una proclama en el periódico del partido, provocaría, sin tardanzas, atentas lecturas de las ideas de Nikita.

Sin embargo, el núcleo duro puede también jugar con el tiempo, el gran aliado para que las masas olviden los acontecimientos perniciosos, pero Nikita cuenta con la iniciativa, con la gran ventaja de que el tiempo será también su aliado. Y él sí esperaría desde la acción, pues ya realizó el primer gran movimiento y solamente aguarda a los perspicaces lectores.

La única vía que encuentran los líderes es la actitud de hacerse los desapercibidos, aunque Nikita "sabe que ellos saben". Él también entraría en ese juego de lo inadvertido y nuevamente a esperar por las lecturas del manifiesto. Si hubiera algún capitalista en ese contexto utópico la cosa sería de "coser y cantar", sencillamente se iría a la acusación. Se pone a Nikita en el campo contrario, se propaga que su texto es una traición al pueblo y su ego burgués se ha colocado a servicio de los intereses del enemigo. Su declaración se olvidaría a la semana. Bajo esta ideología de gratos e ingratos, de buenos y malos se volvería a los métodos de Stalin quien desarticuló de forma neurótica todo el entorno de poder cercano a Lenin y que él consideraba una amenaza para su persona.

> *Orloff.* –Nikita es un enemigo.
>
> *Kirianin.* –Un enemigo inatacable. Nos impide gritar contra él, escribir contra él y meterle unas balas en el pellejo.

> *Orloff.* –He ahí el problema: Nikita es un enemigo contra el cual nada pueden nuestras viejas consignas y nuestras gastadas técnicas. (*Pausa*). Será cuestión de empezar de nuevo.[145]

A medida que Nikita se muestre públicamente como siervo, su doctrina irá sobre ruedas y su muerte vendrá más atrás sobre patinetas. Pues como plantea Piñera en voz de Jesús García, personaje antecesor del nikitismo y bases ambos del piñeranismo: "Voy a morir, porque toda creencia necesita víctimas propiciatorias".[146]

Piñera reúne, mediante un absurdo profético y una exageración grotesca memorable, algunos de los factores más significativos que, según señalan Thalía Fung Riverón y José Martínez Barroso, desencadenaron o propiciaron la desintegración de la URSS: "la burocratización de las estructuras y acción de los partidos, a partir de la formación de un sector con tendencia al inmovilismo y a la reproducción de su *status quo*. La definición formal de la desaparición de las diferencias etnosociales y la extensión de la doble moral y la simulación".[147]

El nikitismo se conecta con la no-violencia de los *Evangelios*, se engarza consciente o inconscientemente con la moral de León Tolstói, punto de apoyo de la resistencia pasiva del político indio Mahatma Gandhi, quien combatiera a los británicos con el *satyagraha* (en sánscrito, 'abrazo de la verdad'). A medida que Gandhi declaraba su no-violencia y su condición de desobediencia civil, las calles de la India fueron bloqueadas mediante sentadas de ciudadanos que se negaban a levantarse a pesar de ser golpeados por la policía. Gandhi fue arrestado pero las autoridades británicas, ante su servilismo rebelde, se vieron forzados a dejarle en libertad. De hecho, la desobediencia civil mediante la declaración pacifista, que en Piñera está exagerada en declaración servilista, tiene antecedentes en el siglo XIX en la figura

---

[145] Virgilio Piñera, *Órbita de Virgilio Piñera*, selección, prólogo y notas de David Leyva, Ediciones Unión, La Habana, 2011, pp. 135-183.

[146] Virgilio Piñera, "Jesús", *Teatro Completo*, ed. Letras Cubanas, La Habana, 2002, p. 66.

[147] Thalía Fung Riverón y José Martínez Barroso, "Período de transición al socialismo: hipótesis y conjeturas". *Teoría Sociopolítica*, ed. Félix Varela, La Habana, 2000 p. 166.

de Henry David Thoreau quien en 1849 escribiera su ensayo *Desobediencia civil*. Según este doctrinario, el individuo tiene el poder más alto y es independiente del que ostenta el Estado, que solo obtiene el suyo por delegación de aquél.

El nikitismo, expuesto literariamente por Piñera en noviembre de 1955, se conecta también con Martin Luther King, aquel que iniciara, mediante la no-violencia, el boicoteo a los transportes públicos en Montgomery en el propio año de publicación de esta obra. Y en todos los hechos anteriores la impotencia del poder ante el servilismo es tal que el conflicto deviene en medidas drásticas y en la aceptación posterior del cambio con muertes propiciatorias de por medio: Jesús de Nazaret, Mahatma Gandhi, Martin Luther King y Nikita (en lo literario) son ejemplos de esa tesis.

El personaje teatral también se puede relacionar con el sucesor de Stalin de 1953 a 1964: Nikita Serguéievich Jruschov, quien fuera el abanderado del proceso de desestalinización. Jruschov acusó a Stalin de ser culpable de arrestos y deportaciones masivas de miles de personas y de ejecuciones sin juicios a honestos e inocentes comunistas.

En su conjunto la obra es tan sugerente que –hasta en la declaración de Nikita de comenzar la revolución de los traseros– podemos ver una correlación con la homosexualidad del autor, pues, en el deseo de exhibir esa parte anatómica –símbolo de servilismo en la obra– surge una posible correlación con la añeja relación de pareja marginada, la cual debe practicarse, a causa de la homofobia, de manera encubierta.

Piñera hace dos piezas teatrales de alerta sobre el precipicio a que pueden llevar los dos sistemas político-económicos que rigen al mundo. En 1960, estaba ilusionado, pero la Revolución Cubana no pudo mantener aquel primer encanto quijotesco y espíritu justiciero sin ideología conocida que la controlara. La tensa situación económica y las constantes agresiones conllevaron, el 16 de abril de 1961, luego de los bombardeos mercenarios y en víspera del ataque a Playa Girón, a definir el carácter socialista de la misma. A partir de ese pie de amigo, el antiguo Partido Comunista de Cuba –que no fue determinante en la lucha armada por el triunfo revolucionario– comenzó un ascenso vertiginoso hacia la vanguardia política del país. Emergieron, poco a poco, los teóricos, los censores, los ideólogos marxista-leninistas y, semejante al cura y al barbero de la Mancha, dictaminaron los libros que debían quedarse en la biblioteca de Quijano.

Cuba empezó, encubiertamente –para estar en sintonía con la poética de *Los siervos*– un tercer período de colonización (si tenemos como primero y segundo el español y el estadounidense) en el cual se reproducían métodos productivos y sistemas de organización soviética ajenos a nuestra historia y a nuestra idiosincrasia. Era comprensible el antimperialismo, el ansiado deseo de soberanía, pero aquella oportunista vocación acusatoria que discriminaba al compatriota con ideas diferentes y coaptaba el ejercicio de la crítica y la polémica nos hizo y nos seguirá haciendo mucho daño. En la historia de la humanidad desconozco a la Revolución o al partido político ascético, puro o excepto de abusos de poder.

Era más humana la pretensión inicial de buscar igualdad de posibilidades de desarrollo individuales para todos, que estandarizar una nación a un solo discurso político, a un solo modelo económico, a un ofensivo régimen de subsistencia, desde la falsa condición de equidad. El Estado es velador de orden, no instaurador de ideologías. Cada ser humano se forja sus creencias y su sistema de pensamiento. Piñera logró, a través de dos simples y breves obras de teatro, sintetizar todo el drama humano que significa oponerse desde lo individual a un poder político y económico, y lo hizo con humor, dulcemente amargo como una taza de café.

Me gustaría ver publicado un verdadero *Teatro completo* de Virgilio Piñera donde *El filántropo* y *Los siervos* estén de la mano. Ambas obras son reflejo de un intelectual anticomunista y anticapitalista que esperaba un mundo sin imposiciones ideológicas ni consumismo y desigualdad social sin control. Hasta la fecha, el capitalismo vence por su supremacía productiva y mayor generación de actualizaciones, pero bien vendría la llegada de un sistema medioambientalista de líderes humildes y transparentes constantemente renovados y dispuestos al sacrificio. A día de hoy el principal aliado de las naciones capitalistas son los países comunistas y viceversa. Las primeras dicen "hay desempleados y monopolios pero no hay dictaduras políticas y tenemos libertad de expresión", las segundas alegan "protegemos como podemos el empleo, la salud y educación, pero no aceptamos la crítica ni que se inmiscuyan en nuestros asuntos internos". Por eso es tan necesario que el intelectual de tipo piñeriano esté más tiempo de guardia en la historia de las naciones. Aquellos veinte minutos de posta (simbolizados desde enero de 1959 hasta la reunión con los intelectuales en junio de 1961) significaron muy estrecho margen para velar las armas de una cultura libre. La Revolución Cubana era hermosa y fue afeada por oportunistas censores, por los que hicieron de las delaciones y las sospechas un nuevo deporte nacional. Piñera fue marginado por el proceso que lo enamoró. Qué bien haría para la isla algo de su atrevimiento, lucidez y desprejuicio.

# Desde Praga importar cucarachas. Kafka, Piñera, y Arendt

CHRISTOPH SINGLER
*Leibniz Universität Hannover*

## KAFKA EN AMÉRICA LATINA

En 1945, cuando publica en la revista *Orígenes* "El secreto de Kafka", Piñera es de los primeros escritores latinoamericanos en comentarlo. Borges lo precedió desde 1935, defendiendo las pesadillas de Kafka contra la tentación simbolista o alegórica e insistiendo en que reduce sus cuentos al argumento.[148] ¿Cuándo Piñera empieza por interesarse en Kafka? Estaba en buenas condiciones para comentarlo, pues no solo disponía de varias obras existentes en español, sino que tenía probablemente acceso a alguna de las traducciones publicadas en Francia hasta entonces, desde *La Métamorphose,* en 1928, hasta *La Muraille de Chine* en 1944, si bien la guerra debía de haber interrumpido el contacto con la literatura francesa. Las primeras traducciones al español aparecieron desde 1925 en España; primero "La metamorfosis", después, en 1927, "Un artista de hambre", y en 1932 "Un artista del trapecio", las tres en *Revista de Occidente*. A mediados de los años 30, las editoriales argentinas, y en particular la revista *Sur*, se encargaron de la difusión de la obra. Notemos que cuando Piñera escribe ya puede conocer las tres novelas, traducidas a partir de la versión de Max Brod: *Le Procès* (1933, versión española en 1939), *Le Château* (1938, traducción española en 1949) y *América*, 1943 (traducción francesa en 1946), amén de varias compilaciones en francés como en español.[149]

---

[148] Borges conocía Kafka desde sus años en Ginebra. Ver Carlos García, "Borges y Kafka", en www.kafka.org. (Kafka-Projekt), acceso 02/03/2021.

[149] Sur publicó en 1936 una pequeña antología de cuentos, parábolas y aforismos; en 1938 salió una nueva traducción de *La metamorfosis* y *El escudo de la*

La recepción de Kafka acompaña en cierto modo la evolución de las letras en América Latina a lo largo del siglo XX, desde Borges hasta César Aira, pasando por Piñera y García Márquez.[150] Elisa Martínez Salazar y Julieta Yelin identifican en su antología *Kafka en las dos orillas* cinco fases de la recepción de Kafka en el ámbito hispanohablante, destacando las interpretaciones más importantes que se hicieron, pero no la conectan con su historia literaria, tarea que excedía sus objetivos.[151] Para América Latina podríamos señalar una fase "fantástica", la lectura que realiza Borges en particular, seguida por una fase exis-

---

*ciudad*; en 1939 *El proceso*; en la *Antología de la literatura fantástica*, de 1940, Bioy Casares y Borges publicaron "Josefina o el pueblo de los ratones" y "Ante la ley"; en 1943 salió *América*. Para Francia, Caputo-Mayr 2000 indica la lista siguiente: en 1937, *Odradek*, *Prométhée*, *La Tour de Babel*; en 1938, *Le Château*; "*Au bagne*" (*Cahiers du Sud* n° 211), *La métamorphose* (contiene "Le verdict", "Le nouvel avocat", "Un médecin de campagne", "La galerie", "Une vieille page", "Devant la loi", "Chacals et arabes", "Visite à la mine", "Le plus proche village", "Un message impérial", "Le souci du père", "Odradek", "Onze fils", "Un fratricide", "Un rêve", "Rapport pour une académie"); 1939, *Le chasseur Gracchus*, *L'épée*; 1943, *Recherches d'un chien*; 1944 en la editorial Seghers, *La Muraille de Chine* ("Ma ville natale", "La construction de la muraille" "La nouvelle", "Un vieux parchemin", "Construisant la muraille de Chine", "Un message impérial", "Le refus", "Du problème des lois", "Nos soldats", "La levée des troupes"). Piñera conocía al parecer la traducción francesa de *Gracchus*, de 1939, pues la cita en "El secreto de Kafka", además de *El Proceso*, *La metamorfosis*, y *América*. Esta última novela la menciona entre sus diez libros preferidos, en una encuesta publicada por *Lunes de Revolución* el 20 junio de 1960.

[150] Martínez y Yelín se fijan en el vaivén entre España y América Latina, que determina la periodización que establecen para su antología. La última etapa, desde 1999, correspondería a la posmodernidad: "es previsible que la lectura de Kafka tome nuevos bríos en relación con la situación económica actual, generada por unas fuerzas pretendidamente anónimas o invisibles." De este modo se omiten los países autoritarios o totalitarios contemporáneos, entre otros Cuba, donde Kafka es una referencia para la literatura disidente, ver Elisa Martínez Salazar, Yulieta Yelín (ed.), *Kafka en las dos orillas. Antología de la recepción española de Kafka*, PUZ, 2013, p. 38.

[151] La periodización es la siguiente: 1) 1925-1945, años de descubrimiento y primeras traducciones 2) 1945-1965, proceso de canonización 3) 1965-1983, apogeo de la teoría estructuralista y reactivación de varios tópicos de la crítica kafkiana 4) 1983-1999, estancamiento después del centenario; 5) 2000– última etapa. Ver Elisa Martínez Salazar, Yulieta Yelín (ed.), *Kafka en las dos orillas. Antología de la recepción española de Kafka*, ob. cit., pp. 10-11.

tencialista y la literatura de lo absurdo en los años 1950 (Ernesto Sábato). Habría que mencionar también su impacto en autores que practican formas narrativas breves como Monterroso o Arreola, y luego su influencia en autores asociados con el realismo mágico. En *El olor de la guayaba,* García Márquez recuerda la lectura de *La metamorfosis* como una fuente principalísima en su evolución, pues lo liberaba del realismo decimonónico, predominante en sus años de formación. Esta ruptura que Kafka propicia es quizás el impacto más notable que tuvo hasta el *post-boom*, si bien no convence dividir las lecturas de Kafka como hacen las dos antologistas entre, por un lado, las "literarias" y por el otro, las "simbólicas", éstas últimas incluyendo desde las interpretaciones metafísicas y religiosas hasta las políticas y las psicoanalíticas. Su interés contemporáneo reside precisamente en la articulación entre estas esferas. No solamente en Argentina se creó una cátedra Kafka-Borges, dado que Borges mantuvo un diálogo con Kafka durante toda su vida de escritor.[152] En el ámbito cubano se entrega desde 2008 anualmente el Premio de Novelas de Gaveta Franz Kafka, de la biblioteca *Samizdat Libri prohibiti* y patrocinado por la plataforma *InCubadora*, otorgado a autores cubanos que residen en Cuba. La fase contemporánea, que según las dos antologistas empieza en 1999, merecería otra tentativa de conexión, pues Kafka entra ahora en los debates (post-estructuralistas) sobre el poder. Sus relatos con protagonistas animales, conduciendo a una lectura de sus personajes desde el ángulo de la discriminación, marginación y degradación de diversas minorías sociales y sexuales, invitan en particular a la crítica al biopoder inspirada de Foucault.[153]

## El secreto de Kafka

Apenas terminada la Segunda Guerra mundial estamos entrando en una fase de lecturas políticas de Kafka. En 1946, la revista france-

[152] Esta "Kathedra Borges-Kafka" de Literatura comparada de la Facultad de Filosofía y Letras de la Universidad Católica Argentina (UCA), ha sido creada en coordinación con el Museo Judío de Buenos Aires, Fundación Sur, y el Museo Judío de Praga.

[153] Irina Garbatzky, "Supervivencia de las cucarachas en Cuba a finales del siglo XX". *453°F, Revista de teoría de la Literatura,* n° 17, 2017, pp. 47-65.

sa *Action*, cercana al partido comunista, publica un dossier especial sobre el escritor preguntando si "cabe quemar Kafka".[154] Ahora bien, si adoptamos el criterio de Julieta Yelin, Piñera estaría en la línea de Martínez Estrada, quien, según ella, efectúa una lectura "fundamentalmente literaria"[155]. Yelín se apoya ante todo en la introducción de "El secreto de Kafka", donde Piñera afirma que Kafka "no es otra cosa que un literato". Si no queremos caer en la tautología, cabría preguntar qué definición Piñera da de lo "literario". Su respuesta es que "el mundo se divide entre dos grandes mitades... él de los que tienen fe y el de los 'que dan fe". Los segundos –los escritores– no la tienen, y no pueden tenerla porque su función es dar cuenta de la marcha del mundo. La fe impide cumplir con esta tarea. De este modo, quedaría excluido todo enfoque que no fuera literario: la teología, la ética y la filosofía. Ahora bien, la "falta de fe" constituye de por sí una posición política. Para George Bataille, quemar Kafka es una "intención perfectamente lógica dentro del pensamiento comunista"[156] precisamente porque su literatura –Piñera traduce: toda literatura– está desprovista de "fe", es decir desprovista de las convicciones (las creencias, y por ende el imaginario colectivo como tal) que fundamentan la vida social, y por supuesto toda ideología. ¿Cómo separar la literatura de la esfera política, social, religiosa, etc. cuando la primera niega los fundamentos de la segunda?

Piñera insiste en que Kafka excluye "lúcidamente" al individuo –en otras palabras, la psicología de sus personajes. En lugar del simbolismo, concibe "enormes arquitecturas de imágenes", más poderosas que las ideas en que se apoyan, de modo que *in fine* logran suspender las convicciones de sus lectores sobre el bien y el mal, "el pecado y la salvación". La literatura se convierte en una "enfermedad" porque sus "imágenes" llevan al goce más allá de cuestiones morales. En su momento todavía no se percibe, pero con el tiempo –ejemplo las sátiras de Swift– dejan de ser metáforas. Queda la invención: los gigantes

[154] Pierre Fauchery, "Faut-il brûler Kafka?", *Action*, n° 90, 24 mai 1946.

[155] Elisa Martínez Salazar y Julieta Yelin, *Kafka en las dos orillas. Antología de la recepción española de Kafka*, ob. cit., p. 255.

[156] Georges Bataille, "La littérature et le Mal", *Œuvres complètes*, vol. IX, Paris Gallimard 1979, p. 271.

de Brobdingnag no tienen "la menor necesidad de una lectura entre líneas". Esta es la tesis de Piñera, una tesis que él mismo en el fondo cree insostenible (en caso de que exista una diferencia insuperable entre la metáfora y la imagen). Con igual razón se podría pensar lo contrario, a saber que la metáfora se va decantando con el tiempo. Apenas lanzada la tesis, Piñera discute las ventajas de estas "cargas de actualidad". Apoyándose en Sartre, reconoce los derechos del lector contemporáneo de Kafka, pues para éste "la obra no puede ser exclusivamente ficción o sorpresa literaria". El contexto de la escritura, que Piñera llama su "peso muerto", de hecho, le es imprescindible. Lo "puro literario" es una abstracción que conduce a la inocuidad.

En este punto interviene una cita de Hannah Arendt, única referencia extraliteraria aquí si exceptuamos a Sartre. Esta cita es un misterio. Arendt publicó su "Kafka, a Reevaluation" en 1944 en la *Partisan Review,* un texto del cual no existía traducción francesa en 1945, la versión española no se publicaría antes de 1950.[157] Que Piñera leyera el inglés, y qué textos, y si la revista circuló en Cuba, no lo sabemos, ni tampoco cómo le habrá llegado este número. Su biógrafo Anderson no discute esta faceta, que no aparece ni en la crítica piñeriana, ni en Martínez y Yelín. Una pista plausible podría ser Robert Altmann, refugiado alemán judío que vivió durante los años de guerra en Cuba. Frecuentaba el mundo artístico literario habanero en este tiempo y lo alimentaba con informaciones internacionales, sin duda también de Nueva York, donde fundaría en 1947 su editorial Brunidor. Altmann apunta en una "Evocación de Virgilio" que su obra "llamó la atención desde los primeros cuentos publicados en *Poesía y Prosa* [publicado en 1944] por su originalidad y su atmósfera un tanto kafkiana".[158] Como el nombre de Arendt nunca aparece cuando de Kafka se trata

[157] Se publicó en Santiago de Chile en la revista *Babel* vol. 3, n° 1, 2007.Ver *Claudia Andrea Bacci*, "Hannah Arendt's Reception in Argentina", www.hannaharendt.net.

[158] Sobre sus contactos en Cuba, ver las memorias de Robert Altmann, 2000. "La evocación de Virgilio" es un manuscrito redactado en 2003 y hasta ahora nunca publicado que me confió Altmann. Cabrera Infante opina igualmente que Piñera escribió cuentos kafkianos antes de conocer la obra de Kafka, *Mea Cuba*, Barcelona, Plaza y Janés 1992, p. 342.

en América Latina, en lo sucesivo intentaré identificar una serie de temáticas abordadas por la filósofa que podrán encontrarse en la obra por venir de Piñera. Lo sacan del ámbito de la literatura de lo absurdo para llevarlo al terreno francamente político. La tesis es que en varios sentidos Arendt, y la lectura que Piñera hace de Kafka, anuncian en particular *Pequeñas maniobras*.

Arendt entra en escena en los últimos dos párrafos del ensayo de Piñera, cuando insiste en la importancia del contexto en que Kafka escribe.[159] Volvamos pues a ese "peso muerto": de pronto Piñera descubre que Kafka necesita del contexto para volverlo extraño, y en definitiva hacer que parezca incluso "eterno". Arendt lo aborda desde dos ángulos: primero, ubicando los protagonistas de Kafka entre las figuras del paria judío, que rechaza las condiciones que se le plantean para su asimilación social; el segundo es la burocracia que se ha apoderado de la esfera política en el siglo XX, tema que Arendt discutiría más adelante en su estudio del totalitarismo. Dice Piñera que ella "quita a la obra su parte de invención, su deus ex machina y la presenta en su realidad social: 'la burocracia como el Leviatán de la época'". La filósofa, a su vez, sostiene que "para el público del siglo XX [la maquinaria burocrática] no parecía un mal suficiente para explicar el horror y terror expresado en la novela. La gente se atemorizó más con el cuento que con la cosa real. El lector moderno o al menos el lector del siglo XX, fascinado por las paradojas como tales y atraído por meros contrastes no estaba mucho más dispuesto a entrar en razón". Tal contexto difícilmente se puede eludir. Piñera le saca ventaja, dando un giro de 180° a su argumentación inicial: en Kafka, concluye, "ficción e invención adquieren proporciones infinitas, de modo tal que las cargas de actualidad se hacen también ficción e invención. He ahí todo su secreto."

[159] Hannah Arendt incluirá una nueva versión de "Kafka, a Reevaluation" en *La tradición oculta*, una serie de estudios sobre la literatura judía alemana y los dilemas de la asimilación. Hannah Arendt reunió en este volumen siete ensayos escritos en las décadas de 1930 y de 1940: "Sobre el imperialismo", "Culpa organizada", "La tradición oculta", "Los judíos en el mundo de ayer", "Franz Kafka", "La Ilustración y la cuestión judía" y "El sionismo. Una retrospectiva". Ver Hannah Arendt, *La Tradición oculta*, Planeta, 2004.

## El Kafka de Hannah Arendt

En el texto de 1944, Arendt empieza por evocar una serie de observaciones formales, entre éstas la "novedad que representa su manera de narrar", "una cualidad de modernidad que en ninguna parte aparece con la misma intensidad y evidencia". Evoca una fascinación vaga, difusa, "asociada al recuerdo de ciertas imágenes y episodios a primera vista sin sentido", que experiencias posteriores podrán dotar de significado. Piñera hablará de "sorpresa" precisamente porque Kafka –dice Arendt– no emprende ningún experimento técnico, lo particular de su estilo consiste en que despoja la lengua hasta llegar a una escritura neutra. Más adelante, Arendt destacará otras características de su escritura: la ausencia de psicología, y los inicios de sus ficciones a partir del resultado de un proceso que otros novelistas –en particular los del siglo XIX– hubieran detallado in extenso. El centro del texto lo ocupan los comentarios a *El Proceso* primero, y luego a *El Castillo*.

La primera de estas novelas parte de la inculpación de K, sin que jamás éste se entere de qué está acusado. En una de las escenas claves, en la catedral, el párroco consultado por K lo insta a conformarse con la necesidad, en detrimento de la verdad. Arendt comenta que hasta la mentira parece sublime bajo el manto de la necesidad: la admiración por "la necesidad", fruto del siglo XIX, induce a la sumisión. K termina por aceptar el tribunal, que representa "la necesidad, la injusticia y la mentira". Aun así, o quizás por esta misma razón, dice justo antes de su ejecución que es como si el oprobio le sobreviviera. En el nombre de la necesidad se cometieron los mayores crímenes en el siglo XX. Kafka critica implícitamente el imperio austro-húngaro, cuya maquinaria burocrática tritura a quienes entran en su mecanismo. El mal de esta sociedad consistía en que creía que sus leyes eran imperecederas, dictadas por la voluntad divina. Kafka quiere destruir este mundo "exponiendo su estructura hedionda y escondida". *El Castillo* presenta otra vez una sociedad idólatra del misterio, sumisa y pendiente de la gracia que vendría del Castillo. El personaje de K ha cambiado. En tanto extranjero viene con el propósito de construir su vida, casarse, ser útil a la comunidad. Pide ser amparado en sus derechos universales de ciudadano. No exige otra cosa, pero nada menos. De allí que rechaza los actos de gracia –todo lo contrario de los habitantes del lugar. K termina muriendo extenuado: su proyecto ha sido superior a sus fuerzas. Sigue siendo un extraño porque es el único personaje saludable en un mundo donde lo humano y normal –amor, trabajo y amistad– le ha sido arrebatado a los humanos para ser transformado en un "don". Arendt aprovecha el contexto para incluir un párrafo contra el determinismo, "la ley natural" que solo puede ser decadencia, y reserva espacio para publicar por primera vez la imagen del ángel de la historia que Walter Benjamin proyectó en un dibujo de Paul Klee (en sus tesis sobre la noción de historia)[160]. Este ángel estaría dando la espalda al futuro, mirando como se van acumulando ruina sobre ruina en el pasado: "El viento que lo va alejando del Paraíso es lo que llamamos progreso". La salvación, para Arendt, depende de la voluntad humana.

Advierte Arendt que el mundo de Kafka no es ninguna pesadilla: se ha concretado cuando Arendt escribe. En su momento los lectores no entendían, los espantaba más la ficción que la realidad y buscaban significados "más profundos", de tipo teológico –lectura errónea, tal como la psicoanalítica. El terror de Kafka es la naturaleza de la burocracia, donde la administración remplaza el gobierno y los decretos, las leyes. Una de las temáticas principales de Kafka es la construcción de esta maquinaria, su funcionamiento y las tentativas de los héroes para destruirla en nombre de las virtudes humanas.

Si se siente algo de irreal en las historias es que sus protagonistas no tienen ninguna de las características que distinguen a un individuo real: un estatuto social, una psicología individual, creencias compartidas con los demás. Los personajes secundarios tampoco: solo ocupan funciones, su trabajo es lo único que los identifica. De hecho, han dejado de ser humanos. Kafka para observar el mecanismo del mundo social, construye modelos. Sus relatos son resultados del pensamiento, no de la experiencia. Esto vale también para su imaginación, incompatible con el surrealismo porque no se substituye al mundo real, no ofrece sueños diurnos o ideas guiadas por el deseo.

[160] Antes de suicidarse en la frontera española en 1940, Benjamin había confiado el manuscrito de estas tesis a Arendt.

A diferencia de la novela canónica del siglo XIX, Kafka no acepta la grandilocuencia del "destino". El burgués exigía a la vida lo que su propio marco cotidiano no le ofrecía: algo grande, maravilloso, el genio dotado de una misión cuanto más sobrehumana mejor –un precursor de Superman, o más bien una especie de monstruo. Kafka arremete contra tales fantasmagorías. Aspiraba a un mundo donde los actos del hombre no estuviesen dictados por una fuerza extraña, un mundo con leyes definidas por el hombre, y Arendt concluye diciendo que "lo más conmovedor es que quiso ser parte de un mundo así".

## *PEQUEÑAS MANIOBRAS*: LAS CUCARACHAS SE ADAPTAN A TODO CONTEXTO

Thomas Anderson presta a Piñera una temática que enfocaría "la problemática existencia del hombre moderno [...] en un universo marcado por lo absurdo y la paradoja...", y agrega que debe a Kafka algunas de sus técnicas narrativas.[161] La primera observación reduce la obra a una metafísica que Piñera sin duda encontraría barata, la segunda es válida para muchos otros escritores de la época.

Cabe señalar que en 1947, apenas dos años después de su ensayo, Piñera afirma que escribir como Kafka sería suicida, pues "el demonio de la imitación se hace pagar con nada menos que el alma de quien imita".[162] No ambiciona convertirse en el "Kafka del Caribe", como se ha dicho con alguna frecuencia.[163] Pero recordemos que había estudiado filosofía en la Universidad de La Habana, a finales de los años 30. El ángulo que Arendt escoge para sus observaciones sobre Kafka puede haber dejado mella en la obra futura. Independientemente de su influencia probable, Arendt nos permite leer a Piñera con los criterios que ella aplica a Kafka.

El aire kafkiano husmeado por Altmann se hará palpable en los *Cuentos fríos,* y sin duda se respira en *La carne de René*. Definitivamente está en *Pequeñas maniobras*. Arendt destaca dos puntos.

---

[161] Thomas Anderson, *Everything in its Place: The Life and works of Virgilio Piñera*, Lewisburg Bucknell University Press, 2006, p. 279.

[162] Virgilio Piñera, "El país del arte", *Orígenes* vol. 4, n° 16, pp. 34-38.

[163] Ver Yoandi Cabrera, "Kafka y Piñera: la arquitectura de la imagen". *www.isliada.org, literatura cubana contemporánea*, 2020.

Primero, los protagonistas ocupan la posición del paria, excluido o extranjero. Segundo, aunque el K de *El Castillo* se muestra más agresivo que el protagonista de *El proceso*, ambos personajes persiguen un mismo objetivo: exigen sus derechos humanos, su reconocimiento en tanto miembros de la sociedad. Fundamental es el tercer punto: se niegan a plegarse a la necesidad, al funcionamiento a ciegas de un destino ominoso. Los protagonistas se empeñan en romper la dependencia de la gracia, es la razón por la cual la sociedad los excluye. Por último, los aspectos formales que recoge Arendt conciernen la construcción de los personajes, el tipo de intriga, y la particularidad de su imaginación. Kafka despersonaliza a sus personajes; sus relatos arrancan al cabo de un proceso del cual no se analizan los pormenores. Tampoco parten de la experiencia, sino que se despliegan a partir de un dispositivo experimental que prescinde de toda psicología.[164]

Varios de estos rasgos caracterizan *Pequeñas maniobras*. Piñera inventa una suerte de vida negativa: inicialmente maestro, el protagonista narrador, un tal Sebastián, pasa a ser sirviente, vendedor de una colección de libros llamada "Las maravillas del mundo", fotógrafo callejero, y termina siendo sereno en un centro espiritista que lleva el título rimbombante de "Paz y Concordia". Su aspiración sería la de convertirse en sirviente ("subalterno"), condición que le evita madurar a la vez que conserva la inocencia, al no comprometerse con el juego social.[165] El rasgo estilístico que lo separa de Kafka es la desfachatez, la insolencia y hasta la rebeldía de este ser escurridizo.

---

[164] En este aspecto Arendt coincide con Borges quien escribe en "Las pesadillas y Franz Kafka": "cada relato puede limitarse a una idea, apenas 'aprovechada' por el narrador. Es notorio que el proyecto de un libro suele aventajar a su ejecución; Kafka, en cada uno de los cuentos del "Landarzt", ha escrito ese proyecto, sin mayor adición de pormenores circunstanciales o psicológicos. Ver Jorge Luis Borges, "Las pesadillas y Franz Kafka", *Textos recobrados (1931-1955)*, Barcelona, Debolsillo, pp. 110-111.

[165] En *La littérature et le mal*, Georges Bataille afirma que Kafka quiere seguir siendo niño y reivindica su irresponsabilidad. No se opone abiertamente, pero dos veces se niega a casarse. El paralelismo con el héroe de Piñera salta a la vista, ver Georges Bataille, ob. cit.

Apunta Sebastián, el protagonista, que "si lo van a meter a uno en un lío, lo meten antes de haber nacido…".[166] A primera vista parece simplemente paranoico. Pululan en *Pequeñas maniobras* las alusiones a esbirros, persecuciones y encarcelamientos imaginarios, y personajes perfectamente triviales que se convierten en tenebrosos inquisidores. No hay tregua: "uno debe estar preparado para el momento en que ellos vengan… Yo los espero en todo momento".[167] Pero lo peor no es ser capturado –es el pánico que le inspira la idea de que alguien pueda obligarlo a confesarse, trátese de un cura u otros sacerdotes como psicólogos, etc. Cuando Matilde Bruckmann, ama de casa donde es sirviente, lo acusa de ser "tratante de blancas", le parece un "adelanto del Juicio Final". El tribunal que Kafka ubica en un desván se vuelve ubicuo en Piñera, está en cada esquina y en cada casa. Su fuerza reside pues en la fuga, dado que el deseo de escapar genera (y no revela) culpabilidad, que Sebastián rechaza como tampoco asume el papel de víctima.

El origen de su angustia es el rechazo de todo "compromiso" –que supone acción, implicación, búsqueda de solución– y, por ende, la planificación de cara al porvenir. Por lo demás, es consciente de que se paga bien caro escapar a los demás:

> "Será por esto que la gente acaba por entregarse atada de pies y manos. Pero yo no puedo, es algo superior a mis fuerzas; pago un precio muy alto por no verme metido en líos. Cosa singular: con cada nuevo cabo que se añade a la trampa me siento más animado a proseguir mi vida escapatoria".[168]

Con cada nuevo intento de escapar, la amenaza se viene precisando un poco más. Son los que más le tienen estima a quienes más teme. Implícitamente le piden "explicación", es decir confesión que presupone culpa, definida por la sociedad. Sebastián intenta deshacerse del sentimiento de culpa que, según Arendt, habita vagamente a cualquiera. Perversamente es el deseo de escapar que indica de por sí culpabilidad. Las *Pequeñas maniobras* no llevan sino a la confesión del miedo, pecado inconfesable porque socava el sentimiento vital comunitario.

---

[166] Virgilio Piñera, *Pequeñas maniobras*, Madrid, Alfaguara, 1986, p. 15.

[167] Ibid., p. 17.

[168] Ibid., p. 36.

La ambivalencia une a todos los miembros de la sociedad, hasta a los fracasados y los honestos irreprochables: todos rinden culto a la religión del triunfo, por modesto que sea. Sebastián no hace distingo entre los que solo en apariencia son ciudadanos respetables y otros que se mantendrían al amparo de las tentaciones. El problema principal es su falta de fe: "La Fe… Hago esfuerzos increíbles por imaginarla, me paso la lengua por el cielo de la boca tratando de tomarle el gusto, me meto las manos en los bolsillos del saco, no vaya a ser que esté en el fondo de uno de ellos, revuelta con el peine y los fósforos."[169] Aquí resuena la definición del escritor en el ensayo sobre Kafka. Niega en bloque un elemento clave del imaginario social, lo que Bourdieu llama la *illusio*, es decir la confianza en los valores que fundamentan la sociedad, y que los actores reproducen en cada uno de sus actos, que ésta pase por el ascenso social o por la creación de mundos imaginarios. Cualquiera que sea la forma que adopte, detrás está agazapada la aspiración al poder. Los más temibles son precisamente los redentores.

El planteamiento principal es la inmovilidad del mundo social. Se refleja en la estructura episódica que anula el devenir temporal, pues cada episodio es simplemente una variación de la estructura. La repetición impide toda evolución, ausencia que la imaginación suple. Frente a la frustración, los personajes de Piñera despliegan sus fantasías tétricas sacadas de la novelería barata y popular, llena de "capitanes intrépidos, audaces aventureros, salvadores de almas". Sebastián, en cambio, "nunca sueña, siempre está despierto"[170]; su imaginación actúa a manera de "cuchillo".[171] De ahí las tantas advertencias sobre cómo no leer *Pequeñas maniobras*. Ante todo, hay que evitar la tendencia del lector común a identificarse con lo que no es: la novela va en contra de las ficciones que invitan al lector a proyectar sus fantasías de grandeza en el héroe. Sebastián, cuando lee, no busca compensaciones para su vida insignificante; los héroes librescos, al contrario, le dan fuerzas para seguir siendo lo que es. El resultado de sus lecturas es "el robustecimiento de [su] cobardía". Si no fuera así, "además de

[169] Ibid., p. 167.

[170] Ibid., p. 118.

[171] Ibid., p. 53.

afligirme, quién sabe si no me incitarían a la rebelión, a cambiar el lagarto por el tigre".[172]

La concepción vital de este héroe podría referir a varios antihéroes de la literatura del siglo XIX o XX, en particular quizás a *Memorias del subsuelo* de Dostoievski. Puede leerse también como una réplica irónica al famoso "compromiso" de Sartre, ilustre visitante de la isla en 1960. Sería poco convincente buscar en Sebastián al héroe de buena voluntad que ve Arendt en las diferentes versiones de K., pues es de muy mala fe. Pero no se trata de hacer, a toda costa, que coincidan Piñera y Kafka, porque Piñera modifica el planteamiento kafkiano, ajustando su propósito al contexto cubano. Arendt señala la función compensatoria de la novela realista del siglo XIX, o sea los sueños heroicos que entretiene, rasgo que Piñera discute, a la vez que rechaza la "explicación" psicológica del protagonista, otro aspecto destacado por Arendt. El argumento central de Arendt es la desestabilización del imperio de la necesidad, la ley del progreso que suspende todo criterio ético en nombre del cual, sin embargo, se condena a Sebastián.

*Pequeñas maniobras*, escrita en 1956 y 1957, se publica en 1963. Poco antes, las "Palabras a los Intelectuales" han formulado una nueva política cultural represiva. Sin duda se autorizó la publicación como una crítica de la alienación capitalista. En *Ecured*, enciclopedia online oficial cubana, se puede leer que "nos relata la historia de un hombre condenado a habitar en una sociedad desarticulada, absurda, con cuyos peores estamentos y lacras no quiere rebajarse a comulgar, donde también el autor hace un juego expresionista con la realidad de la Cuba anterior a 1959".[173] Nada más ajeno a la posición de Piñera. En tal caso, Sebastián no tendría por qué sentirse culpable: sería una víctima –condición que no acepta. El autor habrá pensado en la carga del nuevo contexto. No sabemos si ha modificado el manuscrito, pero confiaba en que el universo de *Pequeñas maniobras* no se desmentiría en 1963. La novela no presenta perspectiva alguna que permita vislumbrar otra sociedad mejor, es decir más allá del presente de 1963, después –entre

[172] Ibid., p. 30.

[173] https://www.ecured.cu/Pequeñas_maniobras(libro). Este resumen es un perfecto ejemplo de cómo la vulgata marxista falsifica la lectura de los textos literarios.

otros actos represivos– de la prohibición de *PM*, del cierre de *Lunes de Revolución*, de la "Noche de las tres P" que afectó a Piñera directamente. La nueva sociedad no podía tolerar que el escritor se pusiera a reflexionar sobre su imposible extraterritorialidad e interrogue los fundamentos del juego social. Si Piñera traslada su intriga a la época anterior, lo hace porque su argumento principal es que la vida social no cambia en lo sustancial. Atrevimiento supremo, mostrar que lo social necesita de la *illusio* y que tiende a perpetuarla, reducirlo a juegos de poder supone cuestionar el carácter revolucionario de la nueva sociedad y ubica al que la observa fuera de ella. El artista pasa de la marginación (tema en *Aire frío*) a la exclusión. Si es que puede hablarse de paranoia respecto del protagonista de Piñera, se debe a su intento de salirse del imaginario colectivo que determina lo que es real y fija las responsabilidades. Al describir su felicidad momentánea y precaria en "Paz y Concordia", concluye Sebastián: "con tal de que dure…".[174]

## POSTDATA. KAFKA, PIÑERA, *DIÁSPORAS*

La crítica contemporánea de Piñera asume su anti-autoritarismo, anticatolicismo, anti-elitismo, su irrespetuosidad y el carácter subversivo de su escritura. *La metamorfosis* es sin duda el texto más emblemático cuando a Piñera se le reconoce como escritor de los márgenes, portavoz de las minorías LGBT en particular. Reinaldo Arenas advirtió que las cucarachas de Piñera

> "no deben confundirse, como superficialmente se ha hecho, con la aventura kafkiana en la cual el sufrido insecto tiene más bien un carácter simbólico relacionado –eso dicen los críticos– con la alienación social, el mundo superindustrial y la discriminación judaica. Nuestras cucarachas –o nuestras cucarachitas– piñerianas no están emparentadas con esa superestrella de los insectos modernos Gregorio Samsa. Nuestra cucaracha ha sufrido y sufre la persecución, pero la habita. Ha hecho de esa persecución un modo de vida o de sobrevida… Sobrevivir es para nosotros –cucarachas– esconderse, pasar inadvertidos, desaparecer…".[175]

[174] Virgilio Piñera, *Pequeñas maniobras*, ob. cit., p. 214.

[175] Reinaldo Arenas, "La isla en peso con todas sus cucarachas", *Necesidad de libertad*, Miami, Universal, 1983, pp. 131-152.

Si aquí el "nosotros" designa a todo el pueblo cubano, Arenas continúa explicando el miedo que sienten los personajes de Piñera por su condición de homosexual, la cual engendraría culpabilidad. Es posible, pero Piñera justamente borra esta justificación, no hay confesión. Su eliminación abre el horizonte de su personaje más allá de la minoría sexual que encarna según Arenas y gran parte de la crítica contemporánea.

La revista *Diáspora(s)* restableció el contacto entre Piñera y Arendt. Quizás no tanto en el sentido que sugiere Irina Garbatsky, cuando opina que en *Diásporas* "los regresos de Kafka se orientaron a explorar aquellas fronteras y zonas inespecíficas de lo minoritario y la diferencia. Acaso guiados por el deseo de su maestro Piñera, [Carlos Aguilera y Rolando Sánchez Mejías] lograron que Kafka continuase encontrando sus resonancias cubanas [… y que] Piñera es en este sentido clave para la ubicación de Kafka en esta serie", continuada según Garbatsky por Arenas. La genealogía es prometedora, si bien la perspectiva deleuziana limita el alcance tanto de Piñera como de Kafka: "la metamorfosis entraña potencialidades: del paria a la cucaracha el mundo se transforma".[176] Garbatsky no habla de utopía, pero concede a las cucarachas y consortes un espacio mínimo fuera del universo carcelario. Este espacio, escribe Carlos Aguilera, está vedado a los personajes de Piñera: "quien entra en la Nada de la historia no podrá encontrar nada. Ni siquiera un huequito, una hendija: tal y como le sucedió al mismo Virgilio".[177] Piñera figura en dos números, en el n° 4/5, de 1999 –con una presentación de Carlos Aguilera– y en el n° 7/8, el último número publicado en 2002. Rolando Sánchez Mejía, que introduce el n° 4/5, discute en "Violencia y literatura" el impacto que tiene la variante cubana del totalitarismo en la producción literaria:

> […] la literatura fue institucionalizada. Un sistema totalitario es aquel que logra que todo –incluso las palabras– se imbriquen en la realidad como una institución más. El sistema totalitario odia los huecos negros. No soporta las

[176] Irina Garbatsky, "Supervivencia de las cucarachas en Cuba a finales del siglo XX", *453 F°, Revista de teoría de la Literatura*, n° 17, 2017, pp. 49-50.

[177] Carlos Aguilera, "La plaga rusa", *Archivo y Terror*, Casa Vacía, 2019, p. 12.

> líneas de fuga. Todo debe adquirir la fijeza mortal de una realidad ordenable en términos de control.[178]

Y, añadimos, en esta realidad no hay cabida para Piñera. En la última edición de *Diáspora(s)*, se publica un ensayo de Milan Kundera titulado "Stifter, Kafka y la burocracia". Si bien no menciona a Arendt, comparte con ella el tema burocrático que no deja resquicio para el espacio privado: "ni siquiera exigimos ya el secreto".[179] Los "jueces" de Sebastián, autonombrados, están en todas partes, como en *El Proceso*: su sede es un desván, pero extiende sus tentáculos a través de toda la ciudad. Piñera piensa Kafka en la dirección opuesta a las diferentes figuras de K, centrífuga. El resultado confirma el análisis de Arendt: no existe escapatoria. Una vez descartada su posibilidad, Aguilera, en un texto programático sobre "literatura y nación", restablece la dimensión política de Piñera situándolo al lado de Lorenzo García Vega, autor de *Los años de Orígenes*, ambos practicando una escritura desmitificadora, antinacionalista, contra la identificación totalitaria entre Estado y Nación, Identidad y Cultura, y entre la literatura y el aparato que pretende institucionalizarla.[180] En este mismo número, Sánchez Mejía defiende a Piñera contra los facilismos de la lectura ontológica, pretendidamente metafísica, de lo absurdo y lo fantástico, y contra toda forma de realismo psicologizante. Al lado de la interpretación LGBT, a cargo de Pedro de Armas, queda pues esta lectura de Piñera a través del lente de Hannah Arendt.

Desde 2021, la ola represiva en Cuba trae de nuevo connotaciones kafkianas. Cuando el artista visual Hamlet Lavastida fue arrestado el 26 de junio de 2021, Edgar Pozo, en la plataforma *Mujercitos*, recordó que, como en *El proceso,* el artista ignoraba el motivo. Arendt analizó la normatividad del sistema totalitario. Piñera transforma este contexto en lo propiamente extraño, conforme al diagnóstico que hizo en su ensayo sobre Kafka. No hay profecía: la invención no suplanta la pesadilla, muestra cómo se repite.

---

[178] Miranda Cabezas (ed.), *Revista Diáspora(s)*, edición facsímil (1997-2002), Barcelona, Linkua, 2013, p. 375.

[179] Ibid., p. 384.

[180] Ibid., pp. 595-597.

# Una belleza siniestra y fría

Gerardo Fernández Fe
*Escritor*

Hace cerca de quince años, en una de nuestras escasas conversaciones, Antón Arrufat me aseguró que Virgilio Piñera nunca había mantenido, mucho menos legado, una biblioteca personal; eso, que no acumulaba libros queridos que fueran revisitados en días de inspiración o de antojo. Por esa misma época había caído en mis manos, no sé por qué vía, un ejemplar de *Cartas a la madre*, de Baudelaire, editado por la Editorial Schapire, de Buenos Aires, en 1947. Llegaba a mí, sobre todo, con la aureola demoníaca de haber pertenecido a la supuesta biblioteca de Virgilio Piñera.

El hecho de que en 1947 Piñera permaneciera en Buenos Aires como becario de la Comisión Nacional de Cultura de la ciudad, que se trate del año de la primera publicación en español de *Ferdydurke* de Witold Gombrowicz (traducción en la que estuvo implicado) y del año en que Borges publica en *Anales de Buenos Aires* su cuento "El señor Ministro",[181] más allá de incitar la suposición, son solo ahora resultado de la confluencia de meras fechas coincidentes en este entramado de anécdotas, resonancias, vínculos anodinos para algunos, significantes para otros.

Un poeta maldito –me dije entonces– leído y acunado por otro poeta maldito. Y aunque el desmentido de Arrufat no se hizo esperar (el libro tampoco lleva firma ni *ex libris* que lo identifique), aún a estas alturas, por obra y gracia de esas conexiones también demoníacas que establecemos con nuestras lecturas, aquel libro de cartas donde se habla de dolor y de dinero sigue mirándose las caras en mi escueta biblioteca habanera con uno más reciente, entre rosado y fresa, ¡fucsia!,

[181] Virgilio Piñera publica "El señor Ministro" en el nº 15-16 de *Anales de Buenos Aires* de 1947. Anteriormente en el nº 10 de 1946 había publicado "En el insomnio".

el de casi toda la poesía de Virgilio Piñera, que abro a menudo con el gesto de quien en la calle hojea revistas displicentes, en un par de minutos, diríamos al vuelo, pero con ojo aguzado, para luego regresarlas a su lugar en el quiosco.

La poesía de Virgilio Piñera me ha parecido siempre un alto divertido, una toma de otro aire, necesaria, en medio de la tanta solemnidad de la poesía cubana de todos los tiempos. Bien temprano, con la publicación del cuaderno *Las furias*, su familia consideró que se trataba de "un modo de botar el dinero, pues las cosas que escribía Virgilio eran tan raras que iba a ser difícil que alguien comprara sus libros", según testimonio de su hermana Luisa para el libro *Virgilio Piñera en persona*, de Carlos Espinosa.[182] Seguidamente, algo que no merece aquí demasiada extensión, Gastón Baquero, al leerlo, hablará de una "desconexión absoluta con el tono cubano de expresión",[183] y Cintio Vitier aludirá a visiones que "de ningún modo y en ningún sentido pueden correspondernos" y al testimonio "falseado" de una isla.[184]

Había comenzado un proceso de rarefacción al que el poeta no era totalmente ajeno. Así pues, Piñera asumió su rareza, torció en público sus pulsiones de escritura hacia otros dominios (el teatro, la ficción) y, amparado por el epíteto de *poeta ocasional* que él mismo se atribuía, dejó de hablar de sus versos y pergeñó en silencio los menos de doscientos poemas de toda una vida, buena parte de ellos recuperados en cajones tras su muerte, en papelitos plegados que algún amigo decidió conservar, también en folios que con vanidad y previsión supo en secreto acumular y, con un guiño altanero, legar a la posteridad, él, que tanto descreía del canon y del brillo del mármol al que aspiran los poetas solemnes.

Fue durante sus últimos diez años que esta especie de acentuación del mutismo cobró un matiz más intenso; los mismos diez años

---

[182] Carlos Espinosa, *Virgilio Piñera en persona*, Ediciones Unión, 2011, p. 97.

[183] Gastón Baquero, "Tendencias de nuestra literatura" en *Ensayos*, Fundación Central Hispano, Salamanca, 1995, pp. 277-278.

[184] Rafael Rojas en su "Newton huye avergonzado" hace un recuento cronológico de las críticas de Vitier a Piñera, *Motivos de Anteo. Patria y nación en la historia intelectual de Cuba*, Colibrí, 2008, pp. 327-342.

en que la política cultural revolucionaria acentuara la indigencia hacia su persona y hacia otros tantos considerados como raros o incómodos o ajenos a la épica del momento –y por lo tanto excluibles.

Entonces guardó sus poemas, ocultó su existencia incluso a sus amigos más cercanos. "¿Cuál es la mamá que regalará Las Flores del mal a sus hijos por fin de año?", preguntaba Baudelaire a su madre en julio de 1861.[185] Virgilio Piñera también dudó del voltaje de los suyos; creyó, con razón, que aquel Estado indigente no ponderaría sus poemas descarnados o aquellos más juguetones ("Lady Davida", "Decoditos en el tepuén"...), los insolemnes, donde no se hablaba de la zafra o de la sonrisa de una muchacha que recoge tomates con su pantalón verde militar ("Un Duque de Alba", "Alocución contra los necrófilos").

Pensó, también con razón, que no serían leídos aquellos otros poemas del dolor de la vejez –estamos ante un poeta de varias tesituras– y el desamparo ante la muerte ("De nuevo nacer", "Nadie"); ni siquiera los más inofensivos, los colgados al inevitable pathos amoroso ("Lo de menos", "La sustitución", "Si quieres"); y mucho menos, en tiempos de sudor y de entusiasmo patriótico, "Ma maîtresse à moi", "La cartomancienne", sus poemas en francés y afrancesados –que no es lo mismo–, licenciosos y ligeros, diría el Poder, como aquel otro, "L´écorchement", primero colmo del ludibrium, a la manera de "Si muero en la carretera", poema del mismo 1970, luego reflexión sobre la eternidad de la piedra y la brevedad de la carne, que al fin pudre: uno de los dos únicos poemas en que Virgilio Piñera cita, menciona, no esconde una de sus lecturas de todos los tiempos, quizás la más fértil, la de Charles Baudelaire.

Al final del texto, con crudeza, el poeta sentencia: "Baudelaire c´est un con comme quelconque mortel!", epíteto que Luis Marré tradujo infelizmente como carajo, donde debería leerse estúpido, imbécil, necio, tonto... Eso, Baudelaire, que cree en la eternidad de un

[185] Charles Baudelaire, *Lettres à sa mère*, L'école des lettres, 1998, p. 161.

cuerpo hermoso de mujer, no es más que un tonto como cualquiera de los mortales.[186]

Que Virgilio Piñera haya sido un lector ardoroso de la poesía de Baudelaire no nos sorprende, que lo haya preferido a Valéry o a Claudel tampoco debe ser motivo de extrañamiento. El 20 de julio de 1960, en el número 64 de *Lunes de Revolución*, Piñera incluye *Las Flores del mal* como uno de los diez libros que salvaría de una hecatombe,[187] un libro del que, según sus amigos más cercanos, se sabía de memoria poemas enteros.

Durante sus últimos cinco años, en el momento de apogeo de la represiva indiferencia hacia su persona, en aquellas reuniones casi secretas que tenían lugar en Mantilla en casa de los herederos del patriota Juan Gualberto Gómez, y uno de los escasos sitios donde era escuchado con respeto, Piñera incluyó la obra de Baudelaire como tema de sus charlas sobre literatura ante aquella muy reducida cofradía, encuentros que fueron abortados por la policía política hacia 1977 y de donde Piñera, según testimonio de Yoni Ibáñez, salió amonestado por "su influencia perniciosa para los jóvenes".[188]

Quizás ronde aún en algún anaquel resentido el manuscrito de *Las Flores del mal* que Piñera tradujera y luego regalara a Lezama Lima como acto de respeto (al poeta traducido y al destinatario) y de paz tras un periodo de distanciamiento. Hablamos de un cartapacio perdido, como tantos ha habido en la historia de nuestra república letrada. Nuevamente una ausencia generadora de tantas y tantas explosiones del imaginario.

---

[186] "L'écorchement" en Virgilio Piñera, *La isla en peso*, Ediciones Unión, 2011, pp. 216-217.

[187] "Una encuesta de *Lunes*", *Lunes de Revolución*, nº. 64, 20 de junio de 1960, pp. 2-6. Completan esta lista de diez libros preferidos por orden de prioridades –y en la cual *Les Fleurs du mal* ocupa el lugar número 5–, los siguientes libros; las *Memorias* de Saint-Simon, *Las almas muertas* de Nikolai Gogol, *Dombrey e hijo* de Charles Dickens, *Comentarios reales* del Inca Garcilaso de la Vega, *Estravagario* de Pablo Neruda, *América* de Franz Kafka, *En busca del tiempo perdido* de Marcel Proust, *Moby Dick* de Herman Melville y *Vida del buscón* de Francisco Quevedo.

[188] Carlos Espinosa, *Virgilio Piñera en persona*, ob. cit, p. 332.

Imaginemos entonces una copia de este manuscrito –pues Piñera, como se supo después de su muerte, guardaba meticulosamente copias de sus cartas y de buena parte de sus escritos– dentro de los papeles incautados por la policía política tras la requisición que se le realizó a su apartamento el mismo día de su velatorio. Imposible dejar de imaginar la cara de los descubridores de deslealtades patrióticas al leer, en traducción de Piñera, cuatro sencillos versos de "La metamorfosis del vampiro", uno de los seis poemas que en 1857 la 6º Cámara Correccional de París obligó a Baudelaire y a su editor a suprimir del libro por ultraje a la moral pública y a sus buenas costumbres:

> Cuando hubo succionado de mis huesos la médula
> Y lánguidamente me volvía hacia ella
> Para devolverle un beso de amor, sólo vi
> Rebosante de pus, un odre pegajoso.

Virgilio Piñera también fue juzgado, aunque en silencio, en el silencio cáustico de la maquinaria del Estado Total; un Piñera *anéanti*, convertido en nada: un libro que no se edita, una pieza teatral que no es montada, un conocido que cambia de acera cuando el saludo es inminente y, sobre todo –y aquí está su eficacia– inoculado el miedo, "el miedo, que viste y calza nuestros actos, [que] se sienta a la mesa con nosotros", como escribiera en su poema "De sobremesa", de 1977.

Más allá de otras evidentes diferencias, habrá que reconocer un par de similitudes entre la poesía de Piñera y la obra de Baudelaire, específicamente en lo que respecta a *Las Flores del mal*, un libro para el cual había concebido dos otros títulos, uno etéreo, otro más que terrenal: *Los limbos, Las lesbianas*...

En carta a su madre en la Navidad de 1857, Baudelaire se define como "un hombre cuya profesión es producir y vestir ficciones".[189] Tan solo este par de verbos y el sustantivo final denotan una pulsión que sus padres literarios e incluso sus contemporáneos no tenían; una pulsión narrativa, de recuento de lo más inmediato, lo más pedestre, a unos cuantos años de distancia de las elegías consentidas y políticamente correctas que los románticos franceses habían hecho suyas. Ni

[189] Charles Baudelaire, *Lettres à sa mère*, ob. cit., p. 103.

Alfred de Vigny, ni de Musset, ni el suntuoso Hugo se habrían apegado al testimonio de la realidad real como el Baudelaire que describe las "colgantes mamas" en "Gitanos en ruta", las posturas que ensaya su amante, en su lubricidad ("Las joyas"), la barriada y sus casuchas con persianas que "ocultan las lujurias secretas" ("El sol"), o el tamaño de los ataúdes de viejas, "casi tan minúsculos como los de un infante" ("Las viejecitas").

Tampoco Lamartine y sus enérgicos versos de amor ("Aimons donc, aimons donc! de l'heure fugitive, /Hâtons-nous, jouissons!") se habría detenido a relatar, como Baudelaire, la noche en que se acostaba con una horrible judía, "como junto a un cadáver yacente", o el viaje a la isla de Citerea y su visión de un hombre ahorcado –en el que el poeta se ve a sí mismo– un "ahorcado maduro" que es devorado por aves de rapiña: "Fosos eran los ojos y del saqueado vientre/ los gruesos intestinos colgaban de los muslos".

Hay en Baudelaire, y ello lo define, una pulsión de recuento ficticio y un regusto por la carne con todas sus valencias: la carne que hierve en las pasiones más intensas, también las más mórbidas; la carne que pudre con la llegada de la muerte.

Lorenzo García Vega, en *Los años de Orígenes*, ha logrado un retrato que ahora nos atañe: "Lezama, como los origenistas, se sentía abrumado por lo que llamaba *lo feo*. Ellos no podían acercarse a una circunstancia que no pudiera ser metamorfoseada o disfrazada".[190] Fue entonces que llegó Virgilio y una desfachatez inaudita, hasta entonces inconcebible. Unos años atrás, Regino Boti se había hastiado también de nuestra modosa tradición y con ciertos poemas ("Árbol humano", "Canto a mi carne", "El muerto", "Al gusano"), había inaugurado un morbo en verso que luego Piñera se encargaría de encauzar y que tendrá, por diferentes vías, una secuela escatológica en la poesía cubana que llega hasta nuestros días: José Kozer, Ángel Escobar, un par de viejos poemas de Alcides Pérez, ciertos versos *anales* de Severo Sarduy, un libro de Pedro Juan Gutiérrez, el más reciente Juan Carlos Flores, violentos poemas de Javier Marimón.

---

[190] Lorenzo García Vega, *Los años de Orígenes*, Rialta Ediciones, 2017, p. 181.

La de Piñera es también una poesía narrativa, de versos que conectan una escena a otra, un *storyboard* sin afeites, un relato del cuerpo cubano, el testimonio cruento de nuestra opereta nacional, pre y post 1959: la pordiosera que resbala en el agua mientras "lava uno de sus pezones", la mujer "que invariablemente masturba, noche a noche, al soldado de guardia", "los once mulatos fálicos", Flora y sus enormes pies: "monstruos horrorizados por una cucaracha", el falo de un negro "donde la Creación se muestra", María Viván y su tisis galopante, o las "damas putrefactas" junto a las que el poeta vive... Y luego, el poeta mismo, caminante en una ciudad las más de las veces apagada. Obviamente esta "exploración de lo demoníaco personal", como lo resume Vitier en *Diez poetas cubanos. 1937-1947*,[191] tenía que incomodar a quienes pretendían un ámbito cultural pasteurizado –insisto–, pre y post 1959.

Si la novela emblemática de Lezama Lima había que leerla –como me anticiparon en casa a mi salida de la adolescencia– con un diccionario a cuestas, habría entonces que entrarles a muchos de los poemas de Virgilio Piñera siguiendo el reflejo del médico forense que comienza su jornada o del párroco que no sabe qué nuevo horror le espera tras el confesionario, con un pañuelo pudibundo, perfumado y firme contra la nariz y los labios.

Fue esa animalidad –esa "belleza siniestra y fría",[192] diría Baudelaire de su libro medular–, la que no supo *ver y* digerir buena parte de nuestra ciudad letrada. De ahí, y de mucho antes, de aquella conferencia de 1941 sobre la Avellaneda que provocara ronchas en José María Chacón y Calvo, el calificativo asumido por Piñera de "escritor irrespetuoso".

Pero ni la novela de Lezama Lima merece un diccionario (tampoco presillas para contener un capítulo desbordado), ni la poesía más corrosiva de Virgilio Piñera provoca una arqueada del imaginario, sino la certidumbre de nuestra real temporalidad, el retrato de todos los rostros de una ciudad, el testimonio de nuestros flujos más abyectos –ese

[191] Cintio Vitier, "Virgilio Piñera", *Diez poetas cubanos* (1937-1947), La Habana, Ediciones Orígenes, 1948, p. 79.

[192] Charles Baudelaire, *Lettres à sa mère*, ob. cit., p. 98.

"caos sin virginidad" que Vitier señala espantado–, descarnado, sin oropeles, sin remilgos, tal cual.

Cruzando apenas esa frontera simbólica que es enero/59 y que marca tantos inicios y finales en nuestra historia más reciente, Virgilio Piñera, llevado muy brevemente por la efervescencia que toda revolución implica –como mismo Baudelaire tras las barricadas contra Luis Felipe en febrero de 1848–, quizás sea el único poeta a cuyos textos no se incorpora el fervor y aquel *dictatus* de que la verdadera poesía se estaba escribiendo en las calles.

Un poema como "Los muertos de la patria", publicado en *Lunes de Revolución* en 1961,[193] además de conservar el tono narrativo de piezas anteriores, insiste en una no-solemnidad ante el sempiterno tema de la muerte que marcará mucha de su posterior poesía y que se distingue del *pathos* patriotero de buena parte de sus compañeros de armas:

> Y tú –muerto tirado en esa zanja,
> con un zapato como casco guerrero en tu cabeza–,
> ¿qué mago consultaste para estar ahora
> de cara al Tiempo y con la Patria adentro?

A esta foto final, más cercana a "El muerto jubiloso" de Baudelaire o a "El durmiente del valle" de Rimbaud, que a la poesía hímnica de Pablo Neruda o de Nazim Hikmet, se le suma otra foto *escrita* un año antes y nunca incluida en libro, "La gran puta", que, más que foto, es una sucesión de fotos, un paneo, cámara en mano, sobre el lado sórdido de la ciudad.

En una entrevista, Orlando Jiménez Leal, co-realizador en 1961 del mítico documental *PM*, se refiere a la gran fiesta que significó a nivel social y del imaginario el triunfo de enero de 1959. Sin embargo, una línea más abajo aclara rotundo: "ya en 1961 existía una enorme tensión política en el ambiente; de alguna manera se habían apagado

193 Virgilio Piñera, "Los muertos de la patria", *Lunes de Revolución*, n° 106-107, 16 de mayo de 1961, p. 33.

las luces de esa fiesta".[194] Y como el fotógrafo, el cineasta, trabaja esencialmente con la luz y sus antípodas, *PM* se convirtió en un paneo sombrío de una ciudad en la que, de día, se construía un proyecto grandioso.

En ese mismo ambiente, con esos mismos ruidos –las marchas de milicianos a primera mañana, los chillidos de las putas en la madrugada–, escribió Virgilio Piñera un insólito texto que, de perder de repente su verticalidad, su arquitectura versificada, se convertiría entonces en uno de esos relatos plagados de hipérboles y mentirillas que el poeta, desde un sillón, producía ante la mirada atónita de sus amigos.

En "La gran puta", Piñera relata el pre desde el post; el jolgorio revolucionario no roza siquiera este poema enorme y descarnado de 1960. Por primera vez el sujeto homosexual es retratado sin reparos; emergen personajes de la marginalidad del pre que el post a toda costa intentará reeducar, encaminar, reconvertir, y otros verbos edificantes –o de lo contrario reducir a pulpa de historia. Por lo tanto, los constructores del post no hubieran permitido que este poema viera la luz ni siquiera en el rincón más anodino de nuestras revistas culturales.

"La gran puta", radiografía del hambre y de las tribus más anatematizadas de una urbe, pasó a ser un poema de gaveta, cuando a todas luces hoy debería ser presencia ineludible en las antologías. "Estos son los monumentos que nunca veremos en nuestras plazas", sentencia Piñera en este texto que es –junto a *PM*– el primer retrato post del lado oscuro de La Habana.

Curiosamente aquí, donde menos podía uno imaginarlo, Virgilio Piñera desliza un nuevo elemento, útil para enender sus últimos años y buena parte de su última poesía:

> Pero La Habana se hizo aún más rígida
> [...]
> para que esa noche las putas chancrosas
> hicieran buenos pesos y para que lloraran los

[194] Manuel Zayas, "Un baile de fantasmas. Entrevista a Orlando Jiménez Leal", *Encuentro*, n° 50, otoño de 2008, pp. 191-203:https://www.cubaencuentro.com/revista/revista-encuentro/archivo/50-otono-2008/entrevista-a-orlando-jimenez-leal-127024.

> sentimentales, entre los cuales me cuento,
> al extremo que podría ser nombrado presidente de
> los sentimentales.[195]

Cualquiera huiría azorado tras haber escuchado el tópico *ternura* en la poesía de Virgilio Piñera. Claro que este siempre se cuidó de matizar con el desenfado y la ironía cualquier viso de ternura; razones tenía para ser directo, impulsivo –algo de lo que su poesía es testimonio. (Resulta paradójico que tanto el ala más ortodoxa del origenismo como luego el dictado cultural revolucionario, repudiaron lo mismo la poesía agreste de Piñera como la lírica epidérmica de Luis Amado Blanco: dos poetas tan dispares.)

Sin embargo, al repasar esos poemas que sus antologadores llamaron desaparecidos, otros más que de ocasión, los que consideró impublicables pero no destruyó o los que regaló por algún motivo puntual, vemos que en aquellos quince años finales de exclusión y de atonía de todo tipo hizo gala de honestidad y, como mismo no escondió sus tantos miedos, escribió a la amistad, sobre los márgenes nebulosos del deseo y la soledad, e incluso al amor.

> En el dentista
>
> ¿Qué puede hacerse contigo? ¿Qué podría encontrar tu frescura
> en mi piel ajada?
> Te engalanas para el amor, gimes por el amor, te hundes en su noche.
> Quizás no sepas quiénes fueron Baudelaire y la señora Sabatier,
> ni lo que entre ellos ocurrió. Pero es tan divertido (o tal vez sea otra cosa)
> escribir estos renglones dedicados a ti,
> que no eres más que un fantasma.[196]

Baste el título y un repaso ligero para reparar que estamos ante un poema breve de amor y de ocasión. Por un lado, un poeta de cincuenta y tres años y la conciencia de su cuerpo descolorido; por el otro, una presencia no muy afincada, evanescente, bien posiblemente ilusoria.

---

195 Virgilio Piñera, "La gran puta", *Órbita de Virgilio Piñera*, selección, prólogo y notas de David Leyva, Ediciones Unión, 2011, pp. 315-319.

196 Virgilio Piñera, *La isla en peso*, ob. cit., p. 270.

En el centro, una anécdota: nuevamente Baudelaire, pero esta vez no como referente de carnalidad, sino un Baudelaire galante, un Don Juan que entra en sociedad, vive la ilusión de un amor mental, espera y, tras haber consumado un único acto físico, abandona la escena y regresa a las calles de las putas, a su comercio y a la agonía de la escritura.

Es Théophile Gautier quien conduce a Baudelaire al salón de Apollonie Sabatier –rue Frochot–, cuando este salía apenas de una de las sórdidas etapas de su relación con la mulata Jeanne Duval. De 1852 data la primera de las cartas anónimas que Baudelaire le escribe y que serán acompañadas, en lo sucesivo, por poemas, "A la que es demasiado alegre", "Himno", "Confesión", "Reversibilidad" (¿acaso el preámbulo de otro excelente de Piñera, de idéntico título, escrito en 1978?), que formarán parte de *Las Flores del mal*. Cinco años más tarde, tras una sola noche de amor, Baudelaire abandona la partida.

En ese juego de hipótesis y del imaginario que hacemos sobre los libros que un escritor admirado leyó, cabe ahora preguntarnos si Virgilio Piñera tuvo en sus manos en 1965 el primero de los dos libros que hasta el momento se le hayan dedicado a este amorío, Baudelaire et madame Sabatier, de Armand Mauss, publicado por A.G.Nizet, en París, en ese mismo año.[197]

A estas alturas, poco importa ya. Virgilio Piñera, hombre de teatro, sabe que de repente un buen pretexto puede reencaminar la trama de una obra. El poema en cuestión, suerte de lamento de ocasión escriturado al vuelo, sobre el muslo, mientras espera un turno en el dentista, tal vez en un papel pequeño, al dorso de una receta médica –sigue el juego del imaginario– o en un pedazo de papel cartucho, revela a un Piñera menos mordaz, sentido, sentidor.

En *Virgilio Piñera entre él y yo,* Anton Arrufat ha confesado que en sus últimos años, Piñera nunca dejó de ejercitar su cuerpo mediante el sexo. Con la pertinacia de un monje copista, semanalmente sexuaba, lo que implicaba un encuentro sin otros merodeos que los puramente físicos, el pago de un servicio y el aseguramiento de su libertad individual, precisa Arrufat, su libertad sentimental. En algún lugar Carlos

[197] Armand Mauss, *Baudelaire et Madame Sabatier*, Paris, A-G Nizet, 1965. Una nueva edición corregida y ampliada se publica por esta misma editorial en 1978.

M. Luis se ha referido al gusto del hombre Piñera por los guagüeros, ese sonoro vocablo nuestro, al tiempo que Guillermo Cabrera Infante ha sido más abarcador: "porteros, serenos, varios vagabundos y tal vez un soldado con licencia…"[198] En ese mismo texto, el autor de *Tres Tristes Tigres* evoca una anécdota en la que, en los preliminares del intercambio, el desconocido le comenta a Virgilio su interés por los libros, a lo que el poeta responde con ira y abandona el foro.

Paradójicamente, en paralelo a su comercio amatorio y al coto al sentimiento que nunca escondió, Virgilio Piñera ha estado escribiendo poemas diferentes, muchos de ellos breves, pero de sobrada intensidad; muchos de ellos dedicados a amigos, ahora que estos escasean y que el Estado, la revolución convertida en autocracia, ha querido lapidarlo como se lapida a una mujer afgana. En varios de ellos regresa la humorada, la afrenta al suceso de la muerte de que ya hacía gala en "Muchas alabanzas", un viejo poema de 1944.

Este es un Piñera menos sucio –o casi nada, o nada–, más simple, más pausado, que se ha atrevido, quién lo hubiera imaginado, ¿sus enemigos?, ¿el ojo perenne del Estado Total?, ha osado escribir, incluso en el dentista, en una barbería, textos simples que la posteridad ha llamado eufemísticamente poemas de ocasión: sobre el peso y la proximidad de la muerte, sobre el miedo y el desamparo, sobre la lozanía perdida, sobre un hombre que se convierte en isla y otro que es degollado como una puta famosa, y nuevamente sobre la muerte, que se aproxima.

"Todo un pueblo puede morir de luz como morir de peste", había escrito Virgilio en "La isla en peso". "Todos somos ahorcados o ahorcables",[199] había anticipado Baudelaire.

---

[198] Guillermo Cabrera Infante, "Tema del héroe y la heroína", *Mea Cuba*, Plaza Janés Editores, 1992, pp. 317-348.

[199] Frase de Baudelaire en un proyecto de Préface a *Les Fleurs du mal:* "Une âme de mon choix. Le Décor.-Ainsi la nouveauté.-L'Épigraphe.-D'Aurevilly.-La Renaissance.-Gérard de Nerval.-Nous sommes tous pendus ou pendables", *Les Fleurs du mal*, Paris, Librairie Générale Française, p. 304.

# Tres poemas olvidados de Virgilio Piñera

Ernesto Hernández Busto
*Escritor*

Antón Arrufat nos cuenta que Piñera nunca decía "he escrito un poema"; tenía con su poesía una curiosa manía de discreción. Rodríguez Feo tuvo que insistirle para que publicara *La vida entera*. (La aparente ambición del título se esfuma al enterarnos de que se trataba de un piropo *gay*: era el modo sintético en que Arrufat y Estorino declaraban que a un paseante agraciado valdría la pena dedicarle toda una vida). Para colmo, tenemos esa nota introductoria donde su autor se atribuye el título de "poeta ocasional". Parece otro de sus gestos irónicos, pero es la primera vez en la literatura cubana que un escritor se cambia la etiqueta de "poeta" por la de "alguien que escribe poemas". Porque Piñera escribía poemas, no libros de poesía, lo cual es algo esencial a la hora de tener en cuenta la estructura de esos libros.

Algunos de sus poemas se le perdían o los desechaba, otros los regalaba a sus amigos. Solía rehacerlos, pero los que más le importaban se los sabía de memoria: eran, sobre todo, una voz, que poco a poco se fue despojando de las virtudes del canto. Como dice Rolando Sánchez Mejías, quizás el don de Piñera fue "el arte de graznar", el chillido de arpía con que quebró el cristal de la lírica cubana. Entre nuestros poetas, es Virgilio quien "rompe la vajilla": fuera los paisajes idílicos, fuera las églogas, fuera la retórica del alma. Bienvenido el cuerpo, los lugares comunes, lo vulgar, cierto descoyuntamiento formal: tras sus graznidos está el proyecto de una poesía inseparable de la vida, que no ceda ante las suplantaciones líricas ni escamotee las zonas más turbias de lo real.

El gran tema de la poesía de Piñera es lo que él mismo llamó, a propósito de la literatura argentina, el *tantalismo*: la contradicción entre la mediocridad omnipresente de la realidad y las coartadas literarias que la evitan, el afán de la otra vida, la veneración de una segunda naturaleza idealizada. Porque Virgilio no se hacía ilusiones con lo cubano: "Sería ridículo, sin haber tenido el apogeo de una cultura pasar como los retóricos de una decadencia. Imposible a la altura a que estamos continuar con las soluciones de hace un lustro y medio; entonces ellas funcionaban; hoy no serían sino peso muerto".

La historia de la literatura cubana moderna es, en gran parte, la narración de la pelea de Virgilio contra *Orígenes*. Infiltrado primero en la *manière* retórica de su adversario, mimetizado en el hermetismo y parodiando a sus admirados simbolistas franceses. Eso no quiere decir, como he leído en alguna parte, que Piñera haya empezado escribiendo "poemas origenistas": incluso los que publicó en *Orígenes* tienen un peculiar pulso narrativo. Tampoco hay que olvidar que, en los predios de la mitología clásica, las Furias se oponen a las Gracias.

Pero es cierto que todavía a principios de los 40 Piñera solía alternar la alta retórica con la crítica del artificio. Hasta que un día descubrió que todo aquello del gran estilo era mentira, tantalismo puro, y dio la patada del elefante. Su manifiesto *Terribilia meditans* es mucho más que una crítica a Lezama. Tiene la beligerancia de los panfletos, pero no busca tanto provocar como despertar de su sueño a una generación de poetas modernos. "La historia de la poesía en Cuba –dice Piñera– es la de una sostenida resonancia, y la de un gran sueño. La resonancia es Europa; el gran sueño, lo que se ha operado oníricamente, olfatoriamente, al faltarnos el punto de apoyo inevitable de una cultura tradicional".

Cuba se le aparece a Piñera como otra *Cuba*, aquella divinidad romana que se ocupaba de cuidar el sueño de los niños, y nuestros poetas serían las réplicas de Rip van Winkle, dormitando por años, en los celajes contemplativos, siempre de codos en el puente, igual que Milanés.

El tantalismo insular, el encantamiento bucólico de *lo cubano* que había resistido, airoso, los ataques de Mañach se derrumba finalmente ante el trabajo de zapa hecho por Piñera: "Es por ello que nos preguntamos, con toda ansiedad, si el instrumento es para después de la realidad o la realidad para después del instrumento". *La isla en peso* es una elaborada respuesta a esa pregunta, el intento radical por poner el "instrumento" en función de la "realidad". Piñera sabe que no basta con escandalizar a los origenistas recordándoles que "en el falo de un negro la Creación se muestra". No es suficiente oponer una imaginería antillana a la mitología origenista. También la voz tendrá que descomponerse, trascender los metros. Romper el instrumento: convertir el poema en mascarada fónica, en pura jerigonza. Y es así como Virgilio se interna en el inframundo poético de una cubanidad menos etérea que el mimbre airoso con que Vitier teje lo cubano: es el descenso a Pocito, "do la Evabarajera Baró/ dice el padosa, el pretesén y el pornivé;/ te lo dice sentainstaladanalgadamente/ sobre el periespíritu de Patracleo". En esos cinco famosos poemas fechados en 1970, "Papreporenmedeloquecanunca", "Lady Dadiva", "Un flechapasandogato", "Decoditos en el tepuén" y "Si muero en la carretera", Piñera descoyunta nuestro lenguaje poético, "desfosiliza" la poesía cubana para convertirla en música contemporánea. En otros de esa misma época ("Una noche", "Y cuando me contó", "Tararí tarará") ensaya la antipoesía: su voz no tiene ya ni el más ligero dejo de canción. "No es mi lengua/ bocado de cardenales/ sino de legos. Ellos/ la preparan a su gusto", había dejado escrito, como parodia culinaria, en uno de sus "Poemas lamentables".

El "festín para existencialistas" que Vitier, horrorizado, veía tras *La isla en peso* acabó en una orgía caníbal: Virgilio abre y cierra nuestras más interesantes incursiones en el prosaísmo. (¿Acaso en poemas como "Los muertos de la patria" y "Cuando vengan a buscarme" no tenemos, condensada, toda la poesía civil de Padilla?). Nuestros profesores de literatura deberían dedicarse a explicar las relaciones entre *La isla en peso* y "La gran puta", por ejemplo, en vez de repetir los prejuicios de Vitier y cía.

No tiene razón Arrufat cuando dice que *Una broma colosal* es un libro premeditado: las suyas parecen razones de albacea. A partir de 1971, ano en que fue condenado al ostracismo absoluto dentro de Cuba, Piñera dejó de pensar en libros de poesía. Confiaba en que la posteridad se dedicaría a juntar poemas suyos como un ramillete (y tuvo razón). De ahí esa costumbre de adosarle una fecha a cada uno de sus poemas, como alfileres de una colección entomológica: fechados, le recordaban al autor su condición de materia perecedera. Un poema tras otro, un año tras otro, una misma corriente, un flujo vida-escritura. Escribía y reescribía, modificaba esos poemas y sus fechas en función de las circunstancias. Véase, por ejemplo, lo que hizo con "El resultado" (1962), convertido en "El telegrama" (1967). Uno de nuestros grandes poetas cumplía así su destino de "poeta ocasional", sin libros definitivos ni poética explícita, que todavía regurgita desde el confuso vivero de lo inédito.

## TRES POEMAS

En ese vivero, aún por indagar, hay al menos tres poemas de Piñera que no han sido recogidos en su poesía pretendidamente completa, *La isla en peso*.[200] No se trata de los "poemas desaparecidos" por el propio Piñera, que en un proceso de revisión de su "pasado" origenista prescindió de lo publicado en revistas como *Orígenes*, *Clavileño* o *Espuela de Plata*, sino de poemas que nunca llegaron a estar en ninguna revista o libro, que sólo existieron como textos sueltos. Pero no son, en mi opinión, poemas menores. El primero, "Las plañideras", que comparte año con *La isla en peso* (pero, a diferencia de éste, gira sobre el endecasílabo), es bastante representativo de su primer periodo, el de la retórica origenista. Poema-manifiesto, es como si Piñera usara esa misma retórica *contra el origenismo* y, luego de la ruptura con *Espuela…*, se dispusiera a jugar al *enfant terrible* y a sacar su fuerza retórica de las quejas ajenas.

## LAS PLAÑIDERAS

¿Qué lloráis plañideras?
¿Qué tejido comienza en vuestras lágrimas?
¿Qué rigidez pesáis o qué destino?
¿A quién nombráis con vuestro llanto duro?
Y esas pequeñas fraguas, esos ojos

[200] En las dos ediciones de *La isla en peso*, la cubana y la española, faltan, además de los ya citados, y de los tres que aquí transcribimos, otros seis poemas inéditos que aparecieron en el número 14 de la revista *Encuentro de la Cultura Cubana* (otoño de 1999, pp. 5-10): "Dos o tres elegancias", "Santadiabla Juana", "La contemplativa dama", "La melancólica dama", "La última hada" y "Sardinas, rosas y margaritas del Japón".

¿en qué campo sus bestias van sembrando?
¿Dónde empieza el dolor y dónde mora?
¿En qué aguas laváis sus impurezas
a fin de no enturbiar vuestros cristales?
¿Qué cuerpo lamentáis éticamente?
Entre vosotras y esos cuerpos fijos,
¿Qué comedia, qué diálogo, qué pausa?
¡Oh comediantas, ¿no sucede el mundo?

Os prefería en círculo. Esto apenas
ofenderos podía. ¿No hubo cuerpos
como ademanes, suma lenta,
por vuestro llanto en rueda, conquistados?
Los días, los trabajos, los racimos
una vuelta completa, un ciclo helado
su madura estación correspondían.
¡Qué dulce hierro y qué soplado espejo;
venid aquí promesas ya cumplidas,
mis sonoras gigantas, avisadme
las preciosas señales, esas lágrimas.
Oh memoria, ¿supe lo que la frente pide?

No miran vuestros ojos sólo lloran.
Lloran y la montaña se desploma.
La única embriaguez me procurasteis:
agradecida con mi cuerpo suena.
Crezco y caigo al compás de vuestras lágrimas
como la esfinge crece y se procura.
¡Rompa este brazo, hermane al otro brazo;
ese espacio ya libre me sostiene
y la sangre cayendo me dibuja!

Ahora os oigo rugir. ¿Acaso empieza
el despedazamiento? Conozco el son exacto,
el fuelle, hermanas. Más deprisa tejed
esas señales. Mirad que oscila el cielo

y con el cielo el capitel romano.
Ya escucho sonatrices terribles
el amarillo paso de las hienas
y su canonizado olor que levanta.
Más aprisa, ¡oh figura! A sepultarme
con mis cenizas voy ¡Estoy delante!

Más abajo y aún siempre vuestras lágrimas
Esto, maestras, hace mi destino.
Si no vosotras, ¿quién el llanto espeso?
El bosque de llorar sin un pañuelo.
Empapad ya esa frente, que una estatua
abandonada al sol cuartea y muerde.
Si no vosotras, ¿qué mojado aviso?
¿qué molida memoria de mis días?
¿Pesa en mi frente el mundo su plañido?

Sea vuestro plañido mi dureza.
Su terremoto la dureza hace
y yo mi cuerpo hago destruido.
Maestras de plañir no más la forma
que me acostumbro al paso y al recuerdo.
manera fiel pensarme dividido.
Nadie podrá vaciar mi estatua. ¡Tiemble
el tiempo feroz. Ahora mi frente
como la suya ignora su medida!

Sin medida se ignora y se define.
Como lo extenso en su apatía muerde
¡Oh cadáver, estatua, espectro, polvo!
Al fin grados o llamas secamente.
Pero caer. No quiero vuestro llanto
sino este orden, este itinerario.
Después sus tramas urde un espejismo
y en su medida nos reconstruimos
y en su mentira nos purificamos.

¡Oh purificaciones y medidas!
Suave el modo de hacer el mismo juego
Una prudencia impone administrando
la cantidad de llanto y su mentira
sabia contradicción de vuestro llanto
a la contradicción de vuestras vidas.
Este secreto y lágrimas nos tiene;
¿quién rehúsa este lazo al que ligas
aprisionando, el cautiverio rompen?

Todo en cautividad o arquitectura
dispuesto en reinos rígidos se asienta;
y no hay coloso para sus columnas
impías madrastras del funéreo edificio.
Sucede el acto en engañoso oficio
y edificados somos a medida.
Entre la rapidez de la serpiente
y la melancolía de unas ninfas
¡Sólo cuerpo de alarma te edificas!

¡Oh qué engaño ese fuste sustentando
el suelo de los dioses! ¡Oh qué rabia
esta columna vertebral! ¿Y a esto
llamas esbelto? Pero serpiente
eres como la serpiente y reptas.
Erguido estás la duración del chorro,
caído estás la eternidad de un túnel.
Mezcla de chorro y túnel, dime, cuerpo,
¿son tus alteraciones un aviso?

¿Qué lloráis sino un túnel, plañideras?
A un oscuro avisado vuestras lágrimas.
¿Qué por un túnel sino lloro y música
saliendo por su boca en terremoto?
¿Qué región anegáis, qué aguas creciendo
conducen este túnel a qué puerto?

¿En qué llanto qué risa o qué demencia?
Oh armonía tus números suspende…
¡Cuidado, plañideras, esta dureza trenza:
Llorad aquí desafinadamente!

La Habana, 1942

El segundo poema se titula "El fondo", y está fechado en Buenos Aires, en 1955. Por esa época ya el autor colabora con *Ciclón*, y está a punto de empezar a hacerlo con *Sur*. Girando, como en otras ocasiones, sobre la figura del padre, Piñera cuenta una suerte de descendimiento, de pesadilla que termina en su ajusticiamiento.

### EL FONDO

Hundido en el trono destronado,
en el trono legado por mi padre,
padre patético,
incrustado padre,
hijo agarrotado con su padre,
lívido hijo bajo entre los bajos,
caigo en partes, en pedazos,
más bajo que lo bajo,
perro sin lengua ya,
lengua devorada
por las partes del cuerpo y del alma,
sol enfriado,
astro cambiado en perro,
perro en cuatro ayes arrastrándose,
fúnebre mirándose perro,
estos ayes que minan la razón,
cadalso de perros,
amor que cercena la cabeza del amor
que rueda entre sus patas;
tumba que suena a su propio muerto
y lo decapita fríamente.

Cadalso de mis sueños
lo sueño que me sueña
cercenándome el cuello;
cadalso soñador
me hunde en su marasmo,
me besa con su boca de cadalso,
me aprieta con sus frías molduras,
me empapa con su sangre,
su tajo se levanta a interrogarme:
¡Oh juez que hablas
en el preciso instante
que la cabeza rueda hacia lo bajo!

Buenos Aires, 1955

El tercer y último poema se titula "Emily Dickinson", y es la evidencia de una lectura poco comentada que el cubano hizo de esta autora norteamericana, en la que destaca, justamente, su capacidad para escapar del destino trazado.

EMILY DICKINSON

*I, just wear my Wings.*
E.D.

Mariposa
del Massachusetts frío
graciosa visitadora
de flores y cementerios
fue clavada
en cámara de alabastro
con el grueso alfiler
de la Eternidad.
Sin embargo,
ella –muy secreta
libadora de la vida–

ese cristal traspasa
        –radiante–
con alas armadas
de menudas letras.

Una última precisión bibliográfica: los dos primeros poemas aquí citados, procedentes del archivo de Juan Piñera, fueron publicados por la revista *Albur*, del Instituto Superior de Arte (La Habana, nº XI, mayo de 1990) y luego por la revista *Biblioteca de México* (nº 22, México, julio-agosto 1994). El tercero se conserva, mecanuscrito, en el archivo de Piñera que está en la Biblioteca de la Universidad de Princeton.

# Virgilio Piñera: sus revistas, su eco

Francy L. Moreno H.
*Pontificia Universidad Javeriana*

En los años sesenta Virgilio Piñera brilló en el escenario cubano: las puestas en escena de *Electra Garrigó* eran celebradas; recibía peticiones de editoriales italianas, francesas y de Estados Unidos para traducir sus libros[201]; trabajaba en obras como *Pequeñas maniobras, Presiones y diamantes* y *El no*; en 1968, ganó el premio Casa de las Américas por la obra *Dos viejos pánicos*. Habiendo consolidado lazos con las redes letradas continentales y gozando de cierto reconocimiento, Piñera se erigía como un mentor iconoclasta de los escritores más jóvenes. Guillermo Cabrera Infante en *Mea Cuba* lo recuerda a manera de "un Sócrates secreto" que "se mostraba simple, casi callejero", "de una fealdad noble" y quien "hubiera despachado con una de sus salidas ácidas a cualquiera que lo tratara de maestro, aún con minúscula".[202]

Desde nuestra mirada retrospectiva a los años sesenta, en comparación con el impacto de las figuras del Borges que encantaba al mundo con sus ficciones o del solemne José Lezama Lima con sus enigmas atrayentes, Virgilio Piñera en esos años aparece desdibujado. Sin embargo, una revisión más cercana de su tiempo nos permite constatar que para la fecha había plantado su lugar entre el conjunto de los escritores latinoamericanos. Había forjado una imagen de autor

[201] En un artículo que forma parte del Dossier dedicado a Virgilio Piñera en la revista *La Habana Elegante*, Thomas F. Anderson repasa su correspondencia con Humberto Rodríguez Tomeu y refiere detalles de los proyectos de traducción de obras como *Cuentos Fríos* por editoriales de la talla de Feltrinelli o Gallimard, proyectos que como comenta el autor del artículo nunca se llegaron a concretar, véase Thomas F. Anderson, "Piñera corresponsal": Una vida literaria en cartas", *La Habana Elegante*, vol. 52, 2012.

[202] Guillermo Cabrera Infante, *Mea Cuba* en *Infantería*, FCE, 1999, pp. 938-964.

irreverente con un característico gesto negador, cuya sombra se proyectaba sobre formas heterodoxas: su "función-autor" ya era la del autor iconoclasta.[203] Esta función abrazaba una obra híbrida (poesía, cuento, teatro, ensayo) de carácter crítico y elaborada con elementos de la sátira, el absurdo y el grotesco. Una obra soportada, tal como lo demostró Jesús Jambrina, en aquel gesto negador de un "(meta)sujeto cuya extensión se nos revela" con la impetuosa manifestación de su "deseo de diferenciarse del resto del mundo", un poeta que se afirma en la posición de conflicto con su tradición y en contra de las convenciones.[204] Es esta figura la que ha influido de manera determinante la literatura cubana que lo sucedió y aún continúa vigente, proyectándose sobre autores contemporáneos, ya no únicamente cubanos sino de otras partes del continente. Esta influencia es evidente en la obra de autores como Reinaldo Arenas, Antón Arrufat o Abilio Estévez, también en sus amigos Guillermo Cabrera Infante y Severo Sarduy. Hoy permea el estilo de autoras de nuestro siglo como Rita Indiana.

Aquella figura-autor iconoclasta había sido construida gracias, en buena medida, a su gestión como hacedor de cultura literaria, principalmente en pequeñas publicaciones periódicas que lo ocuparon entre 1939 y 1961. Estas publicaciones en las que pudo difundir muchos de los textos críticos de signo negador, sus impactantes y atrevidas piezas teatrales, sus poemas y algunos relatos. A continuación, reconstruiremos el proceso por el que Piñera va dando forma a su figura de autor iconoclasta al lado de su faena como gestor cultural en pequeñas revistas.

## LAS REVISTAS

[203] En una conferencia de 1969, Foucault plantea la cuestión "Qué es el autor" y responde definiendo la función-autor. Esto como réplica a discusiones de su tiempo sobre la supuesta "muerte del autor". Así abre la posibilidad de analizar "las condiciones bajo las que es posible que un individuo cumpla la función de sujeto" de escritura y proyecte el sentido de su función-autoral sobre sus obras, véase Michel Foucault, "¿Qué es un autor?", *Litoral*, nº 9, 1969, pp. 51-82.

[204] Jesús Jambrina, *Virgilio Piñera: Poesía, nación y diferencias* Madrid, Editorial Verbum, 2012, pp. 28-29.

El autor de *El no* fue consciente de que su apuesta como escritor implicaba un lanzamiento al terreno público, la apropiación de una función, si se quiere, social que apuntaba a hacer visibles las obras. La escritura creativa, argumentaba, no era tanto un acto para complacerse a sí mismo como una apuesta por metamorfosear a los lectores. De ahí que en su ensayo "El secreto de Kafka" (1945), haya proclamado que el "único móvil" del literato, del escritor, era "producir ese imponderable que espera el lector y que se llama 'la sorpresa literaria'".[205] De ahí también que en otros textos como "El país del arte" (1947) señalara de error "mortal" el hecho de haber "encerrado al arte dentro de nosotros mismos [los artistas]".[206] Es posible explicar su posición de gestor cultural a partir de estas ideas que estimularon su vocación, no solo en las puestas en escena de sus obras, sino también en sus publicaciones periódicas. Gracias a las revistas en las que participó, Piñera tempranamente se vio editado, hecho que según se lee en su nota "Fragmento de un prólogo", entendía como una "reparación personal".[207] Buscar desesperadamente esta "reparación personal" fue la base de su gestión en el terreno público como hacedor de cultura literaria.

Siempre escaso en recursos, con pocas oportunidades para publicar y rico en antipatías, Piñera optó, principalmente, por dos medios para llevar a cabo su "venganza", para hacer que su "hechizo" llegara a otros. El principal, el más reconocido, fue el teatro; el otro, la gestión cultural alrededor de diversas publicaciones periódicas. Teatro y revistas tienen en común que son medios de intervención inmediata, que actúan sobre el presente y que se producen de forma colectiva. Este tipo de publicaciones periódicas, como las puestas en escena, buscan suscitar reacciones inmediatas en el terreno público.

Como las revistas culturales son espacios de lectura y escritura colectiva donde es posible sostener diálogos creativos y marcar posiciones en los escenarios de producción literaria y artística, la labor editorial en ellas le otorgó a Piñera los marcos propicios para dar forma al

---

[205] Virgilio Piñera, *Poesía y crítica*, México, CONACULTA, 1994, p. 231.

[206] Ibid., p. 136.

[207] Virgilio Piñera, *Las palabras de El Escriba*, eds. Ernesto Fundora y Dainerys Machado, Ediciones Unión, 2014, p. 280.

estatuto de escritor iconoclasta que caracterizaría su figura intelectual. También porque Piñera como colaborador, corresponsal o como secretario de redacción, asumió que su labor editorial iba mucho más allá de estampar una firma en un escrito, más allá, también, de engrosar la lista de los comités editoriales en los créditos.

Piñera fue integrante del grupo que respaldó la revista *Espuela de plata* (1939-1941), aunque pronto se transformó en su opositor en *Poeta* (1942-1943), la primera aventura editorial que dirigió. Finalizando la década de los cuarenta, ocasionalmente colaboró con la revista *Orígenes*, al tiempo que desde Argentina se comprometió con la promoción de la novela *Ferdydurke*, labor que lo llevó a la invención del pasquín *Victrola*. En los cincuenta, fue secretario de redacción y corresponsal de *Ciclón* (1955-1957/1959). Y a principios de los sesenta en el diario *Revolución* y en su suplemento *Lunes de Revolución* (1959-1961) fue redactor y abanderado de la Revolución literaria en el marco de la Revolución política de Cuba.

## COLABORADOR DISIDENTE

Desde los últimos años de la década del treinta hasta 1947, el autor de *La isla en peso* fue el colaborador disonante de *Espuela de plata* y *Orígenes*. Por un breve periodo inventó su propio proyecto editorial: *Poeta,* donde continuó el diálogo polémico con sus compañeros de *Espuela*..., quienes al mismo tiempo que circulaba *Poeta* sacaron sus propias revistas *Clavileño* (Cintio Vitier, Fina García Marruz, Gastón Baquero) y *Nadie parecía* (Lezama Lima y Ángel Gaztelu). Hablamos de colaboración y al tiempo de disidencia porque su relación con los poetas y artistas que se reunieron en torno a esas revistas fue conflictiva, paradójica, pero provechosa en términos intelectuales y definitiva para la formación de la figura pública del Piñera iconoclasta.

Cuando al final de la década del treinta Piñera buscaba un espacio en el mundo literario de La Habana, se acercó a José Lezama Lima y a la revista *Espuela de plata* (1939-1941). La publicación se constituyó en el lugar de encuentro de un grupo de poetas y artistas interesados en fundar una estética y una poética que analizara, pero que al mismo tiempo dotara de peso simbólico a la nación cubana.[208] El principal trabajo del grupo se basaba en la creación artística que para ellos arropaba tanto a la plástica como a la literatura. Aunque Piñera no compartía el catolicismo de la mayoría del grupo, allí encontró un nicho desde el que pudo intervenir en el campo literario de la Habana. Esta afinidad inicial con el grupo se fundamentó en que, como la mayoría de quienes gravitaban el proyecto, Piñera creía que la creación artística era un destino de vida. También compartió con los poetas Lezama Lima y Cintio Vitier la inquietud por pensar la identidad insular desde el conocimiento poético. Como se subraya en las notas a una de las ediciones de su correspondencia, "Virgilio fue uno de los colaboradores más activos" de *Espuela de Plata*.[209]

En este proyecto liderado por Lezama Lima, no solo vieron la luz algunas de sus poesías, sino también, bajo el sello Cuadernos Espuela de Plata, se imprimó *Las furias* (1941), su primera antología. La labor de Piñera en esta publicación fue tan importante que a pesar de su desacuerdo con el catolicismo, practicado por las figuras centrales del proyecto y promulgado abiertamente en la publicación, llegó a integrar el comité editorial en las últimas entregas de *Espuela*… En una carta fechada el 2 de mayo de 1941, le manifestó a Lezama Lima: "yo no soy católico al uso católico para ocultar lo repugnante de ciertos concilios, pero amo a *Espuela de plata* como para salvaguardar y contribuir a su preciosa salud. Por ella me quedo en ella; con mis derechos de trabajo y amor a sostener la posición de aconsejador de la misma".[210]

Es dentro de la textualidad de *Espuela de plata* que Piñera comienza a marcar su propio sello en y donde experimenta con el estilo que Jesús Jambrina caracterizó a manera de un "impulso minimalista de la escritura".[211] En la tercera entrega (1941), se lee una selección

---

[208] Formaron parte del grupo el crítico Guy Pérez Cisneros, el pintor Mariano Rodríguez, el músico José Ardévol y los poetas Gastón Baquero, Cintio Vitier, Ángel Gaztelu, Justo Rodríguez Santos y el director fue José Lezama Lima.

[209] Virgilio Piñera, *Virgilio Piñera de vuelta y vuelta. Correspondencia 1932-1978*, La Habana, Ediciones Unión, 2011, p. 32.

[210] Ibid., p. 33.

[211] Jesús Jambrina, ob. cit., p. 11.

de algunos de sus pequeños poemas entre los que están "poesía", "Nacimiento del mar" y "Estancias de los cuatro elementos". Los textos aparecen justo después de "Noche insular: jardines invisibles", célebre logro poético de José Lezama Lima. A pesar de que los motivos como la reflexión sobre la poesía, el mar y la condición insular aparecen en los poemas de Piñera como en los de Lezama Lima (y en textos de otros colaboradores como Cintio Vitier o Gastón Baquero), los escritos del primero desentonan por su brevedad y aparente simpleza que, en este caso aparece justo después del preciosismo de Lezama Lima. También, desentonan con el resto del conjunto, porque rompen con el ceremonialismo y la confianza en la búsqueda teleológica de la creación poética que domina el tono de la publicación. Versos del tipo "cómo cabalgaba el corazón del mundo/ en su sutil paloma de agua triste" y concepciones de la poesía a la manera de "suicidio de palabras" (Piñera, "Poesía" y "Nacimiento del mar"), muestran que Piñera se decantaba por una estética que intentaba marcar distancia con respecto a la poesía refinada de Lezama Lima y también a las formas de afectividad amistosa y solemnidad de sus colegas.[212] Modos de intervención que en la esfera pública caracterizaron a los poetas y artistas próximos al autor de *Paradiso*.

El incontenible impulso negador de Piñera lo animó a buscar diferenciarse del grupo de *Espuela*..., siempre reconociendo sus lazos con el proyecto fundador. Gracias a su participación en esta empresa, tuvo una plataforma propicia para plantar un sello distintivo con suficiente visibilidad. Desde allí comenzó a revelar ya su ímpetu iconoclasta, ya su apuesta por remover los cimientos del campo cultural cubano; ya su compromiso con la literatura, ya su ánimo con ampliar sus horizontes para entrar en diálogos con otros grupos creativos.

---

[212] Sobre la manera como Lezama Lima agrupa un colectivo diverso en aras de dar forma a un proyecto editorial como el de *Espuela de Plata* y más adelante *Orígenes*, así como la tensa calma en la que se editan los números y la manera en la que en el conjunto contrastan las colaboraciones de Virgilio Piñera véase Francy Moreno, *La invención de una cultura literaria: Sur y Orígenes. Dos revistas latinoamericanas del siglo XX*, México, CIALC-UNAM, 2014, pp. 79-134.

## Editor

Ante el fin de *Espuela...*, provocado principalmente por el anticlericalismo de Piñera, este se animó a crear *Poeta* (1942-1943) su propia revista. Un cuaderno de poesía que anunciaba periodicidad trimestral. En sus dos entregas, el autor de *La isla en peso*, por primera vez, utilizó un medio periódico como herramienta de combate. Este combate comienza con el conocido ensayo "*Terribilia meditans*", que funciona a manera de editorial para presentar cada número de la publicación. En él Piñera explicita su posición de "disentimiento" respecto de sus compañeros de *Espuela...* desde una apuesta en la que, como se lee en "*Teribilia meditans I*", la literatura "al fin" diría "la última palabra". Piñera allí denuncia un posible estancamiento del grupo que alrededor de Lezama Lima había hecho conquistas valiosas, y asegura que con *Poeta* buscaba evitarlo.[213] Se trataba de una posición ambigua, la revista era el contrapunto de las demás publicaciones que surgieron después de la ruptura de *Espuela de plata*. Piñera afirmaba en "*Terribilia meditans II*" que su *Poeta* no estaba "contra nadie" porque reconocía "la herencia de *Espuela*; familiar de *Espuela*, familiar de *Clavileño* y *Nadie parecía*". Y, sin embargo, también anunciaba que *Poeta* era "la salvación por el disentimiento, por la enemistad, por las contradicciones, por la patada de elefante".[214]

En las dos entregas de *Poeta* predominan las reflexiones ensayísticas sobre el quehacer poético, acompañadas por algunas poesías que se alejan de los rumbos del origenismo y que son muestras de las nuevas rutas que Piñera comenzó a explorar. En la primera entrega se incluyen los ensayos "Apuntes sobre el tiempo y la poesía" de María Zambrano, "Los enemigos del poeta" de Gastón Baquero, "El amateur de poemas" de Paul Valéry, en traducción de Virgilio Piñera, y del mismo Piñera su texto "Erística de Valéry".[215] En la segunda, Piñera abre su publicación a la controversia con la entrevista "Encuesta para las esfinges", en la que se convoca a Roger Caillois, Charles Stonehill

---

[213] Virgilio Piñera, "*Terribilia meditans II*", *Poeta*, n° 2, 1943, p. 1.

[214] Ibidem.

[215] En el primer número también se incluyen las notas "Noticias para Ulises" de Piñera y "Stendhal a las puertas del siglo" de Gastón Baquero.

y María Zambrano, y también con un contrapunto entre el texto "Oración y poesía" de Nicolás Calas, traducción de Piñera de un fragmento de *Foyers d'incendie*, y el ensayo "De poesía" de Cintio Vitier. Ambos textos plantean versiones opuestas con respecto a la relación entre religión y poesía, el primero desde el surrealismo y el segundo desde el catolicismo heredero de *Espuela de plata*.

En cuanto a la poesía seleccionada para *Poeta*, el primer número presenta "Canto IV" de Adolfo de Obieta. El segundo, "Conquista del alba", fragmento de "Grand Midi" de Aimé Césaire en traducción de Piñera, y "Los desastres", poema del propio Piñera. Las estéticas de Obieta, de Césaire y el Piñera de "Los desastres" trazan caminos distintos a los que se había planteado el grupo *Espuela de plata*: los rumbos de la vanguardia y sus modos de experimentación formal. En "Canto IV", la voz poética declara que "debe encontrar su voz con las más sordas lluvias/ entre las plantas grises/ mientras soplan los vientos de ceniza" y en esa búsqueda los sentidos se dilatan: "¿Tras que corrieron ríos y crecieron mareas,/ para qué vi la luz encender y olvidar luego al mundo/ y mis ojos se abrieron y cerraron, y mi oído, y mi boca!".[216] En los versos citados se percibe cómo De Obieta difumina las formas y plantea que los espacios pierden su rigidez para hablar de una experiencia particular. Se trata de imágenes que, como las del ultraísmo y del expresionismo, presentan un mundo deformado desde la percepción de una voz poética.

El poema de Aimé Césaire, por su parte, nos lleva a las rutas del surrealismo para desde allí trenzar una serie de imágenes alrededor de la muerte, "maravillosa muerte de nada"; de una mujer espectral, "una mujer de donde surgida de mismo inexplicablemente despierta/ se sienta al borde de mí mismo"; de recuerdos de niñez, "mi niñez sobre las barricadas diurnas que la misma noche no sabría derribar – respira".[217] Imágenes en las que el recuerdo y la experiencia se dilatan en el sueño. Finalmente, Piñera presenta en "Los desastres" su primer experimento poético en el que dialoga con estas nuevas fuentes que van a alimentar su estética, toma los motivos de "La murena", "La

[216] Adolfo De Obieta, "Canto IV", *Poeta*, n° 1, 1942, p. 2.

[217] Aimé Césaire, "Conquista del alba", *Poeta*, n° 2, 1943, pp. 4-6.

ostra" y "La hiena" y a partir de ellas explora el sarcasmo y el humor negro que va a desarrollar en obras posteriores.

Entre las firmas de *Poeta*, la de Adolfo de Obieta nos sugiere que Piñera desde 1943 comenzaba a extender lazos con un segmento del campo argentino que será al que se incorporará, una vez se traslade a Buenos Aires en 1946; y es allí donde se encontrará con Witold Gombrowicz. La traducción de Aimé Césaire, junto al texto de Calas, como bien afirma Gema Areta, muestra a Piñera en una faceta inédita, como "un perfecto conocedor del surrealismo francés" que estaba atento a las novedades del movimiento.[218] Pues ambos textos habían sido publicados recientemente en revistas dedicadas al surrealismo en Nueva York: el texto de Calas, en *View* en 1941 y el poema de Césaire, en la revista *VVV* dirigida por André Bretón en 1942.[219]

Estos nuevos rumbos pueden ser el resultado del acercamiento de Piñera a Lydia Cabrera y a Wifredo Lam, amigos del autor de *Cuaderno de un retorno al país natal* que trabajaban por esos años en la que sea quizá la primera traducción al español del poema. Cabrera y Lam habían estado en contacto con el surrealismo parisino de los años treinta y para 1942 transitaban los márgenes del mundo intelectual habanero, al que habían regresado debido a la II Guerra Mundial. La escritora y el artista eran figuras que, después de la novedad de su regreso, ocuparon lugares excéntricos dentro del campo artístico cubano, no solo por sus preferencias sexuales –Cabrera, como Piñera, era homosexual–, sino también por su falta de conexión respecto de las presiones sociales que regían el ámbito intelectual cubano.[220]

A pesar de la fuerza combativa e innovadora presente en los dos primeros números de *Poeta*, la empresa no prosperó. Piñera siguió su camino en el medio cubano sorteando fuertes críticas propiciadas por la irreverencia de *Poeta* y por la ruta estética que definió en *La isla en peso* (1943) y en *Poesía y prosa* (1944). Alrededor de las cuatro publi-

[218] Gema Areta, "Prólogo. Opciones de Piñera", *Virgilio Piñera. Poesía*, Madrid, Editorial Verbum, 2018, p. 43.

[219] Ibid., pp. 43-45.

[220] Rodríguez-Mangual, *Lydia Cabrera and the Construction of an Afro-Cuban Cultural Identity*. University of North Carolina Press, 2004, pp. 13-15.

caciones, las dos entregas de *Poeta*, *La isla en peso* y *Poesía y prosa*, Piñera despertó diversas polémicas pues ninguna de estas aventuras editoriales dejó a sus lectores impávidos.

## COLABORADOR LEJANO

Para 1944, cuando Lezama Lima y José Rodríguez Feo fundaron la revista *Orígenes*, Piñera continuó enviando algunas colaboraciones al nuevo proyecto. En este, los editores retomaron el propósito de *Espuela de plata* de fundar desde el conocimiento poético un sustento simbólico para la cubanía, esta vez desde un catolicismo más discreto. Con la subvención de José Rodríguez Feo, *Orígenes* logró gran estabilidad. Gracias a los contactos de este con la intelectualidad que cruzaba Nueva York, la empresa se puso en diálogo con la actualidad artística y literaria mundial, incluyendo firmas de prestigiosos intelectuales y poetas como Harry Levin, Pedro Salinas, William Carlos Williams, Wallace Stevens, entre otros, lo que dotó a la revista de un carácter universalista que, a su vez, la posicionó en el panorama continental.

Decíamos arriba que en *Orígenes*, como en *Espuela de plata*, Piñera participó como colaborador disidente: en ambas sus textos se distinguieron por su disonancia respecto del conjunto, aunque esa disonancia en *Espuela de plata*, como bien lo reconoció Piñera años después en "Cada y cosa en su lugar", consistiera en la simulación de un lobo disfrazado de cordero.[221] Piñera publicó trabajos determinantes en *Orígenes*: una selección de sus poemas absurdos entre los que estaban "Paseo del caballo" y "Tesis de gabinete azul" (en la quinta entrega de 1945); tres de sus ensayos más emblemáticos, pues en ellos diseña su poética: "El secreto de Kafka" (en el número de 1945), "Nota sobre la literatura argentina de hoy" (en el número 13 de 1947) y "El país del arte" (en el número 16 de 1947); así como su pieza teatral, *Falsa alarma* (en los números 21 y 22 de 1949).

Dada la importancia que otorgaba Piñera al actuar público, podemos pensar que astutamente, desde su relación ambigua y paradójica

[221] Virgilio Piñera, *Las palabras del escriba*, ob. cit., p. 168.

con el origenismo, usó la publicación para que sus obras aparecieran en un lugar donde, por su rareza dentro del conjunto, no pudieran pasar desapercibidas.

Estos textos metían ruido en el conjunto de la publicación, bien por su desenfado y el humorismo que apuntaba a la desacralización de la literatura (en el caso de los poemas), bien por su tono combativo (en el caso de los ensayos y la reseña); o por el juego con el absurdo en su obra teatral. Todos desafinaban la orquestación armónica que dominaba el limpio conjunto de *Orígenes*. Su excentricidad fue confirmada por Cintio Vitier en una reseña sobre la antología *Poesía y prosa* de Virgilio Piñera, incluida en la misma entrega en la que vieron la luz el conjunto de poemas antes mencionados, la quinta de 1945. En el texto, el autor de *Lo cubano en la poesía* descalifica la estética de Piñera porque la considera nihilista y una suerte de "alarido cerebral y graduado", y esto, a los ojos de Vitier, no contribuía a la construcción de lo cubano.[222]

Entre Piñera y el origenismo hubo una filiación de negación que afirmaba mutuamente a los negados. Esto en los dos sentidos, tanto en el de los origenistas respecto de Piñera, como en el de este con respecto a los origenistas. De modo que unos y otro influyeron mutuamente tanto en las decisiones estéticas definitivas como en la recepción de sus obras. Más allá de las disputas personales y de la necesidad de cierto performance en el terreno público que contribuyera a dar forma a las figuras autorales de los implicados, hubo continuidades y coincidencias entre Piñera y el grupo de los habituales colaboradores de las revistas lideradas por Lezama Lima. Nombres como María Zambrano o Adolfo de Obieta pasaron no solo por las páginas de la iniciativa liderada por Piñera (*Poeta*), sino también por la de sus aparentes contrincantes (*Nadie Parecía*, *Clavileño*) y también llegaron a *Orígenes*. Piñera colaboró en *Clavileño*, la revista de Vitier y este hizo lo propio en *Poeta*. Ciertos gestos de vanguardia eventualmente encontraron un lugar en *Orígenes* con Lydia Cabrera, Wifredo Lam y Aimé Césaire quienes ocupan lugares destacados de algunas entregas. En la obra de

[222] Cintio Vitier, *Lo cubano en la poesía*, La Habana, Instituto del Libro, 1970, p. 48.

los años cincuenta, principalmente en *Paradiso* y en los ensayos de *La experiencia americana*, se percibe cómo Lezama comienza a ser permeado por la amistad con Lydia Cabrera y por el interés de ella en las tradiciones afrocubanas.[223] Se trató de un diálogo/polémica en tono de oposición y disputa que redundó para Piñera en la afirmación de su figura autoral de iconoclasta.

Por lo demás, en *Orígenes* no solo causaron extrañeza los textos de Piñera, también las colaboraciones de otros autores que él mismo (como corresponsal) envió desde Buenos Aires.

Sucede que desde 1946, Piñera viajó a Argentina a su exilio voluntario e intermitente que duraría cerca de 12 años. Estando allá, Lezama Lima le pidió que fuera corresponsal (informal) de *Orígenes*. Como subrayó Adriana Kanzepolsky, hubo una gran distancia entre los deseos de Lezama Lima y las posibilidades de Piñera.[224] Lezama Lima quería propiciar intercambios con la conocida revista *Sur*, pero Piñera transitaba los márgenes, ocasionalmente publicaba en revistas como *Anales de Buenos Aires* e intervenía de vez en cuando con algunas conferencias pequeñas. Lezama Lima quería que Piñera enviara colaboraciones con firmas consagradas, como las de Jorge Luis Borges, Ernesto Sábato o Eduardo Mallea, autores que ayudaran a alimentar el prestigio de *Orígenes*. Piñera envió textos principalmente provenientes de su círculo más cercano, de Adolfo de Obieta, de Graciela Peyrou y de Witold Gombrowicz. Lezama quería usar el intercambio con *Sur* para dar visibilidad a la poesía origenista[225]; Piñera intentaba usar la plataforma de la publicación habanera en su nueva campaña de promoción de la novela *Ferdydurke* (1947).

---

[223] Julia Cuervo, "José Lezama Lima y Lydia Cabrera: poetas de la Metamorfosis", *Hispanófila*, vol. 168, 2013, pp. 83-99.

[224] Adriana Kanzepolsky, "*Orígenes/Sur*: El murmullo de una conversación americana". *Territorios intelectuales. Pensamiento y cultura en América Latina*, ed. Javier Lasarte, La Nave Va, 2001 p. 384.

[225] De hecho, las dos publicaciones sí intercambiaron anuncios, pero no por la gestión de Piñera, sino gracias a los contactos con autores argentinos de Rodríguez Feo en Estados Unidos. Véase Francy Moreno, *La invención de una cultura literaria*, ob. cit., pp. 158-180.

## PANFLETISTA

Son bien conocidas tanto la anécdota de la traducción de *Ferdydurke*, la novela de Witold Gombrowicz, como la función de Piñera como coordinador de la labor. También se sabe que en la empresa participaron, junto al autor de *Cuentos fríos*, Adolfo de Obieta, Humberto Rodríguez Tomeu, Graciela y Manuel Peyrou y Carlos Coldaroli, entre otros. Lo que no es tan conocido es que Piñera, además de dirigir al grupo de traducción junto a Gombrowicz, emprendió una entusiasta campaña de gestión cultural mediante la que intentó posicionar en La Habana y en Buenos Aires al *ferdydurkismo*. Nombre que se le dio a la doctrina que acompañó la campaña de para dar a conocer la novela y que apuntaba a subrayar la actitud crítica e irreverente, así como la oda sarcástica a la inmadurez que se lee en la obra. Gracias a la gestión de Piñera fue posible que la editorial Argos asumiera la publicación de la versión en español y también gracias a él se desplegó aquella promoción. Piñera fue quien se acercó a la editorial Argos, porque ya había hecho algunas traducciones para ella y se comunicaba frecuentemente con sus editores, por eso su intermediación fue definitiva. Piñera también le pidió a Sábato y a Borges que escribieran notas sobre *Ferdydurke*. Participó en un programa de Radio Mundo en 1947 para hablar de la novela.[226] Además, mandó un relato de Gombrowicz para *Orígenes*, con una nota en la que se anunciaba que se trataba de un adelanto de la inminente llegada del *ferdydurkismo* a Latinoamérica y que próximamente vería la luz la novela.[227] El cuento "Filimor forrado de niño" se imprimió en el número 11 de 1946 de *Orígenes*, pero la nota que hablaba de la novela nunca fue publicada. Una vez vio la luz *Ferdydurke*, Piñera también envió a *Orígenes* una reseña de Adolfo de Obieta, que se lee en el número 17 de 1948.

---

[226] Varios de los detalles de la gestión en la promoción de *Ferdydurke* son recordados por Piñera en "La vida tal cual", fragmentos de sus memorias publicados en el especial dedicado a su memoria dentro de la décima entrega de la revista *Unión*. Véase Virgilio Piñera, "La vida tal cual", *Unión*, n° 10, 1990, pp. 34-35.

[227] José Lezama Lima, *Fascinación de la memoria, La Habana*, Editorial Letras Cubanas, 1993, pp. 274-275.

Ante la falta de eco, Gombrowicz y Piñera idearon una estrategia panfletaria para producir algo de ruido en el medio cultural de la Buenos Aires de finales de la década de los cuarenta. Comenta Humberto Rodríguez Tomeu que Gombrowicz y Piñera nunca pudieron ponerse de acuerdo respecto del formato y la manera en que debía hacerse la publicación. Su amistad, que siempre pasó por la rivalidad, no se los permitió.[228] Por eso inventaron dos pasquines, *Aurora* de Gombrowicz y *Victrola* de Piñera, uno fue la réplica del otro y entre ambos hicieron críticas ácidas al centralismo cultural que concentraba la revista *Sur* y propusieron una alternativa.

Primero *Aurora* llamaba a un "lento" y "subterráneo" "Movimiento de Renovación" que respondiera al aspecto "aburrido" y "monótono" del "campo literario". Se anunciaba que los del Comité de *Aurora* hablaban desde abajo y se animaba a los jóvenes a renovar y a dejar salir la creatividad privada en lo público. El panfleto invitaba además a no tomarse muy en serio ni a los maestros ni a la escritura creativa para que esta pudiera fluir y en cambio, se criticaba el servilismo intelectual de Victoria Ocampo ante los grandes escritores franceses. La *Victrola* de Piñera, publicada al día siguiente, presentaba el pastiche de la réplica de Victoria Ocampo, respondiendo a la osadía de *Aurora* de proponer una opción distinta a la cultura literaria que construía *Sur*. Este pastiche enfatizaba que "la cultura es un problema de altura", de "subirse en los hombros" de los altos. *Victrola* además confesaba sus cuatro amores: "la Francia Inmortal", la "Inglaterra de Shakespeare", "la revista *Sur*" y "la poesía". *Aurora* se presentaba como "revista de la resistencia"; *Victrola* como "revista de la insistencia"; *Aurora* es inaugurada con un "Manifiesto" en el que se habla desde el subsuelo; *Victrola*, con un "Pasaje sobre las alturas"

En esta segunda y última publicación totalmente diseñada por él mismo, al tiempo que se burla de Ocampo y responde a *Aurora*, Piñera lanza sus acostumbradas críticas a problemas que identificaba propios del campo del arte y la literatura de su tiempo. Condena el enciclopedismo que oculta la indagación interior y que lleva a

[228] Humberto Rodríguez Tomeu, "Épater le bourgeois: Piñera y Gombrowicz en Argentina", *Biblioteca México*, n° 22, 1994, p. 45.

la enajenación, como la Victrola que confiesa no ser más "yo" sino ser "Marcel Proust". También señala lo que él mismo solía llamar la mistificación de la poesía con retórica enrevesada y con ceremoniales poéticos, como la "enjundiosa conferencia 'Poesía verde y poesía roja'" del "ilustre poeta cósmico Ángel Valermoso", de la que *Victrola* reproduce un fragmento. Finalmente, arremete contra el colonialismo cultural y el servilismo de los intelectuales latinoamericanos frente al valor agregado que significaba producir literatura en Francia o Inglaterra, con su anuncio de "infinitos grupos de jóvenes intelectuales" que "traducen infinitas Defensas a la poesía de infinitos Sires Philipes Sidneyses en infinitos salones literarios de infinitos penthouses de infinitos edificios Cavannagh". Estos problemas, que ya había analizado en sus ensayos "Gertrudis Gómez de Avellaneda", "Erística sobre Valéry", "El país del arte" y "Nota sobre literatura argentina de hoy", cruzarán la obra ensayística piñeriana y se exhibirán de forma cada vez más aguda en textos posteriores a este pasquín como el ensayo de 1952, "Cuba y la literatura", una conferencia presentada en Buenos Aires y en La Habana que se reproducirá en *Ciclón*.[229]

Como *Poeta, Victrola* se construye en diálogo con otras publicaciones: *Aurora* y *Sur*. De la misma forma que la interlocución planteada desde *Poeta* con sus contemporáneas, el diálogo propuesto desde *Victrola* es retador y disidente. *Victrola*, al igual que *Poeta*, utiliza como cortina la disidencia para proponer un examen de las bases del deber ser de la cultura literaria.

## Secretario de redacción

Personajes abiertamente homosexuales, admiradores tanto de autores raros como de la literatura irreverente y animados por impulsar a los escritores más jóvenes, Rodríguez Feo y Piñera coincidieron en 1955 para producir una revista que logró posicionarse continentalmente y, con el tiempo, reunió un grupo creativo, "el rebaño ciclónico",

[229] Thomas F. Anderson, *Everything in its place: Life and Work of Virgilio Piñera*, Bucknell University Press, 2006, p. 64.

como lo llamó Rodríguez Feo en una misiva dirigida a Piñera.[230] Coherentes con la intención de remover cimientos de la cultura literaria cubana y apostando por fundar una joven e irreverente cultura literaria continental, estos personajes optaron por llamar a la revista *Ciclón*.[231] Editaron quince entregas desde 1955 hasta 1957 y en 1959, a inicios de la Revolución, vio la luz el último número.

La solidez de la empresa editorial, su ímpetu iconoclasta y un perfil que daba prioridad a una aguda crítica, se sostuvieron en dos columnas. Por un lado, en la fortuna de Rodríguez Feo y su red de contactos con sectores importantes de la intelectualidad. Por otro, en la consolidada propuesta de intervención cultural y la figura intelectual de Piñera. En la escena cultural cubana, editor y secretario de redacción usaron el antiorigenismo, que también compartieron, como punto de partida anunciado en "Borrón y cuenta nueva", el editorial que presentó el proyecto. Desde esta posición antiorigenista, los disidentes del grupo de amigos de Lezama Lima lanzaron su gesto de ir contra un pasado común e impulsarse hacia el futuro en busca de innovación.[232]

En *Ciclón*, el autor de *La carne de René* cumplió las labores de secretario de redacción y corresponsal en Buenos Aires, labores que le permitieron influir en el perfil y el carácter de la revista. Piñera fue la imagen visible del proyecto tanto en La Habana como en Buenos Aires. En la capital cubana, participó desde su primera edición en eventos ciclónicos. Así, por ejemplo, en el ciclo de conferencias que acompañaron el del primer número, Piñera presentó "Cuba y la literatura", ensayo publicado en la segunda entrega de *Ciclón* que explica por qué Piñera consideraba que la relación entre Cuba y la literatura, básicamente, no existía. En su trabajo como corresponsal en Buenos Aires, sobre todo cerca de José Bianco, secretario de redacción de *Sur*,

---

[230] Virgilio Piñera, *Virgilio Piñera de vuelta y vuelta*, ob. cit., p. 132.

[231] Francy Moreno, "La apuesta de *Ciclón*", *Alba Magazine*, n° 6, 2014, p. 69.

[232] Adriana Kanzepolsky, "Las razones de la literatura", *Crítica. Revista cultural de la BUAP*, n° 134, 2009, p. 134.

Piñera consiguió colaboraciones, intercambios y distribuyó la revista entre influyentes figuras de la intelectualidad continental.[233]

Además, el autor de *Cuentos fríos* dotó a la publicación de un perfil iconoclasta similar al que él mismo había construido para sí. Participó en la redacción de editoriales que, aunque no firmados por él, tienen su mismo estilo sentencioso.[234] Incidió en el diseño, el orden y la distribución del conjunto de textos de cada número, un orden que tuvo gestos que dejaban ver cierta intención de subversión y que apuntaban a subrayar el tono iconoclasta. Por ejemplo, anunciando que la "Nota de un mal lector" de Jorge Luis Borges en contra de Ortega y Gasset debería ir al final de los demás artículos laudatorios del filósofo para que su impacto en los lectores fuera mayor.[235] Desplegó una ávida búsqueda de colaboraciones y textos susceptibles de ser traducidos, bajo el criterio de que propiciaran un choque, de que despertaran polémica. Entre estas colaboraciones estuvieron "*Las 120 jornadas de Sodoma*" del Marqués de Sade, que apareció en el número 1 de 1955 y "Contra los poetas" de Wiltod Gombrowicz, publicado en el número 5 de 1955.

Como anunciamos anteriormente, los pilares de las temáticas, los criterios sobre el deber ser de la creación literaria y los gustos estéticos de Piñera sostuvieron en gran medida la política editorial de *Ciclón*. Todo estuvo sustentado en su estética y su poética, aquellas que había cultivado desde los años cuarenta a partir de sus estancias en Buenos Aires. En primer lugar, como una suerte de extensión piñeriana del ferdydurkismo, en la revista se apostó por oponer a los estatutos del escritor Maestro y del poeta ceremonial, otros tipos de escritor y de poeta, cercanos a la figura-autor iconoclasta que el mismo Piñera

[233] La incansable gestión de Piñera se puede seguir en la correspondencia que intercambió con José Rodríguez Feo en esos años ciclónicos, por ejemplo, en la misiva de enero de 1956, Piñera le pide a Rodríguez Feo manuscritos para gestionar su publicación en *Sur*: "Mándame sus manuscritos, sobre todo de Marré y Arrufat para Sur. Tienen que ser cosas que valgan Realmente la pena", véase Virgilio Piñera, *Virgilio Piñera de vuelta y vuelta*, ob. cit., p. 138.

[234] Thomas F. Anderson, *Everything in Its Place: Life and Work of Virgilio Piñera*, ob. cit., p. 69.

[235] Virgilio Piñera, *Virgilio Piñera de vuelta y vuelta*, ob. cit., p. 139.

quiso encarnar y que con Reinaldo Laddaga podemos explicar con la etiqueta de "raros": tanto porque son los propios autores, seres anodinos, que suelen estar fuera de las historia literarias, como porque sus obras se componen de personajes y situaciones que nos llenan de extrañeza.[236] Con la recuperación de esos "raros", desde el propio Piñera hasta Macedonio Fernández; desde el Marqués de Sade hasta Juan Rodolfo Wilcock; se quiso además impulsar la emergencia de escritores jóvenes cubanos, Nivaria Tejera, Antón Arrufat, Luis Marré, Luis Lastra, Niso Malaret, Calvert Casey, entre otros, autores que Piñera no dudó en promocionar en Buenos Aires como se puede confirmar en la correspondencia que intercambió con Rodríguez Feo.[237]

En segunda instancia, la revista abrió sus páginas para colaboraciones en las que la sexualidad era materia literaria. Una exploración que Piñera venía haciendo desde *La isla en peso* y que había llevado a obras como *Electra Garrigó* y *La carne de René*. Esta última, su primera novela, había sido publicada en Buenos Aires en 1952 (Editorial Siglo Veinte), pero no recibió atención alguna hasta *Ciclón*. Fue allí donde *La carne de René* encontró un espacio propicio. No solo por la reseña que Rodríguez Feo le dedicó en la primera entrega, donde se festejan los logros de Piñera para impresionar a su lector, sino también porque en *Ciclón*, la preocupación por la cuestión sexual desde la literatura se pudo profundizar. Se habló abiertamente de homosexualidad desde la crítica literaria, con traducciones como "Oscar Wilde en prisión" de Robert Merle (fragmento de *Oscar Wilde ou la "destinée" de l'homosexuel* 1955) y con el ensayo "Ballagas en persona" de Virgilio Piñera. Estos polémicos textos vieron la luz en la sección especial "Revaluaciones" como parte de la tercera y la quinta entregas, respectivamente.[238] En *Ciclón* también se publicaron apuntes del talante de "Nota sobre pornografía" de Calvert Casey, en la séptima entrega; relatos donde se problematiza la iniciación sexual en la adolescencia como "El colegio" de José Bianco, que se lee en el sexto número de

[236] Reinaldo Laddaga, *Literaturas indigentes y placeres bajos*, Beatriz Viterbo Editora, 2000, pp. 9-29.

[237] Virgilio Piñera, *Virgilio Piñera de vuelta y vuelta*, ob. cit., p. 138.

[238] Francy Moreno, "*Ciclón* o decir lo innombrable. De la homosexualidad a la función crítica del escritor", *La Gaceta de Cuba*, n° 6, 2015, pp. 41-46.

1955, o historias del talante de "Josefina, atiende a los señores" de Guillermo Cabrera Infante, en el tercero del mismo 1955.

En tercer lugar, en *Ciclón* hubo preferencia por las exploraciones estéticas del absurdo y el grotesco, líneas en las que Piñera se había ocupado desde sus acercamientos al surrealismo y a Aimé Césaire. Indagaciones que, en la prehistoria de *Ciclón*, lo llevaron a componer geniales poemas como "Vida de Flora" y "Carga", el magnífico relato "El álbum" o la contundente pieza *Falsa alarma* y en los tiempos de *Ciclón,* confluyeron en grandes relatos como "El gran Baro", publicado en la primera entrega, y "El muñeco", en la séptima. También, en el primer número de 1957, una colección de minificciones influidas por el Absurdo en las que personajes nadan en seco o muerden una montaña o alguien regresa al estado fetal. Su teatro absurdo tampoco quedó fuera de la revista. En la sexta entrega se puede leer la pieza *Los siervos*. Además, con apoyo de Rodríguez Feo y como secretario de redacción de *Ciclón*, Virgilio Piñera logró publicar en Buenos Aires *Cuentos fríos*, su primera antología de cuentos (Losada 1956).

Los relatos de Piñera en *Ciclón* estuvieron acompañados de otros autores que transitaban búsquedas cercanas, búsquedas ficcionales o teatrales que daban prioridad al efecto en los lectores. Por un lado, el segmento de exploradores de la literatura fantástica compuesto por Juan Rodolfo Wilcock, Adolfo Bioy Casares y Silvina Ocampo, por esos años también amigos de Piñera. Por otro, sus preferencias estéticas. Piñera siempre estuvo atento a las experimentaciones vanguardistas y en su época ciclónica tuvo noticia de las nuevas versiones de la Escuela Patafísica que se fundó en Buenos Aires y de propuestas editoriales como la publicación *Letra y línea* (1953-1954) de Aldo Pelegrini. De estas lecturas de Piñera llegaron a *Ciclón* traducciones de Alfred Jarry y Julien Torma hechas por el propio Piñera o por Humberto Rodríguez Tomeu.

Dainerys Machado demostró que *Ciclón* libró varias batallas "en contra del oficialismo y la censura" y en medio de esas batallas, en su segundo año, se consolidó definitivamente en el panorama cubano[239];

[239] Machado, Dainerys, *Lugares comunes (Estudio sobre la revista cubana* Ciclón *1955-1959)*, Tesis, El colegio de San Luis, 2016, pp. 151-163.

sin embargo, en 1957, la convulsión política de Cuba al parecer envolvió a su editor y se alejó de las preocupaciones propias de la creación artística y la gestión cultural. Así, a pesar del entusiasmo de Piñera en el trabajo con la empresa, la aventura fue perdiendo fuerza y se suspendió en el segundo número de 1957. En 1959, en plena efervescencia revolucionaria, Rodríguez Feo editó un número más, pero solo para anunciar que eran tiempos de pensar en asuntos que consideró más relevantes que la literatura. Piñera, que había regresado de Buenos Aires en 1958, buscaría otros espacios para seguir interviniendo en su mundo.

## El redactor

La última participación de Virgilio Piñera en revistas culturales se dio en el ambiente convulsionado de 1959. Piñera formó parte de la redacción del diario *Revolución* como columnista y, pronto, Guillermo Cabrera Infante convenció a Carlos Franqui y Pablo Armando Fernández de invitarlo al suplemento literario *Lunes de Revolución*. Lo hizo, afirmó el autor de *Tres tristes tigres*, pensando en que Piñera en ese momento era "la literatura" y también "la irreverencia".[240]

No se equivocó. De la misma forma que lo hizo en *Ciclón*, Piñera llevó a *Lunes* su tono combativo, su interés por el Teatro del Absurdo, algunas narraciones entre las que está un fragmento de su autobiografía y un conjunto amplio de textos y notas en las que, entre el periodismo y el ensayo, al tiempo que dio testimonio del momento de agitación social, leyó su mundo y planteó contundentes opiniones. Pero además también dejó testimonio en las páginas del suplemento de su interés por autores poco conocidos y plantó su huella como polemista. Fue en ese suplemento que el ya reconocido iconoclasta se consagró. En *Lunes*... Piñera se convirtió en aquel "Sócrates secreto" evocado por Cabrera Infante en *Mea Cuba*.

[240] Ernesto Fundora y Dainerys Machado, "Itinerario de El Escriba", *Las palabras de El Escriba. Artículos en* Revolución *y* Lunes de Revolución, La Habana, Ediciones Unión, 2014, p. 15.

El periódico y la coyuntura parecían propicios para impulsar desde la tribuna de sus páginas la revolución cultural que Piñera siempre quiso. Comenzando por sacar a la literatura y al arte de lo que llamó "el país del arte" y terminando con su intención de influir para que autores raros e iconoclastas cercanos a su propio perfil, fuera revalorados. Todo esto parecía posible en esos años revolucionarios. Piñera, como todos los intelectuales que escribieron en *Lunes*, creyó que al lado de una Revolución política se debía liderar una Revolución cultural. Todo además parecía indicar que lo conseguiría justamente en *Lunes de Revolución*. Tal como subrayaron Ernesto Fundora y Dainerys Machado, "Piñera no solo fue uno de los principales hacedores, sino también uno de los rostros más visibles" de la publicación.[241] Él mismo se asombraba de la cantidad de lectores que llegó a tener. En una carta a Antón Arrufat comenta que su sección "es tan leída que la correspondencia es abrumadora".[242]

Fue justamente en "Espejismo de revistas", una de sus notas para *Lunes...*, donde Piñera parodia un par de intentos nunca consumados de sus colegas por emprender iniciativas editoriales y al tiempo hace un llamado sobre la necesidad de fundar publicaciones periódicas para dinamizar el campo literario cubano:

> El más común de todos: que la vida literaria sin revistas resulta inconcebible. Ello equivaldría a una guagua sin pasajeros a una cazuela al fuego sin alimentos... En segundo lugar, que toda revista que se estime tal constituye una fuerza de choque [...] El tercer lugar común, las revistas prueban y comprueban que el país cuenta con escritores. En el nuestro, donde hasta el presente la publicación de un libro se parece a la conquista del Everest, dos o tres revistas sustituirían eficazmente la orfandad editorial que padecemos.[243]

Con esos tres "lugares comunes" Piñera resume lo que entendía por la revista como objeto cultural e insiste en su importancia en el quehacer de la literatura. Corrobora que sin este tipo de publicaciones no hubiera sido posible dar a conocer su obra, ni dar forma a su figura-autor. Además, al anunciar que estas deben ser una "fuerza de

[241] Ibid., p. 13.

[242] Virgilio Piñera, *Virgilio Piñera, De vuelta y vuelta*, ob. cit., p. 228.

[243] Virgilio Piñera, *Las palabras del escriba*, ob. cit., p. 44.

choque", explicita su teoría sobre el tipo de intervención que él mismo planteó en las empresas editoriales en las que participó. Lamentablemente, su ímpetu pocas veces fue bien recibido.

Piñera comenzó a escribir su columna en *Revolución* y pronto comenzó a usar el seudónimo de "El Escriba". Como "El Escriba" inauguró una década en la que, ya consagrado, comenzó a gozar de reconocimiento y casi al tiempo se cernió sobre él la persecución de los comisarios culturales. De hecho, fueron justamente la influencia de esta figura pública, con la estela de una obra en la que resulta evidente la intención provocadora y crítica, junto a su abierta homosexualidad, los factores que influyeron para que comenzara a ser visto como una amenaza. Es conocido que cuando se cerró *Lunes de Revolución*, también Virgilio Piñera dejó de publicar en el diario. Trabajó un tiempo en Ediciones R, editorial asociada a *Revolución*, pero al final de la década sería totalmente relegado de la esfera pública. Comenzó lo que él mismo llamó su "muerte civil".

Reinaldo Arenas, Antón Arrufat, Abilio Estévez, Cabrera Infante, y otros escritores que fueron amigos, epígonos, interlocutores en las discusiones sobre el deber ser literario, entendieron el ímpetu piñeriano, proyectaron, a modo de reivindicación, la imagen del mentor que comenzó a ser borrado por la censura y por la imposibilidad de intervenir en lo público. También dieron testimonio de que cuando Piñera ya no pudo actuar como fuerza de choque, hubo una transformación de su figura autor. Recuerdan que dejó de ser Virgilio Piñera: el escritor iconoclasta que llegó a construir una literatura desde la irreverencia. Tanto Reinaldo Arenas como Cabrera Infante recrean una anécdota según la cual, por los años setenta, Rodríguez Feo le comentó a un visitante que Piñera no era más Virgilio Piñera. Ambos aseguran que Piñera murió en vida cuando ya no pudo ver sus obras publicadas, pero sobre todo cuando se le cerraron las puertas a cualquiera de sus acostumbrados espacios de acción: las revistas y el teatro. Las primeras, como hemos visto, fueron los principales medios en los que hasta la década de los sesenta no solo publicó la mayoría de sus obras, sino que también desplegó sus estrategias como gestor cultural, como constructor de cultura literaria.

## EL HACEDOR

El entusiasmo y el compromiso que Virgilio Piñera mostró con las revistas de las que fue frecuente colaborador, donde pudo cumplir un papel como editor o en aquellas donde fue corresponsal o redactor, solo es explicable por la decisión con que asumió su labor literaria. En su trasegar entre todas estas publicaciones, mientras, además, editaba algunos de sus libros y coordinaba las puestas en escena de sus obras, fue dando forma a su figura-autor de escritor iconoclasta.

Alrededor de *Espuela de Plata* y *Orígenes*, así como en su trabajo de traducción de *Ferdydurke*, Piñera encontró nichos de acción colectiva en Buenos Aires y en La Habana de los años cuarenta. Esos nichos serían fundamentales para ir dando forma a aquella figura autoral y también a su genealogía. En las empresas que el mismo creó, esos órganos de combate efímero que fueron *Poeta* y *Victrola*, promulgó sus idearios y puso en práctica su estrategia de choque para despertar polémica, para visibilizar su figura y promover la lectura de sus obras. Con ellas promulgó sus propias ideas sobre el arte y la literatura en contrapunto con otras propuestas.

En *Ciclón* y *Lunes de Revolución*, Piñera, desde la misma posición combativa de *Poeta* y *Victrola*, pudo diseñar una política para la cultura literaria y ponerla en práctica. En las dos primeras sus apuestas estéticas personales fueron las líneas fuertes que soportaron en buena medida la política editorial de las empresas colectivas. Además, Piñera contribuyó a que ambas revistas tuvieran un carácter y un tono distintivos. El ideal de Piñera era lograr la metamorfosis de los lectores, escuchas o espectadores, tal como fue recreado por Arenas en *El color del verano*, donde mientras el Piñera-personaje lee sus poemas a los oyentes, estos se transforman: "fueron hojas, frutas, flores, agua viva y fresca que corría por entre los pedregales y las sábanas [...] fueron héroes".[244] Piñera efectivamente logró dar este carácter transformador a su obra y consiguió que otros la replicaran: su labor tuvo eco en el tiempo. Porque Piñera no solo fue un gran escritor iconoclasta, también fue un contundente hacedor de cultura literaria.

---

[244] Reinaldo Arenas, *El color del verano*, Barcelona, Tusquets, 1999, p. 143.

# La biblioteca francesa de Virgilio Piñera El caso de *Ciclón*

ARMANDO VALDÉS-ZAMORA
*Université Paris-Est Créteil*

> Vivía solo en un apartamento casi vacío.
> Me sorprendí de encontrar muy pocos libros
> en aquella casa desnuda. 'Yo tengo cien libros', recalcaba.
> No sé si llegarían a cien los ejemplares
> que se agrupaban con
> cualquier orden en el librerito gris
> e insignificante que había en una esquina de la sala
>
> ABILIO ESTÉVEZ
> "Primeras confidencias",
> *Encuentro de la cultura cubana*, nº 14, otoño de 1999

## PROUST, PIÑERA Y LA BOLA NEGRA DEL PANTEÓN LITERARIO

En su prólogo "Al lector" que Virgilio Piñera escribiera para la edición cubana de 1964 de *Un amor de Swannn,* después de referirse al conocido "mariposeo estilístico" y a "la actividad mundana" que hicieron célebres en los salones parisinos al Proust anterior a *La Recherche du temps perdu*, se puede leer la siguiente observación:

> Por supuesto, Proust estaba consciente de esa bola negra que le habían echado los del panteón literario. Aunque la imagen sea una irreverencia, diría que, por el momento, se limitaba como los *pitchers* a "calentar el brazo". Su estrategia consistía en permanecer oculto tras la densa niebla de su aparente esnobismo. Sabía igualmente que ese fallo inapelable de sus jueces literarios era un escollo –que se agigantaba todos los días– en lo que se refiere a su futuro como escritor aceptado. Pero no podía obrar de otro modo: para llegar a ser el 'Proust reconquistado' que finalmente fue, le era forzoso pasar antes por las horcas caudinas del 'Proust *pastichante*'.[245]

---

[245] *Virgilio Piñera al borde la ficción. Compilación de textos*, Carlos Aníbal Alonso, Pedro Arguelles Acosta (eds.), La Habana, Letras cubanas, 2015, p. 593 En

Bien distante de la estética proustiana que el describirá en la segunda parte de este prólogo, se puede suponer que Piñera hace referencia aquí, *grosso modo,* a la identidad del escritor. Entendida esta identidad como la aprobación de una dualidad al escribir, la de su sociabilidad, por una parte, y por otra la de modelar progresivamente una estética propia. La existencia del escritor debe soportar las circunstancias adversas para ver culminado su proyecto literario obviando a quienes lo consideran "un escritor irrespetuoso":

> Porque, entendámonos, a esta literatura respetuosa le faltan dos cosas sin las cuales no es posible que un escritor sea reputado por tal y que se sobreviva: la primera, el respeto de sí mismo y de su propia obra; la segunda, valentía y coraje para arriesgar todo, incluso la propia vida [...] El sacrificio de la vida radica en sufrir mil y una privaciones desde el hambre hasta el exilio voluntario, a fin de defender las ideas, de mantener una línea de conducta inquebrantable.[246]

Tras esta aceptación se estructura una ética que, en el caso del Proust que él describe, se asemeja a la propia. La afinidad con Marcel se modela en una coincidencia no necesariamente estética, sino ética, en lo que Piñera considera una analogía consigo mismo, con su identidad de escritor. "'Entre Marcel Proust y yo', solía decirme, 'podrá haber las distancias que tú quieras, pero a los dos nos iguala la pasión con que nos hemos consagrado", cuenta Abilio Estévez.[247]

---

una entrevista publicada de manera póstuma en 2012 en la revista *Unión*, año 50, n° 74, pp. 68-72, Piñera, a una pregunta de si existe una leyenda negra de Proust, responde: "Si no negra del todo, al menos bastante oscura. Ha existido la leyenda de un Proust ocioso, indolente, dedicado por años enteros al dandismo y al chismorreo; un Proust escritor a ratos perdido, colaborador de *Le Figaro*, más informado que los mismos nobles sobre heráldica y genealogía, y sabiendo más que ellos de la historia de sus respectivas familias", *Virgilio Piñera al borde la ficción*, ob. cit., p. 760.

[246] Citado en Carlos Espinosa, *Virgilio Piñera en persona*, Ediciones Unión, 2011, p. 100.

[247] "A su lado, lo primero que se alcanzaba era el sentido de la consagración: saber entregarse de modo casi religioso a la construcción de la obra y saber destruir el mundo de todos los días para levantar en su lugar paredes de la imaginación. Me atrevería a asegurar que estaba convencido de que el logro de un escritor se encontraba

Es curioso que Piñera resalte en Proust exactamente lo contrario de lo que opina Lezama sobre su estética. Gesto, además, que él utiliza para criticar la poesía de Lezama: " [...] no cayó Proust en un *impasse* de sí mismo y su obra no se vio amenazada por esas fatales delectaciones sobre un punto cualquiera y que impiden acceder a un punto nuevo. Y nosotros padecemos la fatal delectación. Lezama, tras haber obtenido un instrumento de decir, se instala cómodamente en el mismo y comienza a devorar su propia conquista".[248] En una nota de su *Diario* del 9 de abril de 1942, es decir un año antes del comentario de Piñera, Lezama nombra "la llave de Bagdad" al "paladeo de la taza de té" de Proust. "Es tolerable la primera vez", anota: "Pero he ahí que después cuantas veces intenta refugiarse en esa edad alejada, recurre a la misma llavecita de Bagdad".[249] Pareciera como si Piñera hubiese leído este apunte del *Diario* de Lezama y se lanzara a contradecirlo y criticarlo de manera doble: con respecto a Proust, y a la propia escritura del autor de *Enemigo rumor*.

Esta "bola negra" con la que se condenaba a Proust, en el inconsciente piñeriano, en su "imaginación proyectiva"[250] se asemeja a la "oscura cabeza negadora"[251], a ese "talento amargo" que a él mismo se le había atribuido en el panteón letrado insular y que tiene en Cintio

---

más en esa actitud que en la mayor o menor calidad de la obra", ver Abilio Estévez, "Primeras confidencias", *Encuentro de la cultura cubana*, n° 14, otoño de 1999, p. 22.

[248] Virgilio Piñera, "Terribilia meditans (II)", *Poeta*, n° 2, mayo 1943, p. 1. Recogido en *Virgilio Piñera al borde la ficción. Compilación de textos*, ob. cit., 2015, p. 85.

[249] José Lezama Lima, "Diario", *Revista de la Biblioteca Nacional José Martí*, mayo-agosto 1988, p. 129.

[250] Jean Starobinski, *La relation critique*, Paris, Gallimard, 2008, p. 274.

[251] "Ese seguro paso del mundo en el abismo/suele confundirse con los pintados guantes de lo estéril./Suele confundirse con los comienzos/de la oscura cabeza negadora", José Lezama Lima, "Rapsodia para el mulo", del poemario *La Fijeza* de 1949 en *Poesía Completa*, México/Madrid, Sexto Piso, 2016, p. 255. Antón Arrufat atribuye el epíteto de "talento amargo" a Eloísa, hermana de Lezama: "Es un pájaro de talento amargo", le dijo sobre Piñera. "Qué modo tan peculiar de destacarme a una persona y despertar mi curiosidad de muchacho sobre esa oscura cabeza negadora, el pájaro amargo que podía vivir volando de rama en rama. No pude apartarme de él porque no lo conocía personalmente, pero no se apartó de mi pensamiento", *Virgilio Piñera entre él y yo*, Ediciones Unión, 2012, p. 13.

Vitier a su principal inquisidor desde la primera reseña que hiciera a un libro de Piñera en 1945.[252] De alguna manera es así como se percibe él mismo, se describe –y escribe–, a través de Proust. Si el secreto radica en escribirse uno mismo según Piñera[253], se puede afirmar –como hace Antón Arrufat– que él se proyecta a través de las obras de otros escritores: "él veía el defecto del otro a través del suyo".[254]

Son precisamente Proust, Saint-Simon y Baudelaire, las tres referencias de la literatura francesa que Piñera cita cuando se le pide una lista de diez libros preferidos en *Lunes de Revolución*.[255] Piñera no podía ignorar la traducción de Lezama de un fragmento de las memorias de Saint-Simon publicado en el número 3 de noviembre de

---

252 Rafael Rojas en su "Newton huye avergonzado" hace un recuento cronológico de las críticas de Vitier a Piñera, *Motivos de Anteo. Patria y nación en la historia intelectual de Cuba*, Colibrí, 2008, pp. 327-342. La primera recepción de Piñera que hace Vitier es al libro *Poesía y Prosa* de 1944 y aparece en *Orígenes*, n° 5, 1945, pp. 47-50. La esgrima verbal entre Virgilio y Vitier adquiere una curiosa dimensión si se lee la reseña de Piñera al poemario *Extrañeza de estar* de Vitier, y se especula sobre una probable respuesta a la publicada en *Orígenes*; *Magazine de Hoy*, 29 de julio de 1945, pp. 4-8. Ver *Virgilio Piñera al borde la ficción. Compilación de textos*, op. cit, pp. 97-100. Ver también "Dentro de los cubanos" de Antonio José Ponte en *El libro perdido de los originistas*, Sevilla, Renacimiento, 2004, pp. 54-56. Ponte considera que estas páginas "lamentables" de Vitier sobre Piñera tienen su punto de partida en la aparición de la revista *Ciclón*. Jesús Jambrina dedica el capítulo "Un diálogo feroz en la década de los cuarenta" de su libro a esta diatriba ver *Virgilio Piñera: poesía, nación y diferencias*, Madrid, Verbum, 2012, pp. 103-139. Como podemos ver más adelante en este trabajo, la primicia de las críticas a la literatura de Piñera, la tiene Gastón Baquero.

253 "Escribir simplemente es un oficio como otro cualquiera; en cambio, escribirse uno, he ahí el secreto". Citado en Carlos Espinosa, *Virgilio Piñera en persona*, ob. cit., parte V "El artista, en su puesto (1941-1946)", p. 94.

254 Ibid, p. 39.

255 "Una encuesta de Lunes", *Lunes de Revolución*, n° 64, 20 de junio de 1960, pp. 2-6. En esta lista aparecen las *Memorias* de Saint-Simon, *Las almas muertas* de Nikolai Gogol, *Dombrey e hijo* de Charles Dickens, *Comentarios reales* del Inca Garcilaso de la Vega, *Les Fleurs du mal* de Baudelaire, *Estravagario* de Pablo Neruda, *América* de Franz Kafka, *En busca del tiempo perdido* de Marcel Proust, *Moby Dick* de Herman Melville y *Vida del buscón* de Francisco Quevedo. Sobre Piñera y Baudelaire ver en este volumen, el artículo de Gerardo Fernández Fe, "Una belleza siniestra y fría".

1943 de *Nadie parecía*,[256] revista a la cual, como es sabido, él no se integra después de la desaparición de *Espuela de plata* (1939-1941) y del "turbio *affaire*".[257] En la carta con la cual envía de manera provocadora Virgilio a *Nadie parecía* el primer número de su revista *Poeta* (solo dos apariciones, noviembre de 1942 y mayo de 1943), pide le hagan llegar los dos primeros números de la nueva revista: "Ruego los dos números de *Nadie Parecía*. No los tengo".[258] Virgilio tampoco puede ignorar que Lezama ha traducido de Proust tres de sus poemas a pintores.[259] En todo caso consta que Lezama tenía en su biblioteca francesa tanto la primera edición de 1924 de *Les plaisirs et les jours* de

---

[256] "El jardinero católico Le Nôtre" (Fragmento de Mémoires de Saint-Simon), traducción del francés de José Lezama Lima, *Nadie parecía*, n° 9, noviembre de 1943, p. 106. Para conocer las relaciones de Lezama con la literatura francesa y la traducción de esta lengua ver el capítulo "Lezama Lima, un francophile à La Havane" en el libro de Thomas Barège, *La pensée figurative du monde. Marcel Proust et José Lezama Lima*, Paris, Classiques Garnier, 2021, pp. 35-86. Enumero todas las traducciones de Lezama al francés en mi ensayo, "El deseo del viaje. La traducción de la literatura francesa en *Orígenes* y *Sur*", en Roland Béhar, Gersende Camenen (eds), *Scènes de la traduction France-Argentine*, Paris, éditions rue d'Ulm, 2020, pp. 117-146, y en mi libro, *Nubes Talladas. Formas de la imaginación en la literatura cubana contemporánea*, 1959-2019, Madrid, Verbum, 2021, pp. 151-187.

[257] Carta de Piñera a Lezama Lima el 2 de mayo de 1941: "Distinguido amigo, habiendo concluido el turbio affaire de *Espuela de Plata* (de orígenes personales no intelectuales o del espíritu) comienzo yo mi carta". Piñera se refiere a la polémica que él provocara por la inclusión del sacerdote Ángel Gaztelu en la redacción de la revista, *Virgilio Piñera, de vuelta y vuelta. Correspondencia 1932-1978*, Edición del centenario, Patrica Semidey Rodríguez (ed.), Ediciones Unión, 2011, pp. 31-32.

[258] *Virgilio Piñera, de vuelta y vuelta. Correspondencia 1932-1978*, ob. cit., p. 42.

[259] "Retratos de pintores: Alberto Guyp, Antoine Watteau, Antoine Van Dyck", Marcel Proust, traducción de José Lezama Lima, *Nadie parecía*, n°. VII, marzo-abril, 1943, p. 92. Estos poemas fueron escritos por Proust después de visitar *Le Louvre* con el conde Robert de Billy (1869-1953) diplomático amigo de Proust, y aparecieron en *Le Gaulois* el 21 de junio de 1895 por primera vez, antes de figurar en *Portrais de peintres. Pièces pour piano d'après les poésies de Marcel Proust*, Paris, Au Ménestrel, Heugel cie, 1896, con música del venezolano y amante de Proust, Reynaldo Hahn (1874-1947). Finalmente, esos poemas a pintores forman parte de "Portraits de peintres et de musiciens", en *Les plaisirs et les jours*, Paris, Gallimard, 1924, pp. 129-134.

Proust[260] donde están los poemas que él tradujera, como una edición de 1884 de las *Mémoires* de Saint-Simon.[261]

Dejando de lado la hipótesis del camino lezamiano de Piñera a Proust y a Saint-Simon, se puede suponer que el descubrimiento de Saint-Simon le llega a través de su lectura de Proust. Swann disfruta a través de Saint-Simon el testimonio de la vida social del Versalles de Luis XIV, y con esto completa la visión que tenía Proust del snob.[262] Un esnobismo que Piñera quiere graciosamente asumir al releer y citar a Saint-Simon, como una manera de *épater* a los interlocutores de esa provincia que para él es América Latina.[263]

Podría especularse incluso que la lectura de Proust también es el punto de partida de la atracción de Piñera por Baudelaire, de quien su escritura se siente más cercano y de quien él tradujera la totalidad de *Les Fleurs du mal*.[264] Como es sabido, Proust veneraba en Baudelaire su vocación por el arte como exaltación y justificación de una vida. En un pasaje decisivo de *Le Temps retrouvé,* al exponer su teoría sobre la memoria involuntaria que lo conduce a descubrir su vocación de escritor, el narrador reconoce que la búsqueda de asociaciones sensitivas del poeta Baudelaire es un antecedente decisivo para el hallazgo central de Á la *recherche du temps perdu*.[265] Sin embargo, como aclara

---

[260] Carmen Suárez León, *Biblioteca francesa de José Lezama Lima. Bibliografía*, La Habana, Centro de Investigación y Desarrollo de la Cultura Juan Marinello, 2003, p. 46. Consta en ese registro que Lezama poseía una edición en español, traducida por Marcelo Menasché y editada en 1947 en Buenos Aires por Santiago Rueda, ob. cit., p. 47.

[261] Ibid.,p. 15.

[262] Jean Rousset, "Proust-Saint-Simon", *Forme et signification*, Paris, José Corti, 2000, pp. 154-156.

[263] Ver "Posición actual de las letras americanas", *Virgilio Piñera la borde de la ficción*, ob. cit., pp. 141-147.

[264] "También de legendaria resulta la traducción de Piñera de las *Flores del mal* de Charles Baudelaire, regalada a Lezama en la última y definitiva reconciliación de la amistad entre ambos escritores ; sin embargo, dicha traducción desapareció de la papelería de Lezama Lima y se desconoce su destino", David Leyva, "Piñera traductor", *Órbita de Virgilio Piñera*, David Leyva (ed.), Ediciones Unión, 2011, p. 342. Ver la entrevista a Abilio Estévez en este volumen.

[265] Hélène Montjean, "Baudelaire/Proust. Le passé recomposé", *Baudelaire. Le spleen de la modernité*, *Le Figaro* Hors-Série, novembre 2021, pp. 59-61.

Georges Poulet en su libro *La poésie éclatée* dedicado a Baudelaire y a Rimbaud, el tiempo no es percibido en Baudelaire como en Proust quien busca en el recuerdo una esencia intemporal.[266] En Baudelaire, el pasado es el tiempo de la infancia, un ser bárbaro cercano al pecado original y a la naturaleza, y al don de la percepción infantil. No es relevante el olvido como pérdida en Baudelaire, sino la imaginación que remplaza una pérdida, que logra transfigurar un infierno en paraíso, y una flor en la belleza del mal donde él está obligado a vivir. Roberto Calasso va más lejos e integra a Proust a "la ola Baudelaire", lo hace formar parte de lo que nombra *La folie Baudelaire*. El argumento principal de Calasso es la coincidencia de Proust y Baudelaire en "la subordinación de la sensibilidad a la verdad".[267] Este mérito que Calasso atribuye a Baudelaire y que revive Proust, no es ajeno a la visión estética y ética de Piñera, a las exigencias que se impuso el escritor cubano a lo largo de su vida como uno de los fundamentos más persistentes del "único tema" que le interesa, la "teoría de las destrucciones".[268]

Leyendo a Piñera uno percibe que sus simpatías por Baudelaire revelan le intención consciente de una afinidad. De esta manera, al parafrasear en 1944 las palabras introductoras de Théophile Gautier a *Les Fleurs du mal*, Piñera parece describirse a sí mismo al escribir:

---

[266] Georges Poulet, *La Poésie éclatée*, Paris, PUF, 1980, p. 39.

[267] Cito por la edición francesa. Roberto Calasso, *La folie Baudelaire*, Paris, Gallimard, 2011, p. 43. Calasso piensa que la gran diferencia entre Proust y Baudelaire viene de la prioridad a la composición en el caso del primero: "La línea de discriminación entre Baudelaire y Proust reside en la composición. Proust observa que Baudelaire procede 'con las certezas de la ejecución en el detalle y con incertitudes en el plan'. Aparte algunas excepciones grandiosas (*El cisne*, *El viaje*), no hay poema de Baudelaire que en toda su extensión se caracterice por una sabia composición". (Todas las traducciones del francés son mías).

[268] *Virgilio Piñera, de vuelta y vuelta. Correspondencia 1932-1978*, ob. cit., p. 36. Se trata de una carta enviada a Lezama el 16 de julio de 1941: "Advierte que en *Las Furias* hay dos 'momentos' que expresan dos 'movimientos'. Se pide al amor su goce, pero viene enseguida el tema de la indecisión. Inmediatamente se solicita a las furias este mismo goce, pero también se teme la satisfacción, la felicidad del goce prometido. Es, si tú quieres, el tema de *El Conflicto*; el único tema que me interesa; es mi teoría de las destrucciones…". El ensayo "La destrucción" fue publicado en *La Gaceta de Cuba*, septiembre-octubre de 2001 como parte de "Mucho Virgilio" coordinado por Jesús Jambrina quien aclara que no es posible precisar su fecha.

"[...] lo que proféticamente decía Gautier de Baudelaire en el prefacio a *Las Flores del mal*: 'un joven que se preparaba lentamente en la sombra'".[269] En otra ocasión, al escribir una breve nota por el centenario de Baudelaire, opina "Tenía una especial predilección por 'aterrar' a los simples de espíritu"[270]. Uno termina por creer que hay algo en el autor de *La isla en peso* de ese "Narciso fatal" que Starobinski describe en su libro *L'encre de la mélancolie* dedicado a Baudelaire.[271]

> Necesito las Furias
> –flor de ira ladrando entre las tumbas.
> Cruel Narciso,
> Necesito las Furias desatadas.[272]

En otras palabras, es evidente que el Virgilio cubano no puede obviar a Baudelaire en su própio proyecto estético, si entendemos así su insistencia por provocar una ruptura con el romanticismo, el realismo y el barroco, las tres escuelas principales con las que identifica a la escritura literaria cubana y con los escritores contemporáneos a él en la isla. Mirando bien, son el clasicismo, la modernidad, y los escritores franceses contemporáneos suyos las tres referencias privilegiadas en los estantes de su biblioteca francesa, a la que volverá Piñera, una y otra vez, en su escritura íntima, en su prosa periodística y en sus

---

[269] La cita exacta en francés del "Préface" de Gautier a *Les fleurs du mal* es la siguiente: "Charles Baudelaire était encore un talent inédit, se préparant dans l'ombre pour la lumière" [Charles Baudelaire era entonces un talento inédito que se preparaba en la sombra para salir a la luz]. Piñera retoma la frase de Gautier en "La exposición de Osvaldo. Diálogo imaginario con Osvaldo", *Magazine de Hoy*, La Habana, 3 de diciembre de 1944, pp. 1-4. Se trata de las palabras a una exposición del pintor Osvaldo Gutiérrez (1917-1997) que tuvo lugar en el Lyceum el 15 de noviembre de ese año. Ver *Virgilio Piñera al borde la ficción. Compilación de textos*, ob. cit., Tomo 1, p. 95.

[270] "Charles Baudelaire 1821-1867", *Boletín de la Comisión Cubana de la Unesco*, año VI, n° 20, sept-oct, 1967, p. 23. Citado en *Virgilio Piñera al borde la ficción. Compilación de textos*, ob. cit., Tomo 2, pp. 623-624.

[271] Jean Starobinski, *L'encre de la mélancolie*, Paris, Gallimard, 2015.

[272] Virgilio Piñera, "Las Furias", *La isla en peso*. Edición del centenario, La Habana, Unión, 2012, p. 17.

ensayos. Las páginas que siguen son un intento por determinar las fuentes y el uso de esta biblioteca a través de la interpretación de la subjetividad de este escritor cubano, y su presencia en la prosa crítica y epistolar que se sirve muchas veces de la cultura francesa para formular sus argumentos.

Justo es señalar que el Virgilio que escribe este prólogo a Proust en 1964 ya ha visto publicado su *Teatro Completo,* y goza del reconocimiento intelectual y social de la república letrada cubana, incluso de la generación de *Lunes de Revolución*, para la cual él se ha convertido en una referencia. Virgilio Piñera cree ya superadas sus "horcas caudinas", de los períodos anteriores a la revolución, sin sospechar la muerte civil a la que será condenado por el gobierno cubano y sus instituciones en la década de los 70, después del Caso Padilla.

## Este lado cristal de la persona[273]

En su ensayo "Newton huye avergonzado", Rafael Rojas describe la irrupción en 1941 de Virgilio Piñera en la historia literaria cubana:

> Virgilio Piñera hace su entrada en la poesía con *Las furias* (1941), una desesperada invocación de aquellas diosas infernales, donde se habla de la "rabia amarilla" que "teje su tela"/entre grasientos peces sin memoria/dividiendo las aguas no calladas". Aquí, el tejido del tiempo no es obra de la paciencia, como en Lezama, sino de la crueldad y la rabia [...] Así, desde su aparición en las letras cubanas, Piñera se identifica con un espíritu dionisiaco, con una escritura maldita, que espantará a los poetas católicos de *Orígenes*. Desde *Las furias*, sus referencias se ubican en ese desencanto de la divinidad moderna, más acá de Nietzsche.[274]

En propias palabras de Piñera, él poco a poco fue preparándose en esos años para asumir "el papel de lobo feroz" de la literatura cubana.[275] Y si bien su "primer mordisco" le valió salir de la revista *Espue-*

[273] Primer verso de "Las Furias", poema del libro homónimo publicado por *Espuela de Plata* en 1941.

[274] Rafael Rojas, "Newton huye avergonzado", ob. cit,. p. 328.

[275] Virgilio Piñera, "Cada cosa en su lugar", *Lunes de revolución*, n° 39, 14 de diciembre de 1959, p. 11.

*la de Plata* como él mismo reconoce[276], es de sobras conocido que la publicación de *La isla en peso* provocó en el panteón literario cubana la "reacción airada" a la que se refiere Carlos M. Luis, quien compara las repercusiones de este poemario con las provocadas por el libro *Howl* de Allan Ginsberg en la literatura norteamericana.[277]Digamos que hay un antes y un después en la leyenda negra de Piñera en la literatura cubana con la publicación el 23 de noviembre de 1943 de *La isla en peso*.

Probablemente sea este momento, quiero decir, la década del 40 el período de máximo esplendor de la cultura cubana en el siglo XX. Cuatro factores parecen conjugarse para este apogeo de las artes: la estabilidad de sucesivos gobiernos democráticos –a pesar de sus criticadas deficiencias– entre 1940 y 1952; los debates sobre la identidad nacional y la publicación de obras clásicas sobre el tema, así como una confluencia de corrientes de pensamientos foráneos y locales en infinitud de publicaciones y medios de difusión, muchas veces representadas por artistas cubanos que huían de la Europa en guerra o regresaban de exilios pasajeros.[278] Jorge Mañach, Juan Marinello, Alejo Carpentier, Alicia Alonso, Joaquín Nin, Wifredo Lam, Lydia Cabrera, Raúl Roa y Félix Pita Rodríguez son algunos ejemplos. Entre los extranjeros vale mencionar además de los escritores españoles Juan Ramón Jiménez y María Zambrano, el paso por la isla en ese período de Ernest Hemingway, los directores de orquesta Leopold Stokowski, Massimo Freccia, y Erich Kleiber, el compositor Aaron Copland, los pianistas franceses Robert Casadesus y Emma Boynet, el grupo de teatro del también francés Louis Jouvet, una lista interminable de artistas que se asombran ante la efervescencia de La Habana.

> El período 1940-1950 estuvo lejos de constituir una etapa de paz y prosperidad general para todos los cubanos. Mas sí puede afirmarse que estuvo

[276] Ibid.

[277] Carlos M. Luis, "Virgilio Piñera entra en escena", *El oficio de la mirada*, Miami, Ediciones Universal, 1998, p. 20.

[278] Ver Carlos Manuel Rodríguez Arechavaleta, *La democracia republicana en Cuba, 1940-1952. Actores, reglas y estrategias electorales*, Fondo de Cultura Económica, 2017.

> libre de las hondas convulsiones políticas y sociales de sus períodos inmediatamente anteriores y posteriores. Aquel estado de relativa calma y de mediana estabilidad repercutió favorablemente en nuestra cultura y diversos son los indicadores que así lo demuestran.[279]

De solo recordar que en 1940 se aprueba y entra en vigor la nueva Constitución que llevará el nombre de ese año, que Fernando Ortíz publica su *Contrapunteo cubano del tabaco y del azúcar* al mismo tiempo que prologa los *Cuentos negros de Cuba* de Lydia Cabrera, y que Joseíto Fernández canta por primera vez *La Guantanamera*, se pueden comprender las formas culminantes que alcanzan tanto las reflexiones sobre la identidad nacional, como la cultura insular y el nuevo orden constitucional de la joven república.

Muchos años después, en 1967, al pasar revista a esta época, Piñera es excesivamente crítico al definir la situación del escritor en esa década de los 40. En una curiosa descripción moral de la política y de la psicología social imperante en ese período, Piñera escribe:

> Hacia el mencionado año 1940 la República atravesaba uno de los períodos de mayor descomposición moral. La ley general era la del más fuerte, la del que tenía mayores influencias, las palancas más decisivas para la obtención de sus nada confesables fines. El agio, la especulación, el peculado, el nepotismo, las "botellas", el amiguismo, la guapería (que, subiendo de punto y color, llegó al asesinato organizado, recuérdese las pandillas) eran monedas de uso frecuente. En una sociedad dividida en clases altas y bajas, en donde las altas sofocan a las bajas, la comunicación entre los seres humanos es meramente mecánica; no hay modo de entenderse en tal sociedad. Esta era la nuestra, tan egoísta que llegó a acuñar una frase tan siniestra: "quítate tú para ponerme yo". En este quitar a uno para poner a otro se iba formando todo un ejército de "quitados", con el escritor ocupando el extremo de la cola. Aunque, situado en escala tan baja, tenía que elegir entre dar el salto hacia la clase corrompida, con pérdida de su honestidad de escritor, o encerrarse en sí mismo para preservar dicha dignidad. Cualquiera de estas dos soluciones era mala. La primera lo destruiría en tanto que escritor; la segunda lo salvaría a

[279] Jorge Domingo Cuadriello, *Una mirada a la vida intelectual cubana 1940-1950*, Sevilla, Renacimiento, 2007, p. 11.

> medias, es decir, le permitiría escribir, pero su obra se iba a resentir a causa de su espléndido aislamiento.[280]

Con respecto al año 1943, año de la publicación de *La isla en peso*, vale remitirse al *Anuario Cultural de Cuba*[281] dirigido por Francisco Ichaso donde aparecen los ensayos del crítico de arte franco-cubano Guy Pérez Cisneros sobre la pintura y la escultura, y el del poeta Gastón Baquero sobre la literatura cubana del momento. Dos observaciones aparecen aquí que guardan relación con las circunstancias en las cuales Piñera entra en contacto con la literatura en francés, y las formas que ese contacto toman en su imaginario y en su escritura. Después de disertar sobre "el nacionalismo en el arte", un tema de actualidad en ese 1943, Pérez Cisneros en una apostilla titulada "El país y la época" escribe:

> *El arte de los cubanos* de 1943, (ya que hemos desechado 'arte en Cuba' y 'arte cubano') es expresión que me place por su plural; este arte nos aparece marcado en su esencia, más que por la longitud y la latitud, por la señal de los tiempos que es evidentemente, para la escultura y la pintura: internacionalismo y enciclopedismo. Ya Schiller afirmó que se es ciudadano de su tiempo tanto como de su Estado. Diré que, precisamente en este siglo, toda cultura se siente más hija de la época que del país.[282]

Es en medio de estas confluencias culturales y cuestionamientos sobre la identidad que el joven Virgilio en 1937 llega a La Habana y comienza a escribir y a publicar en la capital[283] con esa "sed de alari-

---

[280] Virgilio Piñera, "Notas sobre el teatro cubano", *Unión*, VI, n° 2, abril-junio de 1967, pp. 130-142. También en *Virgilio Piñera al borde de la ficción Compilación de textos*, ob. cit., p. 612.

[281] *Anuario Cultural de Cuba 1943*, Francisco Ichaso (director), Dirección General de Relaciones Culturales, La Habana, 1944.

[282] Guy Pérez Cisneros, "Pintura y escultura en 1943", *Las estrategias de un crítico. Antología de la crítica de arte*, La Habana, Letras Cubanas, 2000, p. 183. También en el *Anuario Cultural de Cuba 1943*, ob. cit.

[283] Para consultar en detalles la actividad literaria de Piñera en Camagüey, antes de llegar a La Habana, ver Gema Areta Marigó, "Opciones de Piñera", Virgilio Piñera, *Poesía*, Madrid, Verbum, 2018, pp. 9-62.

dos" que mencionara en su poema "El grito mudo" antologado ese año por Juan Ramón Jiménez en *La poesía cubana en 1936*.[284]

Vale indicar que Duanel Díaz en un capítulo dedicado a Piñera de su libro *Los límites del origenismo* sugiere que Pérez Cisneros, en un artículo aparecido en *Grafos* en 1944, al identificarse más con una "isla Atlántica", defiende una idea del cosmopolitismo que se opone o rechaza al "tropicalismo africano" y critica en este sentido no solo a Lam sino también al Virgilio de *La isla en peso*.[285] El pintor Mariano Rodríguez en 1968 –citado por Mario Benedetti– llegó a decir que "Lam, que es un pintor notable, incorporó a su obra un tema negro (significativamente vodú y no yorubá); quizás pueda decirse que es antillano, pero no específicamente cubano".[286]

Entre los múltiples ángulos desde los que puede ser leído el poema de Piñera, uno de los más precisos desde el punto de vista de sus fuentes es el de sus puntos en común con *Cahiers d'un retour au pays natal* (1939) del poeta martiniqueño Aimé Césaire.[287] Me sirvo de esta observación como punto de partida para precisar la primera de las intenciones de estas páginas, el contacto y el uso de la lengua y la cultura

[284] Juan Ramón Jiménez, *La poesía cubana en 1936*, Javier Fornieles Ten (éd), Sevilla, Renacimiento, 2008, p. 211.

[285] Duanel Díaz, *Los límites del origenismo*, ob. cit., p. 160. "Hay así una Cuba de Martí y una Cuba de Casal. Europa interviene mucho o poco en la visión. Si no interviniera no sería una Antilla, una Antilla en el Caribe. Nuestro arte ha rehuido esa ubicación. Ha filtrado la luz del sol con las frondas del campo; la ha tamizado con las lucetas de las casas. El pulular tropical y frenético no es nuestro de veras. Hemos desnutrido el febril pulular de un tropicalismo africano y no español; no nos encontrarán de veras los que nos buscan en el frenesí. Lo que sí debemos hacer es abrir un poco más los ojos, mucho tiempo semi-cerrados en penumbras", Guy Pérez Cisneros, "Luces de Cuba: en torno a la pintura cubana", *Grafos*, n. 120, año X, abril mayo de 1944, p. 31, en *Las estrategias de un crítico. Antología de la crítica de arte*, ob. cit., p. 223.

[286] Mario Benedetti, "Situacion actual de la cultura cubana", *Marcha*, n° 14, 31 de diciembre de 1968, en Ignasi Riera (ed.), *Literatura y arte nuevo en Cuba*, Barcelona Editorial LAIA, 1977, p. 12. Citado por Ernesto Menéndez-Conde, *Trazos en los márgenes. Arte abstracto e ideologías estéticas en Cuba*, T. I, Dador Ediciones, 2019, p. 118.

[287] Un fragmento del poema se publicó en la revista parisina *Volontés*, n° 20 de 1939. Fue en la revista *Tropiques* editada en Martinica –y que Breton y Lam descubrieron al desembarcar allí– en el primer número de 1941 que se publicó completo.

francesas en la escritura piñeriana. Según testimonio de su hermana Luisa, desde la época en que el joven Piñera vivía en Camagüey y antes de ir en 1937 a La Habana, ya tomaba cursos de francés.[288] No resulta raro percibir desde las primeras críticas que Piñera publicara en La Habana, las referencias a la cultura y la historia francesas, así como un amplio repertorio de galicismos. Por no citar que un ejemplo, desde su primera crítica publicada en *Espuela de Plata* en 1941 sobre la poesía de Lezama y de Ballagas, Piñera se apoya en la obra de Valéry para su análisis.[289] Valéry volverá a ser una referencia piñeriana en artículos de la época como en "De la contemplación" publicado en *Clavideño* en 1942[290] y en el ensayo "Erística sobre Valéry", en el primer número de su célebre y breve revista *Poeta* en noviembre de 1942.[291]

Se puede considerar que la necesidad para Piñera de integrar otras tradiciones literarias a su formación (en este caso la francesa y más tarde la argentina), se justifica por su propia visión desacralizada de su isla natal. Su rechazo a exaltar una ontología insular por la escritura con el objetivo de definir una supuesta identidad de su cultura, desvían su expresión a zonas menos afirmativas de valores morales y espirituales, y al extranjero. El gesto mediante el cual Piñera se apropia de referencias de la cultura francesa y se sirve de galicismos, tiene menos de exotismo –incluso de esnobismo– que de un deseo de desviarse de referencias mayoritariamente españolas, que por lógica son las más presentes en la escritura literaria cubana de la época y del grupo *Orígenes*. En su ensayo "Posición actual de las letras americanas" de 1953 se puede leer: "Ese insistente *dictum* de Menéndez y

---

[288] "Virgilio tuvo en Camagüey muchas amistades, pero uno de sus amigos íntimos fue Felipe Balbis. Manuel, así se llamaba el padre de Felipe, fue el primero que nos enseñó francés a mi hermano y a mí. Era ingeniero, un hombre preparadísimo, y vino a Camagüey a instalar la primera planta de oxígeno que tuvo la ciudad. Luego seguimos recibiendo clases de su hermana Mariana, la condesa de Saint Buy, como le decíamos. Estuvo casada con un francés y admiraba de manera ferviente a Napoleón", Carlos Espinosa, *Virgilio Piñera en persona*, ob. cit., pp. 64-65.

[289] "Dos poetas, dos modos de poesía", *Espuela de Plata*, agosto de 1941, pp. 16-19.

[290] "De la contemplación", *Clavileño*, n° 3, octubre de 1942, p. 8.

[291] "Erística sobre Valéry", *Poeta*, n° 1, noviembre de 1942, p. 7.

Pelayo: 'la literatura hispanoamericana es un capítulo de la literatura española', ha pasado a ser una pieza de museo".[292] Esta idea es la base de la percepción crítica de Piñera sobre la literatura española y sus relaciones con la de Latinoamérica.

La visión de Piñera de la literatura y de su sociabilidad incluye un rasgo de su carácter con frecuencia citado en los testimonios sobre el escritor: el deseo de provocar, de molestar al interlocutor. Sus conocimientos del francés y de la cultura francesa, los pone a veces en función de estas intenciones como el mismo llegara a confesarlo:

> La audacia era cosa más seria. Campeón de audacia significaba que ya se tenía reputación de talentoso y, lo que es más, de sensible. Entonces uno se adormecía en los laureles de la fama: era consultado, envidiado y respetado. Fue la palabra *esprit* la que me hizo pasar, en los corrillos universitarios, por hombre de gran talento. Por esa época desconocía los principios más elementales de la lengua francesa; era de los que pronunciaba *Fontainablau* y *Rochefucaul*; me habría sido imposible descifrar pasajes tan simples como *Au temps du Grand Roi*...Sin embargo, bastó que dijera en una acalorada discusión que sosteníamos sobre la naturaleza humana la palabra *esprit* para ser tomado por un intelectual de gran nombradía. En un momento dado levanté ambas manos, miré vagamente a los compañeros, y dije: "Lo importante es tener *esprit*". "Todos enmudecieron y el asombro se pintaba en las caras, pero yo, sin dejar que se recobraran, volví a decir: "-Sí, en efecto, lo que importa es tener *esprit*". Era una batalla ganada; sus efectos se dejarían sentir muy en breve.[293]

Por su parte, en su ensayo sobre la literatura publicada en Cuba en 1943, Baquero es el primero en establecer un paralelo entre la escritura de Piñera y la literatura francesa, en este caso del surrealismo, al describir el tono y el punto de vista de la revista *Poeta*. Al mismo tiempo que recuerda que la revista de Virgilio fue la primera en dar a conocer una traducción al español del martiniqués Césaire.[294] Sin

---

[292] Virgilio Piñera, "Posición actual de las letras Americanas", América, vol. XL, n° 1, La Habana, julio de 1953, pp. 60-64. También en *Virgilio Piñera al borde de la ficción Compilación de textos*, ob. cit., p. 141.

[293] Virgilio Piñera, "De mi autobiografía 'La vida tal cual'", *Lunes de Revolución*, n° 100, 27 de marzo de 1961, p. 47.

[294] "Y aunque se aparta de lo religioso, de lo católico, deliberadamente, y busca la proximidad con movimientos como el de los surrealistas franceses fué [*sic*] la

embargo Baquero, al comentar *La isla en peso*, no solo critica la manera de representar lo cubano sino que lo atribuye a una apropiación deliberada y fallida del *Cahier d'un retours au pays natal*: "Esta Isla que Virgilio Piñera ha levantado en el marco de unos versos inteligentes, audaces, a veces deliberadamente llamativos y escabrosos, en desconexión absoluta con el *tono* cubano de expresión, es Isla de una antillanía y de una martiniquería que no nos expresan, que no nos pertenecen".[295]Radica aquí el fundamento esencial de las críticas de Cintio Vitier a *La isla en peso*.

En un diálogo con Rolando Sánchez Mejías en 1990 Cintio Vitier vuelve a exponer los argumentos por los cuales criticó el poema de Piñera:

> La isla en peso no me gustó porque recordaba demasiado el *Retorno al país natal* de Aimé Césaire, recién traducido entonces por Lydia Cabrera, aunque Virgilio seguramente lo leyó también en francés, y porque me parecía, y me parece, una versión pre-fabricada, programada, inauténtica, de Cuba. Es obvio que Virgilio quiso escribir –y de una vez por todas, lo cual siempre es peligroso– el definitivo poema anti-idílico y anti-utópico de la Isla, pero

---

primera publicación cubana que dió [*sic* a conocer a Aimé Cesaire, el poeta martiniquense (*sic*) difundido en la revista VVV, de Bretón aún en su misma agresividad e impresión de convulsionismo, (*sic*) esta revista es magnífica prueba también de cuan (*sic*) difícil resulta la expresión espiritual entre nosotros actualmente. Lo que las otras quieren resolver por la simple obra, más o menos intensa, *Poeta* quiere resolverlo, resolverlo de un golpe, por la polémica, por el tambalearse de obra y personas, por el terremoto que subvierta las capas terrestres y ponga las entrañas sobre la superficie", Gastón Baquero, "Tendencias de nuestra literatura", *Anuario Cultural de Cuba 1943*, ob. cit., p. 273.

[295] Ibid., pp. 278-279. Muchos años después, en 1959, y en respuesta a Heberto Padilla quien insinuaba cierta complacencia de Virgilio hacia la literatura de Lezama, Piñera rememora la recepción de *La isla en peso*: "En 1943, y como la poesía lujosa y verbalista me daba náuseas, como veía que todo paraba en moarés, sistros y nieve (por otra parte, que nunca cae en Cuba), escribí La isla en peso. Recuerdo que antes de su publicación ofrecí una lectura en casa de Vitier. Hubo consternación general. 'Hay sífilis en tu poema, y esto no me gusta', me dijo Cintio. Por su parte, Baquero, en el Anuario Cultural del Ministerio de Estado, me enfiló los cañones", "Cada cosa en su lugar", *Lunes de Revolución*, n° 39, 14 de diciembre de 1959, p. 12. También en *Virgilio Piñera al borde la ficción. Compilación de textos*, ob. cit., Tomo 2, pp. 390-397. Ver: https://rialta.org/virgilio-pinera-cada-cosa-en-su-lugar/

> también el infierno de la poesía está empedrado de buenas o malas intenciones que no conducen ni siquiera a la poesía del infierno sino a su simulacro. Para mí es un poema estructuralmente falso, aunque los chispazos del talento de Virgilio pueden animar la escenografía retórica. (¡La anti-retórica es tan deudora de la retórica!)[296]

Un testimonio poco conocido –quizás por haber sido publicado en francés– del pintor y coleccionista alemán Robert Altmann (1915-2017) exilado en Cuba entre 1941 y 1949, recrea este momento del encuentro de Virgilio Piñera con la obra de Césaire. Altmann confirma no solo que Piñera "parlait assez bien français", sino también que se informaba entre los franceses y alemanes exilados en Cuba debido a la guerra, de las tendencias artística europeas, y sobre todo del surrealismo. Es esa época, comenta Altmann, Piñera hablaba de su escritura de "La isla en peso", "un largo poema sobre la insularidad y sus limitaciones para la expresión artística". Fue el célebre galerista francés Pierre Loeb, primero en exponer a Lam en París en 1939, y exilado en Cuba, quien lleva a Piñera a casa de Wifredo Lam en Marianao donde él vivía con su esposa Helena Holzer[297], y donde se reunían, entre otros, Lydia Cabrera y Fernando Ortíz.

> Virgilio put ainsi participer à des discussions de très grand intérêt, Lam ayant maintenu ses relations avec les surréalistes installés au Mexique, en Haïti et à New York. Le contact avec Lam permit à Virgilio de se sentir informé sur les tout derniers courants artistiques et littéraires en Europe et en Amérique jusqu'au départ du peintre après la guerre. C'est chez Lam qu'il connut l'oeuvre d'Aimé Césaire, dont les *Cahiers d'une retour au país natal* sont à l'origine de "La isla en peso". Lydia Cabrera publia à La Havane la traduction espagnole du poème de Césaire illustré par Lam. Césaire commençait donc à être connu d'un certain nombre d'artistes cubains.[298]

---

[296] Cintio Vitier, "Respuestas y silencios. (Diálogo con Rolando Sánchez Mejías)" en *Obras I Poética*, La Habana, Letras Cubanas, 1997, pp. 260-261. Publicado originalmente con otro título "Lo que he escrito, escrito está", *Unión*, octubre-diciembre, 1992. Citado por Duanel Díaz, *Los límites del origenismo*, ob. cit., pp. 128-129.

[297] Ver Helena Benitez, *Wifredo Lam and Helena: My life with Wifredo Lam, 1939-1950*, Acatos, 1999.

[298] "Virgilio pudo participar de esta manera en discusiones muy interesantes porque Lam había mantenido relaciones con los surrealistas instalados en México, en Haití y en Nueva York. El contacto con Lam permitió a Virgilio estar al tanto sobre

El joven Piñera que comienza a insistir por diferenciarse y oponerse a las corrientes y publicaciones literarias nacionales que le son contemporáneas no olvidar que el primer número de su polémica revista *Poeta* –sale a la luz en noviembre de 1942–, no deja de mirar al extranjero y sobre todo a Francia.[299] En ese doble movimiento de su consciencia, no resulta insólito que Piñera se muestre curioso ante un Wifredo Lam acabado de llegar de Europa a La Habana en julio de 1941, año de publicación de *Las Furias*, el primer libro de Piñera. En un artículo publicado en mayo de 1944 dedicado a la pintura moderna cubana, Piñera escribe:

> [...] hay un dato, un testimonio que es preciso tener muy en cuenta, pues el mismo resulta la mayor significación histórica y artística. Este dato, este testimonio, es la presencia entre los pintores cubanos de Wifredo Lam. Para dar una idea de la importancia de "esta llegada" baste decir que ella sola ha

---

las últimas corrientes artísticas y literaria de Europa y de América hasta la partida del pintor después de la guerra. Es en casa de Lam que él conoce la obra de Aimé Césaire de la cual los *Cuadernos de un regreso al país natal* inspiran "La isla en peso". Lydia Cabrera publicó en La Habana la traducción española del poema de Césaire ilustrado por Lam. Césaire comenzaba a ser conocido por un cierto número de artistas cubanos", Robert Altmann, "Evocation de Virgilio", *Caravelle*, n°. 80, 2003, pp. 233-236: https://www.persee.fr/doc/carav_1147-6753_2003_num_80_1_1426 Ver en esta misma revista la recepción en francés de Christoph Singler del libro de Helena Benitez, escrito en inglés y de las memorias en alemán de Altmann ; "Helena Benítez, *Wifredo and Helena. My Life with Wifredo Lam* 1939-1950 Robert Altmann, *Memoiren*", *Caravelle*, n°. 79, 2002, pp. 301-304: https://www.persee.fr/doc/carav_1147-6753_2002_num_79_1_1393_t1_0301_0000_1

[299] Desde su primer texto crítico publicado en La Habana –una reseña sobre el poemario de Emilio Ballagas *Sabor eterno* de 1939– del 19 de diciembre de 1939, Piñera cita a un escritor francófono, el suizo Denis de Rougemont (1906-1985), "En torno a *Sabor eterno* de Ballagas", *Acción*, época II, año I, La Habana, p. 12. Resulta curioso que Piñera comente un artículo de Denis de Rougemont ("Mystère de la visión") fragmento del "Traité de la vision physionomique du monde, Hermès", Bruxelles-Paris, n° 4, mars 1935, pp. 42-54. https://oeuvres.unige.ch/ddrlab/doc.jsp?q=aux&id=ddr193503herm. Esto muestra no solo que Piñera está al tanto de la actualidad intelectual francesas sino también que lee revistas además de libros. Sobre Denis de Rougemont ver *Denis de Rougemont entre littérature théologie et politique*, Alain Corbellari, Nicolas Stenger (édts), Université de Lausanne, 2019: https://journals.openedition.org/edl/pdf/1794

> movido realmente el medio plástico más de lo que hicieran reunidos los siguientes acontecimientos de los últimos tres años. La gran exposición de pintura cubano-norteamericana con motivo de las Conferencias de Cooperación Intelectual; los juicios de ciertos europeos ilustres (por ejemplo, Focillon) sobre nuestra pintura moderna; la visita del director del Museo de Arte de New York; la exposición *Picasso*; el paso por La Habana del pintor mexicano Siqueiros. Cada uno de estos sucesos significaba reales aportaciones a la vida de nuestra pintura, pero no podía ninguno de ellos, a causa de su misma proyección, mover a esta en el sentido que se dice de algo que tiene la virtud de contrastar, comparar y confrontar. Contrariamente, la residencia de Lam entre nosotros desde el año 1941 sí iba a mover nuestro *milieu* de los pintores y sus obras [...][300]

Es precisamente en enero de 1943, en su casa del 42 calle Panorama de Marianao –actualmente avenida 41–, que Lam termina su célebre cuadro *La Jungla*.[301] Como se sabe, uno de los muchos detalles que hacen notorio este cuadro, es la coincidencia en su representación de personas, animales y vegetales.[302] El propio Lam confesaría que en Cuba no había jungla, "sino bosque, monte y manigual"[303] por lo que se puede afirmar que el viaje previo con Breton a Martinica, donde permanece dos meses y conoce a Aimé Césaire sería una de las razones decisivas de la integración de la naturaleza a sus cuadros. A su formación europea, a su encuentro en París con Picasso, Breton y el arte africano, venía a agregarse, justo en el momento en que regresaba a Cuba a causa de la guerra, esta experiencia definitiva.

No deja de ser curioso el entrecruzamiento entre la experiencia de un artista cosmopolita como Lam, ya célebre en la época, y un

---

[300] Virgilio Piñera, "Situación y problemas de la cultura cubana moderna", *Magazine de Hoy*, La Habana, 21 de mayo de 1944, p. 3, en *Virgilio Piñera al borde la ficción. Compilación de textos*, ob. cit., p. 91.

[301] Para una minuciosa descripción y análisis de este cuadro célebre de Lam en sus relaciones con la cultura cubana, ver "La jungla y lo cubano", Ernesto Menéndez-Conde, *Trazos en los márgenes. Arte abstracto e ideologías estéticas en Cuba*, ob. cit, pp. 126-138.

[302] Julia P. Herzbzerg, "Naissance d'un style et d'une vision du monde. Le séjour à La Havane, 1941-1952", *Lam* métis, Éditions Dapper, 2001, p. 107.

[303] Max-Pol Fouchet, *Wifredo Lam*, Barcelona, Ediciones Poligráficas, 1976, p. 198.

joven Piñera. En ambos casos, la contemporánea búsqueda de una expresión nacional propia, a partir de puntos de vista opuestos –la exaltación cultural airada de un mestizaje en Lam y la rebelde oposición de Piñera a un destino insular y a la expresión "lujosa y verbalista" de sus contemporáneos, por el otro– se encuentran en circunstancias excepcionales en una Habana efervescente a través de la cultura y la lengua francesas y la figura de Aimé Césaire.

Al conocer el espíritu de contradicción permanente de Piñera –anótese escribir para destruir (*teoría de las destrucciones*), escribirse (*el secreto de escribirse uno mismo*, etc)– no sorprende que sus relaciones con la cultura foránea, y entre ellas la francesa, se basen en una antítesis. Esta antítesis explicada más por las contradicciones con lo real que por una retórica, estructuran de manera caótica su conciencia en sus relaciones consigo mismo, con el mundo exterior y en la formación de una moral particular. Piñera no puede dejar de pertenecer a una familia espiritual, la de los intelectuales cubanos de mediados de la república. Sin embargo, a los intentos prioritarios de sus coterráneos por buscar una expresión que enaltezca una tradición cultural en ciernes, Piñera antepone "la morfología de la vaca y el lagarto" y "el sentimiento de la nada", la áspera visión de su consciencia del mundo que le rodea y modula de esta manera una escritura que disimula una moral: "Nada ni nadie me puede acusar de nada; si todavía existen hombres de pureza intelectual, yo soy uno de esos hombres".[304]

Volviendo a la presencia de Lam en Cuba en el momento en que Piñera publica sus primeros libros y *La isla en peso*, sorprende destacar una contradicción que nos incita a describir y catalogar sus relaciones con las literaturas y las culturas europea y francesa. Pocas semanas antes de resaltar la importancia de Lam, en su artículo más arriba citado sobre la pintura cubana moderna (mayo de 1944), Piñera, al comentar una exposición de René Portocarrero, escribe:

---

[304] Carta a Lezama Lima del 31 de marzo de 1942, a raíz de la publicación de *El Conflicto*, publicado por la editorial de Espuela de Plata, el 27 de ese mes, *Virgilio Piñera, de vuelta y vuelta. Correspondencia 1932-1978*, ob. cit., p. 40.

> Así pues, Portocarrero, instalado en su hermosa seguridad de ser él todo un pintor, recibe dignamente la rica visita de Lam, y la recibe con la misma fe con que un poco antes, por ejemplo, la había recibido Cézanne de El Greco. Véase que se dice muy claramente que es visita de señor a señor y no de señor a vasallo. Por esto, a la inevitable liebre que va a saltar para conjurarnos a que señalemos en las diversas telas de esta exposición dónde están los aportes de Lam a Portocarrero le diremos, con mucho sosiego, que no se trata aquí de ejercer una crítica cominera y pedestre, sino de señalar este hecho impresionante que es la recepción, el recibimiento de una poderosa persona de arte por parte de otra poderosa persona de arte. Como que se trata de una asimilación y no de un plagio o de un mimetismo más o menos feliz, como se trata, decimos de influencias rectamente asimiladas, se sabrá en consecuencia que entran a la obra como perfil propio, que son ya propiedad consciente del artista que les incorporara a la misma. En el curso natural de la ascensión de su pintura estas influencias van a funcionar positivamente, están, pues, salvadas.[305]

Esta exaltación de lo propio tan insólito en Piñera es una reacción que podría explicarse por una tentativa de contraponer la tradición propia frente a una extranjera o, como en el caso de Lam, la de un artista cubano que ha encontrado su forma de expresión en Francia con otro como Portocarrero que se ha formado solo en la isla. En un artículo publicado en Buenos Aires en 1946 al presentar a los argentinos la entonces más joven literatura cubana, Piñera no encuentra otra manera de resaltar sus valores que comparar a los escritores cubanos con los europeos, entre ellos, Mallarmé y Valéry: "[...] seguro, sin la menor ironía, que cualquiera de estos poetas tiene producidos versos tan perfectos, tan hondos, tan proféticos, como los de Mallarmé, Rilke o Valéry. Claro, ellos no son Valéry, Rilke o Mallarmé. Tienen otros apellidos".[306] En 1960 en *Lunes de Revolución* Piñera se atreve a afirmar que Francia "tiene solo ocho poetas de primera línea en su

---

[305] Virgilio Piñera, "Notas sobre una exposición", *Magazine de Hoy*, año 7, n° 6, 12 de marzo de 1944, p. 3. *Virgilio Piñera al borde la ficción. Compilación de textos*, ob. cit., pp. 87-88. Al parecer, Piñera comenta aquí una exposición de Portocarrero, Salón de Ciencias de la Universidad de La Habana, 22 de febrero de 1944. Así lo asegura Axel Li en "Piñera y su crítica de arte", *La Gaceta de Cuba*, nº. 4, julio-agosto de 2012, pp. 16-18.

[306] Virgilio Piñera, "Los valores más jóvenes de la literatura cubana", *La Nación*, Buenos Aires, 22 de diciembre de 1946, p. 2, en *Virgilio Piñera al borde de la ficción. Compilación de textos*, ob. cit., p. 105.

siglo XIX" mientras que la lista "generalmente aceptada, de los poetas cubanos" de ese siglo de la literatura cubana "alcanza la docena".[307] En cierta manera, esta forma paradójica de proyectar su propia subjetividad, es decir, su contradictoria autoconciencia, hacia dos tradiciones literarias y sus figuras emblemáticas, nos permite explorar una probable estructura mental que nos guie a catalogar la biblioteca francesa de Piñera.

## FIERAS LUCHABAN TORRE Y VOZ[308]

La biblioteca francesa de la que se sirve con deleite Piñera al citar a sus autores, él la considera un elemento determinante de la tradición espiritual de una gran nación. Esta grandeza suele servir en su caso como base para interpretar y criticar la historia de la literatura cubana, "la relación que puede existir entre mi país y la literatura", tema este primordial de su prosa crítica y del ensayo "Cuba y la literatura"[309]:

> De otra parte, no vamos a caer en la fácil solución de las comparaciones. Por ejemplo, no vamos a decir tonterías como esta: 'la literatura cubana es infinitivamente inferior a la francesa'. Sería risible. Ni aún desde la negación podríamos enfrentar una cosa como la otra. No, aquí solo estamos considerando lo que se llama literatura cubana o, para ser más exactos y de acuerdo con el feo título, la relación que puede existir entre mi país y la literatura.[310]

En estas páginas de Piñera –escritas en el período de la fundación de *Ciclón*– resalta el empleo reiterado de ejemplos y argumentos que insisten en la ausencia de una verdadera literatura nacional que

---

[307] Virgilio Piñera, "La poesía", *Lunes de Revolución*, n° 84, 28 de noviembre de 1960, pp. 28-29, en *Virgilio Piñera al borde de la ficción. Compilación de textos*, t. 2, ob. cit., p. 458.

[308] Virgilio Piñera, "Estación de los cuatro elementos I Agua", *Espuela de Plata*, diciembre de 1940, La Habana, p. 24.

[309] Cito a partir de Virgilio Piñera, "Cuba y la literatura", en *Virgilio Piñera al borde de la ficción. Compilación de textos*, ob. cit., pp. 190-200. Se trata de una conferencia leída el 27 de febrero de 1955 en el Lyceum de La Habana, "para iniciar la Sociedad de Conferencias de la revista *Ciclón*", según figura a pie de página al final de su publicación, *Ciclón*, n° 2, marzo de 1955, pp. 51-55.

[310] Ibid., p. 192.

"ampare" y "respalde" la obra de un escritor cubano y su repercusión. "Ante tan horrible infortunio solo queda llorar. Estamos frente al muro. Los hombres que pueden darse automáticamente un himno, una Constitución y hasta una patria, no pueden, en cambio, darse una literatura", opina Piñera.[311] El ejemplo del destino de los dos poetas Heredia (el cubano y el francés) le sirven a Piñera de base a sus argumentaciones. Según él se puede ser un escritor genial, pero si se carece de pasaporte por no pertenecer a una tradición literaria hegemónica, "todos le desoirán en su patético empeño de viajar por las tierras de la cultura".[312]

> ¿Una prueba histórica? El caso de los dos poetas románticos, del mismo nombre y apellidos, del siglo pasado. Me refiero a los dos José María de Heredia. El cubano, por lo menos tan buen poeta como su primo francés, aunque amparado por la decadente literatura española, pasó casi inadvertido para los carteles culturales de su tiempo. El otro, el autor de fríos sonetos marmóreos y perfilados, fue el jefe del Parnasse y tuvo el insigne honor de anunciar la llegada de un gran poeta –me refiero, claro está, a Leconte de Lisle–. Es decir, que el señor Heredia, por el hecho de expresarse en el idioma de una gran literatura, pese a su tontería, ha sido difundido universalmente y su nombre resulta familiarísimo a cualquier oído.[313]

El reproche resume la consciencia contradictoria de Piñera con respecto a la tradición literaria nacional a la cual él pertenece, y también en relación con la literatura francesa como modelo de una "gran literatura". Esta mezcla de queja y exaltación no le impide, bien al contrario, explayarse en referencias y alusiones a la cultura francesa a lo largo de su vida. Sin embargo, desde sus primeros contactos con la literatura francófona, Piñera no hace más que integrarse al diálogo con este universo letrado francés que sus propios contemporáneos tratan de establecer tanto en Cuba como en Argentina y en la órbita de *Sur*.[314]

---

[311] Ibid., p. 196.

[312] Ibid., p. 193.

[313] Ibid.

[314] Sobre el tema de las traducciones de la literatura francesa en las revistas *Orígenes* y *Sur* ver mi ensayo citado más arriba ; "El deseo del viaje. La traducción de la literatura francesa en *Orígenes* y *Sur*", *Scènes de la traduction France-Argentine*, ob. cit., y en mi libro *Nubes talladas*, ob. cit.

Francia, esa "patria espiritual"[315] de los escritores de la órbita de *Sur*, es también una referencia obligada en las élites letradas cubanas de las décadas del 40 y el 50.

Desde la publicación de *Verbum*, Lezama Lima y la llamada generación de *Orígenes* publican traducciones francesas, y se familiarizan con autores y libros publicados en Francia. Julien Benda, Paul Claudel, Jules Superville, Paul Valéry, Ivan Goll, Gaston Bachelard, Charles Peguy, Paul Eluard, Stéphane Mallarmé, Alfred de Vigny, Marcel Proust, Maurice Scève, Saint-Simon, aparecen traducidos en las revistas previas a *Orígenes* (1944), *Verbum* (1937), *Espuela de Plata* (1939-1941) *Nadie Parecía* (1942-1944) y *Clavileño* (1942-1943), ninguna de ellas ajenas a Piñera. No sorprende entonces que en los dos números de la revista *Poeta* que él editara entre 1942 y 1943, Piñera le dedicara un espacio relevante –y contrastante– a la literatura francesa. Relevante por la presencia en esos diecinueve trabajos de una revista de escasas páginas artesanales y solo 125 ejemplares –ahora objeto de culto y botín de coleccionistas–. Contrastante porque incluye en el primer número un breve ensayo de Piñera consagrado a Valéry, un homenaje a Mallarmé y una nota de Gastón Baquero sobre Stendhal, mientras que en el número siguiente aparece por primera vez en Cuba una traducción de Aimé Césaire a quien Benjamin Péret y André Breton adoptaron como surrealista.

Llama la atención que el recurrente "disentir piñeriano"[316] se articule a través de un inconforme diálogo con sus contemporáneos. Estas discrepancias se denotan también en la manera de revisitar a escritores francófonos ponderados por sus compatriotas.[317] El artículo

---

[315] De esta manera lo afirma Victoria Ocampo en el editorial de *Sur* dedicado a la liberación de París en 1944 ; "23 de agosto de 1944", *Sur*, octubre de 1944, p. 13. Véase también su "Carta a Francia", *Sur*, n.º 69, junio de 1940, pp. 70-71.

[316] Dayneris Machado Vento, "El disentir piñeriano", *Cuadernos Americanos*, n.º 153, 2015, pp. 11-28: http://www.cialc.unam.mx/cuadamer/textos/ca153-11.pdf

[317] "Como en las historias literarias, en la selección de los autores hecha por *Orígenes*, lo consagrado ocupa un lugar destacado siendo poco e inseguro el espacio que se le concede a lo nuevo. Así, en ella sobresalen los nombres de Valéry, Mallarmé, Rimbaud, por la frecuencia, pero también porque de ellos traduce obras fundamentales, y ocupan un lugar marginal los textos de los poetas surrealistas o

de Piñera sobre Valéry –de quien había escrito un año antes "que ha filtrado la suya (metáfora) de la imponente cisterna mallarmeana"–[318]podría responder a "El acto poético y Valéry" de Lezama escrito en 1938.[319] Esta hipótesis no es sólida por dos razones. La primera es que no sabemos a ciencia cierta si Piñera conocía el artículo de Lezama antes de su publicación en *Analecta del reloj* en 1953. La segunda es que, contrario a lo afirmado por cierta crítica, lo esencial del artículo de Piñera no contradice al primer acercamiento de Lezama a Valéry: ambos expresan reticencias sobre el proyecto del francés de racionalizar el discurso poético.

En su "Erística sobre Valéry" del primer número de *Poeta*, Piñera escribe lo siguiente:

> No se ha insistido, no se ha vuelto bastante sobre esta frase suya: "pero los poetas aun no están seguros de la imposibilidad de cuadrar todo pensamiento en una forma poética". Tales palabras descubren el vivísimo anhelo, la *idée fixe* de Valéry: cuadrar la poesía [...] la poesía de Valéry adopta, sin serlo, la extraña, espejeante (*sic*) forma de una cuadratura de la poesía.[320]

Se infiere de este texto de Piñera una lectura contemporánea en su momento del Valéry teórico, al mismo tiempo que lo hicieran en la misma época y entre los cubanos, Mariano Brull y Lezama.[321] Resulta significativo que él se apropie del título de un diálogo de Valéry de 1932 –*L'Idée fixe ou Deux hommes à la mer*– para, guiándose por la

---

de poetas contemporáneos independientes, a los que la revista ofrece poco espacio y publica contadas veces en versión monolingüe", Adriana Kanzepolsky, *Un dibujo del mundo: extranjeros en Orígenes*, Buenos Aires, Beatriz Viterbo editora, 2004, pp. 233-234.

[318] Virgilio Piñera, "Dos poetas, dos poemas, dos modos de poesía", *Espuela de plata*, agosto de 1941, pp. 16-19. Ensayo sobre Lezama y Ballagas. *Virgilio Piñera al borde de la ficción. Compilación de textos*, op. cit., p. 62.

[319] Jesús Jambrina en su "La enfermedad Valéry", *Virgilio Piñera. Poesía, Nación y Diferencias*, Madrid, Verbum, 2012, pp. 55-63 analiza la lectura que hace Piñera del poeta francés.

[320] Virgilio Piñera, "Erística sobre Valéry", *Poeta*, n° 1, La Habana, noviembre de 1942, p. 7. *Virgilio Piñera al borde de la ficción. Compilación de textos*, op. cit., pp. 71-74.

[321] Jesús Jambrina, ob. cit., p. 55.

sugerencia del título más que por su contenido, hablar de la pureza casi material a la que aspiraba y promulgaba el escritor francés. Por cierto, Lezama tenía en su biblioteca este libro en la edición de Gallimard de 1934.[322] El dato resulta curioso porque el tema de los artículos tempranos de ambos sobre Valéry, nada tienen que ver con este diálogo. Aunque, en el caso de Lezama, no cabe dudas de que *L'Idée fixe* es el modelo que él siguiera para su *Coloquio con Juan Ramón Jiménez* de 1938. El ensayo de Piñera es un cumplido a sus colegas cubanos más que un homenaje a una referencia tutelar para su escritura. "¿Cómo luchar contra un espíritu tan bien defendido?"[323], reconoce. Y termina su ensayo por un párrafo donde reconoce la obligación de aceptar el magisterio del francés:

> Por qué no aplicar a Valéry las mismas palabras de Nietzsche a Wagner: "Comprendo perfectamente que un músico de hoy día nos diga: '-Detesto a Wagner, pero no puedo soportar otra música'. Pero comprendería igualmente a un filósofo que declarase: '-Wagner resume la modernidad'. Se procederá comenzando necesariamente por ser wagneriano" Ya lo habéis oído: se procederá bien comenzando necesariamente por ser valéryano.[324]

Por su parte, Lezama en su "Acto poético y Valéry" comenta *L'introduction à la poétique* de 1938. Lo primero que llama la atención es la cercanía temporal entre el comentario de Lezama y la fecha del libro: solo los separan algunos meses. Lezama tenía en su biblioteca la segunda edición (¡también de 1938!) de Gallimard.[325]

La apostilla de apenas tres páginas expone desde sus inicios el tema de su comentario: "El travieso Pound y el cuidadoso Valéry, parecen coincidir desde hace tiempo en una afirmación insistida: 'la

---

[322] Carmen Suárez León, *Biblioteca francesa de José Lezama Lima. Bibliografía*, ob. cit., p. 67. La primera edición de este libro de Valéry aparece en 1932 en Les Laboratoires Martinet: https://fr.wikisource.org/wiki/L%E2%80%99Id%C3%A9e_fixe_ou_Deux_Hommes_%C3%A0_la_mer

[323] Virgilio Piñera, "Erística sobre Valéry", art. cit.

[324] Ibid.

[325] Carmen Suárez León, *Biblioteca francesa de José Lezama Lima. Bibliografía*, ob. cit., p. 67.

poesía es una matemática inspirada'".[326] Lezama y Piñera parafrasean de formas diferentes, pero con el mismo fondo conceptual ("cuadrar la poesía") el proyecto teórico de Valéry. En el caso de Lezama no pierde la ocasión de colocar, al final de su nota, al menos tres nociones esenciales en su propio sistema poético: *infinito, gracia* y *teología*. En Lezama, como se sabe, sí hay, contrario a Piñera, una afinidad estética con Valéry. Su crítica inicial del joven de 28 años evolucionará hacia ensayos más amplios como "Sobre Paul Valéry" de 1945, también incluido en *Analectas*...[327]

"La selección de textos para el primer número de la revista es un testimonio del brillo intelectual de Piñera, quien logra compendiar en pocas páginas una visión totalizante de los diversos temas, autores, influencias y debates que ocurrían en los años formativos del originismo",[328]opina sobre el primer número de *Poeta* Juan Pablo Lupi en un artículo sobre Mallarmé y Lezama. Parece evidente que el homenaje a Mallarmé en este primer número, complementa el ensayo lezamiano "Cumplimiento de Mallarmé (1842-1942)" publicado en la revista *Grafos*.[329] Como dato curioso, en el número 3 de la revista *Clavileño* de octubre de ese año 1942, aparecen dos poemas de Mallarmé traducidos por Alfonso Reyes ("Aparición" y "Brisa Marina") justo antes de un comentario de Piñera ("De la contemplación") a la

---

[326] José Lezama Lima, "El acto poético y Valéry", *Obras Completas*, Aguilar, Tomo 2, 1977, pp. 250-252. Incluido en *Analecta del reloj* de 1953.

[327] Thomas Barège, autor de una tesis de doctorado sobre Lezama y Proust citada más arriba, en su artículo "Le dialogue avec Valéry dans les essais de Lezama Lima", leído en el coloquio "José Lezama Lima y Francia", realizado en la École normale supérieure de París el 19 de mayo de 2017 (https://crimic-sorbonne.fr/manifestations/jose-lezama-lima-y-francia/) estudia con profundidad la lectura que hace el cubano de Valéry. Con respecto a esta reseña de Lezama, Thomas Barège demuestra que Lezama retoma pasajes enteros de la edición en francés y que su lectura se limita únicamente a la primera parte del ensayo del francés.

[328] Juan Pablo Lupi, "Espectros de Mallarmé: Apuntes sobre la crítica imaginaria de Lezama", *Asedios a lo increado. Nuevas perspectivas sobre Lezama Lima*, Juan Pablo Lupiv, Joreg Manturano (eds), Madrid, Verbum, 2015, p. 92.

[329] José Lezama Lima, "Cumplimiento de Mallarmé", *Obras Completas*, Tomo 2, Aguilar, 1977.

obra escultórica del ucraniano Bernard Reder.[330] Mucho después en la iconoclasta revista *Ciclón* en la cual Piñera juagaría un papel capital, se publicarían otras traducciones de la poesía de Mallarmé.[331]

La familiaridad de Piñera con la literatura y la lengua francesas lo lleva a citar y a parafrasear versos de Mallarmé. En su conocido ensayo "El secreto de Kafka" de 1945 acude a la intrigante metáfora surrealista del "monstruo de oro" del poema "Toast funèbre" del francés a la hora de argumentar las bases de una escritura inventiva "sin la menor necesidad de una lectura entrelíneas".[332] En las palabras que presentan el homenaje al poeta Rolando Escardó (1925-1960) en *Lunes de Revolución*, Piñera, al referirse al poemario póstumo *Libro de Rolando* cita el célebre primer verso de Mallarmé a Poe en su "Tombeau de Edgar Poe": "En cambio, nos queda su obra. No disponemos de otro, pero basta. ¿Quién no recuerda el verso de Mallarmé sobre Poe 'Tal como en sí mismo en fin la eternidad lo cambia?'. Y Escardó se nos ha cambiado en un libro, que hablará por él y con el que podremos hablar largo y tendido".[333] Por razones que ahora parecen obvias, la estética de Piñera no sigue la línea de la modernidad francesa que encabezan Mallarmé y Valéry, ni del "catolicismo literario" francés de Claudel o Maritain, como sí fue el caso de los escritores de *Orígenes* y de sus contemporáneos cubanos.[334] Sus preferencias y referencias

---

330 *Clavileño*, La Habana, n° 3, octubre, 1942, "Aparición", "Brisa Marina", traducción de Alfonso Reyes, p. 90. "De la contemplación" de Virgilio Piñera, p. 92.

331 Se trata de "Igitur o la locura de Elbehno", *Ciclón*, n° 2, marzo de 1955, con nota del traductor, Agustín O. Larrauri, pp. 11-18, y de "Herodias", traducción de Rosa Chacel, *Ciclón*, n° 2 abril-junio de 1957, pp. 18-25.

332 Virgilio Piñera, "El secreto de Kafka", *Orígenes*, La Habana, n° 8, 1945, p. 43.

333 El primer verso del poema "Tombeau de Edgar Poe" de Mallarmé dice: "*Tel qu'en lui-même enfin l'éternité le change*". Virgilio Piñera, "Homenaje", *Lunes de Revolución*, n°. 83, 31 de octubre de 1960, p. 2. Piñera es el autor del prólogo al poemario *Libro de Rolando*, La Habana, Ediciones R, 1961.

334 En su reseña sobre *La puta respetuosa* de Sartre publicada en *Revolución*, el 13 de julio de 1959, Piñera escribe sobre los escritores y la literatura respetuosa en Cuba: "Cuba es, sin duda alguna, uno de los grandes países productores de ese tipo de literatura. Viene moliendo esta caña pensante hace sus buenos cincuenta años y, por lo que se echa de ver, parece que la molienda respetuosa proseguirá a toda máquina.

francesas serán –por decirlo de alguna manera– menos anticuadas, mucho más cercanas a la actualidad, y a los cuestionamientos que encarnan los escritores franceses de la post guerra.

La compañía de Gombrowicz en Buenos Aires y su influencia sobre el Piñera recién llegado podrían explicar las sátiras del cubano a la órbita intelectual de la revista *Sur* acusada por ambos de un extremo afrancesamiento[335]. Así se puede apreciar en las revistas *Aurora* y *Victrola,* editadas en Buenos Aires en 1947:

> La primera fue escrita en colaboración con Gombrowicz, aunque puede afirmarse que su redacción pertenece casi completamente a Piñera, debido al dominio limitado que, del español, tenía elescritor polaco. Pero es en la segunda publicación, redactada por él íntegramente, donde Piñera muestra toda su capacidad paródica".[336]

El escritor argentino Alejandro Russovich cercano tanto al escritor cubano como al polaco aseguraba que "Gombrowicz escribió una revista que era como una burla a las revistas argentinas, se llamaba *Aurora*, revista de la resistencia; nos consultaba a Virgilio y a mí sobre algunas frases que quería poner en la revista, entonces Virgilio sin que Gombrowicz supiera nada creó una revista análoga que se llamaba *Victrola*, revista de la insistencia".[337] No es menos cierto que esta críti-

---

¿Cuáles son los ingredientes de tal literatura? Catolicismo, pero no el cristiano sino el literario, es decir, hablar y citar constantemente a los místicos, a Claudel, a Maritain y al Papa en turno".

[335] "Mi primera permanencia en Buenos Aires duró de febrero de 1946 a diciembre de 1947; la segunda, de abril de 1950 a mayo de 1954; la tercera, de enero de 1955 a noviembre de 1958", "Vida tal cual", *Unión*, n° 10, abril mayo junio de 1990, pp. 22-35. Cito a partir de, *Órbita de Virgilio Piñera*, ob. cit., p. 332.

[336] Alfredo Alfonso Estenoz, "Tántalo en Buenos Aires. Relaciones literarias entre Piñera y Borges", *Revista Iberoamericana*, vol. LXXV, n° 226, enero-marzo de 2009, p. 69.

[337] Pablo Gianera, "Juan José Hernández: El poema reclama la voz" en *Diario de poesía*, n.° 51, Buenos Aires, 1999, pp. 3-5, citado por Nancy Calomarde en "Escritura y experiencia argentinas de Virgilio Piñera", revista *Surco Sur*, University South Florida, 31 de marzo 2013, p. 31: https://digitalcommons.usf.edu/cgi/viewcontent.cgi?article=1131&context=surcosur

ca se inscribe en su refutación de lo que él llama "tantalismo"[338] y a la subordinación a modelos europeos en las letras argentinas tal y como aparecen expuestos en su conocido ensayo "Nota sobre la literatura argentina de hoy".[339]

En su *Victrola* de 1947 Piñera satiriza lo que considera un esnobismo de Victoria Ocampo a quien atribuye de manera paródica discursos de admiración hacia la literatura francesa:"Hay que [...] encaramarse sobre los hombros de Valéry y aspirar desde allí el tonificante oxígeno de sus alturas. Busquemos las cumbres del pensamiento, oh!, señores, las más altas cumbres!, y edifiquemos en ellas nuestro nido de cóndores".[340] Más adelante Piñera menciona a "La Francia Inmortal con París, el Eterno", como el primero de los cuatro amores de Ocampo. Se sabe que todas estas objeciones del Piñera acabado de llegar a Buenos Aires, se diluyeron con el tiempo a me-

---

[338] "La imagen de Tántalo usada por Piñera viene de la parte más conocida del mito: la de su castigo en el infierno de acuerdo con el relato de Ulises en el famoso episodio del descenso al Hades, relatado por Homero en la Odisea. Tántalo es castigado –por haber tentado a los dioses al ofrecerles la carne de su propio hijo para ver si eran capaz de distinguir la carne humana– a estar en medio de una huerta abundante de frutas y agua, pero siempre que se dispone a probarlas, se alejan de la mano. En inglés, el mito dio origen al verbo "to tantalize", que significa, de acuerdo con el Webster's Dictionary, 'to tease or torment by presenting something to the view and exciting desire but continually frustrating the expectations by keeping it out of reach'. Este es el sentido que tiene la palabra en el texto de Piñera. No existe acepción para 'tantalizar' en el Diccionario de la Real Academia u otros diccionarios de español", Alfredo Alfonso Estenoz, ob. cit., p. 59.

[339] "Que Borges haya sido el primero en publicar en Argentina un cuento de Piñera, no puede resultar un hecho menor. Y que Borges lo haya hecho después de haber escuchado por radio su artículo sobre literatura argentina, donde se exponía su hipótesis del tantalismo de los escritores argentinos, artículo que al año siguiente sería publicado en *Orígenes*, pero también en *Anales de Buenos Aires*, con el título de –Nota sobre literatura argentina de hoy– no parece un dato que ofrezca pocas posibilidades de lectura", Nancy Calomarde, "La ficción sin límites (la ruta argentina de Virgilio Piñera)", *Tinkuy* n° 13 Section d'Études hispaniques, Junio 2010, p. 161. https://dialnet.unirioja.es/descarga/articulo/3304519.pdf

[340] Virgilio Piñera, "Victrola. Revista de la Insistencia", Buenos Aires, octubre de 1947 en *Virgilio Piñera al borde de la ficción*, ob. cit., p. 134.

dida que publicaba en *Sur*.[341] Incluso Victoria Ocampo publicará en 1955 en *Ciclón*,[342] gracias a la intervención de Piñera[343], quien escribe para *Sur* una reseña a una pieza de teatro de su hermana Silvina Ocampo en 1958, su penúltima contribución a la revista antes de su artículo sobre *Ubú Rey* de Alfred Jarry, en el número de noviembre-diciembre de 1958.[344]

## Aunque quieras los ángeles no existen[345]

En una carta de Piñera fechada en La Habana el 21 de marzo de 1959 y dirigida a su amigo Humberto Rodríguez Tomeu se puede leer:

---

[341] Además de las reseñas a las que me referiré más adelante, Piñera publica cuatro cuentos en *Sur*; "El enemigo" en el número 236 de 1955, pp. 52-57, "La carne" en 1956, nº 242, pp. 17-19, "La caída", en ese mismo número, pp. 20-21 y también "El infierno", pp. 21-22 y por último "La gran escalera del palacio legislativo" en el número 251 de 1958, pp. 25-27. Piñera publicaría también en otros periódicos y revistas argentinas como *La Nación, Papeles de Buenos Aires, Anales de Buenos Aires* y en *El Hogar*. Ver "La ficción sin límites (la ruta argentina de Virgilio Piñera)" de Nancy Calomarde, Tinkuy nº 13, ob. cit.

[342] Victoria Ocampo, "Una visita a Clouds Hills", *Ciclón*, nº 5, septiembre de 1955, pp. 3-8.

[343] "Supongo que te habrá llegado ya el álbum de poemas en francés grabados por Victoria Ocampo, que te he enviado con una viajera, con motivo del día de tu santo", carta de Piñera desde Buenos Aires a José Rodríguez Feo, *Virgilio Piñera, de vuelta y vuelta. Correspondencia*, ob. cit., p. 106. Virgilio quería de Victoria Ocampo una nota sobre Ortega y Gasset que acababa de morir: "Vuelvo a Victoria. El 25 esta dama hablará en la Sociedad Argentina de Escritores sobre Ortega, en un homenaje monstruo que dicha sociedad le rinde. Aprovecharé el momento para pedirle un artículo sobre Ortega", carta a Rodríguez Feo del 16 de noviembre de 1955, ob. cit., p. 125. En esa misma carta Piñera le asegura a Feo que "Victoria se quedó deslumbrada por el abanico" que había recibido de regalo desde La Habana. Al final quien publica en *Ciclón* una nota sobre Ortega y Gasset es Borges, "Nota de un mal lector", *Ciclón*, nº 1, enero de 1956, p. 28.

[344] Virgilio Piñera, "Silvina Ocampo y su perro mágico", *Sur*, nº 253, julio-agosto, 1958, pp. 108-109, "Alfred Jarry: Ubú rey", *Sur*, nº 255, noviembre-diciembre, 1958, pp. 108-110.

[345] Virgilio Piñera, poema "El Jardín" de 1963: "Aún no salido de mi asombro escucho/de Carlos Marx la voz trotinante:/Aunque quieras los ángeles no existen", *La isla en peso*, ob. cit., p. 102.

"Yo di un artículo sobre Jarry y se armó un escándalo pues reproducía un fragmento del 'Ubú Roi' donde Jarry dice: culo. ¿Para qué fue eso...que si la revista era moral, que si esto y lo otro...Bueno crees que aquí en el sentido cultural se puede ser decente?"[346] Virgilio se refiere a "Alfred Jarry o 'un poeta airado' de 1896" que él había propuesto a *Carteles* y que finalmente se publica en el primer número de la *Nueva Revista Cubana* de 1959.[347] En una carta anterior a José Rodríguez Feo fechada el 25 de octubre de 1958, se puede leer: "*Carteles* me tiene enloquecido (textual). Después de escribir un artículo de doce cuartillas sobre 'Ubu Roi' de Jarry, Cabrera Infante lo encontró inconveniente (*sic*) para la revista. Realmente, no sé por qué, ni qué quieren que uno escriba: ¿goma y tijera? ¿Paquetes anodinos? No es el caso– que después de haber mantenido por más de veinte años una línea de conducta ahora lo tire todo por la borda. El artículo, escrito en lenguaje llano, con anécdotas, etc. Ocurre que resulta escandaloso para los oídos y los ojos de los lectores de *Carteles*".[348]

Se trata sin dudas de una versión más extensa de su reseña publicada en *Sur* semanas antes, sobre la edición de Minotauro, Buenos Aires, 1957, traducida por Enrique Alonso y Juan Esteban Fassio, primicia en español para esta obra de Jarry.[349] Muchos pasajes de los textos de Piñera y la exhortación final es la misma: que la obra de Jarry se presente a los públicos argentino y cubano. En este artículo de Piñera aparecen los indicios que describen su manera de apropiarse de la cultura literaria y de la historia de Francia, de las zonas de esa tradición que a él le interesan. Con respecto a la obra de Jarry, en la aproximación del cubano se revela el tipo de *identificación* que lo une

[346] Thomas F. Anderson, *Piñera corresponsal, una vida en cartas*, Universidad de Pittsburg, 2016, p. 91.

[347] *Virgilio Piñera al borde de la ficción*, ob. cit., pp. 524-532.

[348] *Virgilio Piñera de vuelta y vuelta*, ob. cit, p. 204.

[349] Contrario a lo que afirma Laura Fólica en su artículo, "Juegos de palabras y paratextos en las traducciones catalana y española de Ubu roi de Alfred Jarry", *Anuari Trilcat*, n° 2, 2012, pp. 79-104. Aquí se puede leer de manera errada que la primera edición al español de Ubú Rey es la de "José Corrales Egea (1921-1990), publicada en Barcelona en 1967": https://www.raco.cat/index.php/AnuariTrilcat/article/view/309064/399050

a los escritores franceses que él admira. Aquí se trata de una identificación propiamente estética –y no ética como habíamos visto en el caso de Proust–. Jarry y su pieza de teatro *Ubu Roi* reúnen lo que es afín al autor de *Electra Garrigó:* la irreverencia del discurso, una ruptura con las convenciones formales, y un humor corrosivo y satírico que en el caso del cubano se regodea en el choteo "como rasgo del carácter del cubano".[350]

*Ubu Roi* de Alfred Jarry publicada en 1895 en la revista *Le livre d'Art* se estrenó en París en 1896, como mencionara Piñera en una introducción a la edicion cubana de *El Teatro y su doble* de Artaud,[351] con un gran escándalo. Jarry cuenta en *Ubu Roi* –cuyo título se inspira del *Edipo* de Sófocles– la historia del Padre Ubu, supuestamente descendiente del antiguo rey de Aragón, que asesina a Venceslas, rey de Polonia, para robar sus propiedades y las de todos los nobles. La esposa de Ubu, nombrada Madre Ubu es quien lo incita al homicidio y más tarde se apropia de los bienes robados por su marido, pero ambos deben huir y refugiarse en Francia.

Además de las múltiples alusiones intertextuales de la obra a Shakespeare, Racine y Molière, el empleo de la lengua, el absurdo, la sátira, la parodia y el humor son aspectos que han llevado a considerarla un antecedente tanto del surrealismo como del teatro del absurdo. Alfred Jarry quien muriera a los 34 años, perdura en la historia literaria francesa no solo como el autor de *Ubu Roi* y sus sagas *Ubu enchaîné* (1900), *Ubu sur la butte* (1906) *Ubu Cocu* (1944), sino también como el creador de la "Pataphysique", "ciencia de soluciones imaginarias" y el autor de *Gestes et opinions du docteur Faustroll*, libro escrito en

[350] Virgilio Piñera sobre su *Electra Garrigó* en "Piñera teatral", *Teatro Completo*, Ediciones R, 1960, p. 11.

[351] "El Teatro Alfred Jarry dio su primera representación –Los misterios del amor– el día 2 de junio de 1927, en el teatro de Grenelle [...] Como ha dicho el propio Artaud, 'a despecho de las peores dificultades' se ofrecieron cuatro espectáculos. La crítica estuvo dividida. En general la impresión era de perplejidad. Desde la representación famosa de *Ubu roi* en 1896 por el teatro de l'Œuvre, París no había vuelto a presenciar una representación tan virulenta e insolente como *Los misteriosos* (sic) *del amor*, de Roger Vitrac", Virgilio Piñera, "Artaud fundador de una nueva vanguardia", Antonin Artaud, *El teatro y su doble*, La Habana, Instituto del Libro, 1969, p. XIV.

1898 y publicado de manera póstuma en 1911. Es justamente este Jarry de burla iconoclasta y de invención disparatada que rompe ruidosamente con la estética del simbolismo, el que interesa, por afinidad, a Piñera. Jarry irrumpe en la escena teatral y literaria francesa en un momento crucial de la modernidad, en medio de "l'affaire Dreyfus", el comienzo de *La belle époque*, la revolución pictórica de Cézanne, de Van Gogh y Gauguin, acontecimientos que hacen del fin de siglo francés una referencia en el mundo. "La representación de *Ubú Rey* al mismo tiempo que prolonga de cierta forma al simbolismo, le asesta un golpe definitivo y explota sus fronteras", opina Henri Béhar en su libro *La dramaturgie d'Alfred Jarry*.[352]

Algo sobre lo cual la crítica –más centrada en la lectura separada de géneros– no ha reparado es en la supresión de las fronteras entre la escritura narrativa y la "teatral" propia a la estética de Jarry, y que podría ser una pista en la interpretación de la obra de Piñera: la transposición del espacio de la escritura, el funcionamiento del texto narrativo a la manera de un dispositivo teatral. La síntesis de las dos disciplinas permite hacer desaparecer las fronteras entre la vida y la literatura.[353] En el caso del cubano, insistir por mostrar lo más áspero y desnudo de la realidad, y lo oculto o disimulado por los seres humanos. "Ante una producción espiritual americana siempre nos preguntamos no lo que el artista quiso expresar, más lo que el artista quiso ocultar", reprochaba el escritor cubano en su conocido ensayo "Nota sobre literatura argentina de hoy".[354]

En sus dos textos sobre la obra de Jarry, Piñera insiste en el rechazo como recepción, y en el escándalo que provoca la pieza *Ubu Roi* en la prensa de la época. "Según Breton, Ubú es el burgués de su tiempo y, más todavía, de nuestro tiempo", se puede leer en su artí-

[352] Henri Béhar, "Jarry et le théâtre de son temps", *La dramaturgie d'Alfred Jarry*, Honoré Champion, 2003, p. 51

[353] Esta es la observación que, en su lectura del teatro de Jarry y de sus marionetas, hace Yanna Kor en la "Introduction" de su libro, *Les théâtres d'Alfred Jarry. L'invention de la scène pataphysique*, Éditions Otrante, 2022, p. 12.

[354] Virgilio Piñera, "Nota sobre literatura argentina de hoy", *Orígenes*, n° 13, 1947, p. 41. El ensayo fue publicado por Borges en *Anales de Buenos Aires* después de escucharlo leer en la radio. (Ver nota 95)

culo de *La Nueva Revista Cubana* de 1959. Piñera, que consulta sus fuentes en un Buenos Aires de élites literarias afrancesadas, cita una y otra vez las revistas y libros de autores franceses contemporáneos a él. Las *Œuvres Complètes* de Jarry de 1949, la *Histoire du surréalisme* de Maurice Nadeau en edición francesa y española, así como las publicaciones periódicas como *Le Temps*, *Le Journal*, *Le Figaro*, *La République Française*, *l'Écho de Paris*, *Mercure de France*, *La Revue Blanche* son mencionadas al referirse a Jarry y a su *Ubu Roi*.

En su artículo de 1959, quizás por disponer de más espacio, Piñera reproduce la primera escena del acto primero de *Ubu Roi* con la célebre "Merdre", –deformación infantil de la popular interjección "merde"– que inicia los parlamentos, así como la mención dos veces de la palabra que consideraron escandalosa los editores de la recién fundada revista cubana: "MADRE UBÚ: Yo, en tu lugar, desearía instalar ese culo sobre un trono". Llama la atención que al pasar revista al contexto cultural francés, el escritor cubano remita también a la literatura e historia de su período preferido, el "Ancien Régime". De esta manera, Voltaire, Rabelais, Le Sage, son mencionados como antecedentes de Jarry. "Los nobles del siglo XVIII, a los que en el fondo les importaba un comino la pérdida de sus cabezas, lucharon denodadamente, secundados por María Antonieta, para arrancar a Luis XVI el consentimiento del estreno de *El barbero de Sevilla* de Beaumarchais", comenta Piñera como argumento contra los "burgueses de 1896, celosos defensores de sus cabezas" que, según él, "vieron en Ubú al Exterminador, al Vengador".[355]

Tal vez sea en el epistolario, como forma privilegiada de la escritura íntima, donde mejor se pueda apreciar su curiosa fascinación por personajes históricos franceses. Es en este tipo de testimonio en el cual la escritura de sí mismo está intensamente relacionada con el tiempo

[355] Piñera se refiere a la implicación y actuación de de María Antonieta en *El Barbero de Sevilla*. La reina interpretó el personaje de Rosine en su teatro Trianon el 15 de septiembre de 1785. Según Elisabeth Reynaud en su biografía *Marie-Antoinette l'indomptée* (l'Archipel, 2020), el rey estuvo presente ese día en el teatro, disimulado tras una capa negra y llevando un sombrero hundido hasta las orejas. En realidad, por sus críticas a la aristocracia, fue *Las bodas de Figaro* –posterior a *El Barbero…*– la obra censurada por Luis XVI.

y las circunstancias que se viven. Lo que se revela es un espacio que colinda con la realidad y con la ficción, una confesión entre varias fronteras que al no ser escrita para ser leída más allá del destinatario, revela sinceridades, afinidades y juicios, casi siempre disimulados en un discurso público. Antón Arrufat al referirse a "la perspicacia crítica" de Piñera alude a la importancia de esa escritura privada:

> Esa crítica la ejerce Piñera a través de dos vías: una pública, en los artículos que vieron la luz en revistas y periódicos de la época, entre los cuales están los que escribió para defenderse de los ataques desencadenados por el estreno de *Electra Garrigó* ; la otra, casi perdida entre nosotros, es la crítica epistolar, esa carta privada, silenciosa y explosiva, que llegaba por correo a casa del destinatario.[356]

En el caso de Piñera son las cartas a un amigo mencionadas a propósito de Jarry, donde mejor se puede registrar e interpretar su manera personal de leer a Francia, más como un apasionado *amateur* que como un crítico o un escritor. "Es de notar que la vasta mayoría de las obras que menciona son libros franceses, que representan múltiples y variados géneros períodos y movimientos literarios", resalta Thomas F. Anderson en su recopilación de cartas de Piñera a Humberto Rodríguez Tomeu (1919-1994).[357]

Este tipo de correspondencia funciona bajo el modelo de la amistad intelectual. Los lazos son las preocupaciones comunes tanto familiares y estéticas, como ideológicas, basados en una relación profunda y duradera. En el caso de Virgilio y Humberto, amigos desde la adolescencia en la ciudad de Camagüey, y habiendo compartido la misma casa durante los años que ambos pasaron en Buenos Aires e incluso en La Habana (1946-1958); la amistad intelectual expresada por cartas fechadas desde finales del 1958 y los primeros días de la revolución cubana de 1959, se convierten "en un valioso documento histórico y sociológico del período 1958-1979".[358] Piñera nunca más vivirá fuera

[356] Carlos Espinosa, *Virgilio Piñera en persona*, ob. cit., p. 110.

[357] Thomas F. Anderson, *Piñera corresponsal, una vida en cartas*, ob. cit., p. 46.

[358] David Leyva, en una reseña a Thomas F. Anderson, *Piñera corresponsal, una vida en cartas*, op. cit., La Habana, *Espacio Laical*, n° 1, 2017, p. 47: https://espaciolaical.net/wp-content/uploads/2017/09/EspacioLaical1-2017.pdf

de Cuba, excepto dos viajes a Europa en el verano de 1961 y el otoño de 1964, por lo que se trata de cartas que revelan su vida en la isla en el período de la revolución hasta su muerte.

Anderson deslinda los períodos que abarcan este epistolario de Piñera. Un primer momento recoge los detalles de la euforia del escritor cubano por la revolución de 1959 y el reconocimiento de su obra, el segundo que él nombra la "caída en desgracia", y un tercero final de soledad, silencio y ostracismo que siguieron a la publicación de su obra de teatro *Dos viejos pánicos*, premio *Casa de las Américas* de 1968, y al caso Padilla en 1971. En una carta del 18 de marzo de 1960 Piñera le escribe a su amigo Humberto desde La Habana: "Tienes razón con lo de la carta de Mme. de Sevigné, pero escribe uno con esa falta de textos que no se puede comprobar, y para colmo, me faltas".[359]Son estas circunstancias las que explican que la biblioteca francesa de Piñera después de su regreso a Cuba y en plena revolución deviene cada vez más memorística. A su decisión de no conservar y poseer libros se une ahora la imposibilidad material y real de al menos consultarlos. La imprecisa memoria remplaza a la consulta, hace relativa la fuente y las citas. Esta precariedad bibliográfica se une a la que siempre asumió y sufrió a lo largo de su vida Virgilio.

Lector insaciable y desordenado, Piñera maneja las fuentes francesas que van formando su imaginario y sus citas, de la misma manera que va sobreviviendo. Al volver a Cuba su círculo de amistades interviene en este circuito de búsqueda de libros. La francesa Eva Fréjaville (1912-1998) –supuestamente hija ilegítima de Diego Ribera que hiciera su retrato, y primera esposa de Alejo Carpentier–, es una de las personas que le facilita libros como el *Dictionnaire du snobisme* (1958) de Julien Philippe. A Edith Gombos Sorel y a su esposo el escritor haitiano René Depestre –que Virgilio tradujera para editoriales cubanas– le debe la referencia de *La Promesse: Requiem pour le roman policier*, traducción francesa de una novela policíaca de Friedrich Dürrenmatt.

Su pedido de libros a Humberto que se los envía en un primer momento desde Bruselas donde funge como diplomático –o "carnitas"

---

[359] *Piñera corresponsal, una vida en cartas*, ob. cit., pp. 100-101.

como llaman ambos a estas extrañezas bibliográficas francesas–, muchas veces lo ayudarán a terminar artículos con los cuales ganarse la vida, como la información que pide sobre la muerte de Louis Antoine de Bourbon-Conde duque de Enghien, fusilado en 1804 en el foso del castillo de Vincennes. "Mándame con urgencia todos los datos de fecha, incidentes, etc. Del episodio asesinato duque de Enghien", le pide Virgilio. "Conozco bien el asunto pero debo fijar fechas, etc.". Y a continuación le hace otro pedido de datos con la indicación de dónde se encuentran en Buenos Aires, en el Instituto Francés que sin dudas él frecuentaba durante sus estancias en la ciudad: "En el I.F de Est. Super. está el libro de S. Beuve– sobre Talleyrand y la opinión de Napoleón en el Memorial de St. Elena".[360] En la carta siguiente cuenta que Guillermo Cabrera Infante le ha pedido para *Carteles* el artículo, pero la falta de libros le impide escribir. "Me dijo que le llevara enseguida lo del Duque de Enghien y que lo cobraría antes de su publicación. Pero cómo puedo hacer nada si no tengo los libros más elementales. Ya supongo habrás recibido con urgencia datos".[361]

Entre los escritores franceses que menciona Virgilio en sus cartas a Humberto se encuentran Maupassant, Chateaubriand, Balzac y Camus, Sartre, Simone de Beauvoir, y Genet, entre sus contemporáneos. Llama la atención en él la lectura que hace de Sartre y su empatía por el escritor y filósofo francés. Es comprensible que una novedad como el existencialismo resulte atractiva para él, lo curioso viene de los matices de esa atracción, como el papel del intelectual en sus sociedades. Escritor iconoclasta, esta atracción por las zonas del artista comprometido, muestra la complejidad del pensamiento de Piñera. No es menos cierto que para las élites latinoamericanas como las de Argentina donde vivió el cubano, la figura de Sartre fue poco a poco ocupando un lugar relevante. Con respecto a la revista *Sur* según John King "una época terminó con la muerte de Valéry, y otra empezó con la reaparición de Sartre".[362]

---

[360] Ibid., p. 75.

[361] Ibid., p. 77.

[362] John King, *Sur. Estudio de la revista argentina y de su papel en el desarrollo de una cultura 1931-1970*, Fondo de Cultura Económica, 1989, p. 129.

Es precisamente en 1945, año de la muerte de Valéry, en su conocido ensayo sobre Kafka, una de las primeras veces que Piñera menciona a Sartre. "También el lector de ahora es tan importante como el lector de 2045. Jean-Paul Sartre ha dicho acertadamente que la perspectiva de futuro para el hombre no puede ser en modo alguno la de los mil años por venir, sino los que integran la época que le ha tocado vivir".[363] Resulta curiosa además esta mención a Sartre en *Orígenes* cuando es sabido que Lezama miró con recelo tanto a Sartre como a Camus y prefirió la versión del existencialismo cristiano que encarnaba Gabriel Marcel. Nancy Calomarde considera que en este ensayo de Piñera dedicado a Kafka se hace evidente su proximidad a Borges por la adhesión a la independencia del texto literario. Sin embargo, un matiz en la reflexión de Piñera que resalta la importancia momentánea del acto literario lo relaciona con Sartre:

> Con esta operación, Piñera se coloca más cerca del debate argentino liderado por Borges que de la apuesta canónica de su revista. La idea de liberar al lector de los condicionamientos de la hermeneusis historiográfica y literaria supone un acto más autónomo, y por tanto más auténticamente literario, que le permitirá entender que Kafka es sólo un literato, un creador de imágenes, de juguetes de imaginación y por ende más vinculado al verdadero acto creador. Ahora bien, en los postulados del Piñera, lector de Sartre, hay una huella de la historicidad que debe asumirse desde el hecho literario y la resonancia de un debate de época. Este concepto opera un desplazamiento respecto de la radical autonomía de la ficción postulada por la constelación Borges. En la perspectiva del cubano, se lee una especie de historicidad hecha de presente textual, de condición histórica sobre el carácter de lo efímero del acto creador [...][364]

Esto podría explicar a su vez la aceptación entusiasta de Piñera de la revolución cubana y el contenido de muchos de sus artículos en *Revolución* y *Lunes de Revolución*– durante esos años en los que comienza según él, "una nueva etapa que se anuncia tremenda".[365] Piñera junto a Guillermo Cabrera Infante, Carlos Franqui y José Álvarez Baragaño forma parte del grupo de intelectuales que recibe a Sartre y a

[363] Virgilio Piñera, "El secreto de Kafka", ob. cit., p. 43.

[364] Nancy Calomarde, "La ficción sin límites (La ruta argentina de Virgilio Piñera)", art. cit., p. 169.

[365] *Piñera corresponsal*, ob. cit., p. 81.

Simone de Beauvoir en el aeropuerto de La Habana antes de llevarlos al célebre cabaret Tropicana.[366]A raíz de esta visita Piñera publica en *Lunes de Revolución* un diálogo imaginario con Sartre en el cual el cubano reconoce no haber leído su filosofía, critica su teatro, e invalida la marcada intención filosófica de la literatura del francés.[367]

La avidez de Piñera por estar actualizado –tanto por la intensidad de su escritura como por el interés beligerante de oponerse a la visión estética de sus contemporáneos cubanos–, su desinterés por la trascendencia a largo plazo, y esa "pasión fría" en la cual solo importan los "puros hechos", los "hechos consumados"[368] podrían explicar su interés por Sartre. En *Electra Garrigó* el personaje del Pedagogo afirma: "en el reino animal solo hay hechos, nada más que hechos" a lo que Electra responde que entre los humanos es igual.[369]La existencia en sí misma no está predeterminada y la trascendencia es condicionada a los hechos en sí, nos insinúa Piñera a la manera de los existencialistas.

En cuanto a su atracción por lo que él califica de "vejeces francesas"[370] lleva a Piñera a agradecer el envío de una biografía de Julio Verne,[371] a documentarse a través de biografías de personajes históricos como la de Amédée Renée sobre Mazarino, otra de Claude Saint André de 1934 titulada *La duchesse de Bourgogne, La jeunesse de Philippe Egalité* de Amédée British, el *Talleyrand* de Guillaume Lacour-Gayet, *Vie de Madame Guyont écrite par elle même*, el *Napoleón* de Octave Aubry, *Cathérine de Médicis* de Jean Héritier, los *Souvenirs de la Marquise de Créquy* –considerados apócrifos– de Renée-Caroline-Victoire de Froulayasí, así como las *Lettres de Cha-*

[366] "Bueno llegó Sartre. Fuimos al aeropuerto. Esa misma noche lo llevé a Tropicana. Te parecerá raro pero aparte de que tenían ganas de salir la Beauvoir estaba empeñada en ir a bailar rumba. Se divirtió como loca. Son simpáticos a pesar de 'les griffes'", carta a Humberto del 1ero de marzo de 1960, *Piñera corresponsa*, ob. cit., p. 97.

[367] Virgilio Piñera, Diálogo imaginario", *Lunes de Revolución*, n° 52, 21 de marzo de 1960, pp. 38-40.

[368] Abilio Estévez, "La pasión fría de Virgilio Piñera", *Tan delicioso peligro. (Consideraciones sobre literatura y años difíciles)*, San Juan, Folium, 2016, p. 77.

[369] Virgilio Piñera, "Electra Garrigó", *Teatro Completo*, ob. cit., p. 35.

[370] *Piñera corresponsal*, ob. cit., p. 196. Carta del 25 de abril de 1963.

[371] Ibid., p. 81. Carta del 7 de enero de 1959.

*teaubriand à Madame Récamier,* y una monografía sobre la actriz y cantante Sophie Arnauld (probablemente la de Edmond y Jules de Goncourt de 1893). Élisabeth de France, hermana más pequeña de Luis XVI y guillotinada como él, y Maria Luisa de Gonzaga-Nevers, noble francesa que llegó a ser reina de Polonia, también figuran en la lista de biografías de aristocráticas que fascinan a Piñera en estos años.

A medida que se van leyendo las cartas a Humberto, el lector constata la curiosa sociabilidad de un solitario Piñera, cada vez menos presente en los circuitos culturales de la isla. Al arcaísmo del francés hablado de Piñera formado en sus lecturas del siglo XVIII se suman el aislamiento y la falta de práctica. En esta sociabilidad solitaria, los libros franceses que el escritor comenta a su amigo, después de ser leídos y releídos, gracias a préstamos de la biblioteca habanera de la *Alliance Française* a la cual ha podido acceder permiten delinear por otra vía, más íntima y secreta, diferente a la pública y a sus libros, los momentos finales de su historia intelectual y de su autobiografía.

> [...] Conocía el francés, escrito más que hablado (su pronunciación tenía defectos). Poseyó un rico vocabulario. Manejaba términos en desuso, y este saber asombraba a los mismos franceses. Su vocabulario tenía un vasto arsenal de términos anticuados, aprendidos en asiduas lecturas de Madame de Sevigné, Saint-Simon, Rochefoucaud, y en memorias de duquesas y cardenales de los siglos XVII y XVIII que hacían sus delicias. Devoró la biblioteca de la Alianza Francesa: según afirmaba, la leyó de punta a punta. Apasionado del siglo de Luis XIV, conocía incidentes y detalles íntimos de los personajes de la época que lo divertían y que le gustaba citar en las conversaciones. Integraban una colección de ese aspecto escatológico y coprológico de la existencia humana que tanto le interesó. No he conocido hombre tan iconoclasta, capaz de dejar en los demás una impresión de amargura y a la vez de libertad.[372]

Dos años antes de morir, el 5 de julio de 1977, Piñera escribe a Buenos Aires a Julia Rodríguez Tomeu, hermana de Humberto: "Mi vida está por terminar, he luchado mucho y estoy cansado de luchar. Me dejo ir, esos es todo. Los días son iguales como gotas de agua".[373]

---

[372] Testimonio de Antón Arrufat en Carlos Espinosa, *Virgilio Piñera en persona,* ob. cit., pp. 349-350.

[373] *Piñera, de vuelta y vuelta. Correspondencia 1932-1978,* ob. cit., pp. 246-247.

Y más adelante se refiere a sus lecturas y, al final, a algo recurrente en sus cartas de este período de su vida, las carencias o pérdidas materiales:

> De lecturas poquísimo. Como ya me leí por entera la biblioteca de la Alianza y como llegan poquísimas novedades, pues debo recurrir a las relecturas, que ya no son tales, sino repetir casi de memoria lo que el texto contiene. Es así que puedo decir par coeur pasajes enteros de las Lettres de Mme. de Sevigne (*sic*) o de Saint-Simon. De revistas nada en lo absoluto. Desinformación literaria total [...] ¿Y Humberto? Pudo uno pensar que algún día diríamos: *les pont son* (sic) *coupés...*? eso hizo la vida. Ya sólo queda la muerte y contemplar viejas fotos de instantes de juventud. ¿Va bien de salud? ¿Está gordo o flaco? Pero sobre todo ya Proust lo dijo todo en el tiempo *retrouvé*, en ese baile inmortal y mortal en casa del príncipe de Guermantes. Dile que días pasados ya se rompió la fuente (azul) que teníamos de aquellos dichosos días de la casa de Guanabo.[374]

Las formas de su escritura y de su comunicación –manuscritos inéditos, cartas, la tertulia con pocos amigos íntimos en la llamada "Ciudad Celeste" en las afueras de La Habana– se adaptan a las tensiones particulares entre él y las instituciones y funcionarios culturales de la época. Los capítulos finales de la biblioteca francesa de Piñera coinciden con un aislamiento que encuentra en su epistolario una de las únicas formas de transgresión a un mundo exterior que le resulta inaccesible. De hecho, Piñera recurre al francés en sus cartas por temor a la censura –sospechaba que su correspondencia podía ser leída por la policía política–, y para expresar opiniones que podrían ser comprometedoras. "Je brule de parler avec toi", escribe a Humberto el 22 de junio de 1961, pocos días después de la célebre reunión de Fidel Castro con los intelectuales en la Biblioteca Nacional en la cual

[374] Ibid., p. 247. En una parte de su testimonio sobre sobre los años finales de Piñera, Abilio Estévez cuenta: "Tuvo el vicio de la lectura. No podía estar sin leer. Cuando no tenía libros nuevos, leía los de siempre: las cartas de Madame de Sevigné, las memorias de Saint-Simon y Casanova, la *Justine* del Marqués de Sade, *Las Flores del mal* (a propósito de la obra de Baudelaire, decía que era casi la única poesía que podía leer sin hastiarse), los poemas de Rimbaud, las *Memorias de Ultratumba* de Chateaubriand, de la cual se sabía pasajes enteros, el propio *Paradiso*...", Carlos Espinosa, *Virgilio Piñera en persona*, ob. cit., p. 341.

el participara.[375] En otra carta del 11 de febrero de 1971, Piñera le confiesa en francés a su amigo que por primea vez ama a alguien: "En parlant d'une autre chose; pour la première fois de ma vie, j'aime".[376] El francés le sirve también para contar vivencias íntimas protegidas por un idioma que no podrían descifrar curiosos.

La carta es el lugar donde se inventa una libertad de pensar en el siglo XVIII francés, considera Françoise Simonet-Tenant.[377] La escritura epistolar del solitario Piñera de la década de los 60 y los 70 es indisociable de una cierta forma de sociabilidad, porque se inscribe en un contexto político, cultural y social que determina su significación. En un gesto que pudiera considerarse anacrónico, Piñera se sirve de manera inconsciente de los modelos epistolares del siglo de las luces y de la aristocracia para encontrar un espacio de restringida libertad. La literatura y la lengua que ha admirado le sirven no solo para disiparse sino también como las vías a su alcance para escapar al control del poder.

En la última de las cartas a Humberto de las conservadas en la Firestone Library de la Universidad de Princeton, Piñera, antes de referirse al desgarramiento que le causan las muertes de Lezama y de su otrora amigo Gombrowicz, confiesa:

> No olvides que te estoy escribiendo en esta vieja máquina, que tú mismo compraste, allá por el año 59; además he estado releyendo una buena cantidad de cartas tuyas y mías; ¡qué encantadora podía ser entonces mi vida! Passons. Va para quince años que vivo en este apartamento frente al América,

---

[375] "Me muero de deseos de hablar contigo", *Piñera corresponsal,* ob. cit., p. 158. Thomas F. Anderson en su introducción al libro y en una nota a pie de página de esta carta expone en detalles la paradoja de limitar a una frase la presencia del escritor allí y el temor por un presentimiento que fatalmente se cumpliría: el comienzo de un proceso de restricciones, control y censuras a los escritores e intelectuales que no aceptaran la política cultural del gobierno: "El viernes pasado Fidel se entrevistó con los artistas y escritores durante cinco horas en la Biblioteca Nac. Yo asistí". Pocos días después, el 30 de junio, Fidel Castro pronunciaría el discurso de clausura conocido como "Palabras a los intelectuales".

[376] Ibid., p. 239.

[377] Françoise Simonet-Tenant, "Aperçu historique de l'écriture épistolaire: du social à l'intime", *Le français aujourd'hui* 2004, 4, n°. 147, pp. 35-42: https://www.cairn.info/revue-le-francais-aujourd-hui-2004-4-page-35.htm

> del cual, a diario, te 'veo' salir, lo mismo que Julia y tu mamá. Son los obligados fantasmas – y su séquito– que nos acompañan en el final del viaje. Del pasado me queda la fuente llana de Rector's, un pedazo de toalla Canon, esta maquinita de escribir, las tijeras de uñas (o para) y ya. Voy hacia los 65, te diré que con baste (*sic*) salud hasta el presente. ¡Y mañana! De cualquier modo siempre habrá que poner por delante esos versos apócrifos de la marquise de Sabran:[378] A la fin je suis dans le port/ qui fut de tout temps mon envie/ car j'avais besoin de la mort/ pour me reposer de la vie.[379]

El deterioro de los objetos asociados a un pasado que se idealiza, coincide con el agobio rutinario del espacio y del presente que corresponde al "final de un viaje". La resignación por un futuro que se identifica con la muerte, Piñera prefiere evocarla por el intermediario de versos apócrifos atribuidos a una aristócrata francesa supuestamente citados de memoria por el destinatario de sus cartas.

## EL CASO *CICLÓN*

El 9 de noviembre de 1955 Piñera cuenta a José Rodríguez Feo, director de *Ciclón*:

> Pagué a Álvaro Rodríguez la traducción de Jarry. Dime si te interesa unos cuentos cortos (una diez páginas a máquina) del escritor francés Bethencourt (*sic*), son magníficos. También te envío la dirección de los *Cuadernos de Patafísica* para que te suscribas a ellos y los suplementos que regalan. Es bien barato. Por su parte, Álvaro ya le ha escrito al director diciéndole que tú quieres abonarte.[380]

Después de haber comentado la primera traducción en español de Jarry, Piñera publicaría traducciones del francés en la revista *Ciclón*

[378] La cita de estos versos proviene probablemente del libro de Pierre de Croze, *Le Chevalier De Boufflers et La Comtesse De Sabran*, Paris, Calmann Levy, 1894, p. 106, porque en el libro se citan los versos como un deseo de epitafio de la condesa de Sabran. Este libro trata de la relación y las cartas intercambiadas entre el poeta Stanislas de Boufflers (1738-1815) y Françoise Eléonore Dejean de Manville, condesa de Sabran, y después, al casarse con el intelectual, condesa de Boufflers (1749-1827).

[379] *Piñera corresponsal*, ob. cit., pp. 248-249.

[380] *Piñera, de vuelta y vuelta. Correspondencia 1932-1978*, ob. cit., pp. 123-124. Piñera se refiere al escritor francés Pierre Bettencourt (1917-2006) de quien se publicaron en *Ciclón* varios cuentos, como veré más adelante.

editada en La Habana entre 1955 y 1957 –y un número final de 1959– en la cual fungiría como secretario de redacción. Se trata de tres textos breves que aparecen en el número de enero de 1956 bajo el título de "Especulaciones", "Costumbre de los ahogados", "El cerebro del agente de policía" y "Homenajes póstumos".[381] En una nota del traductor Álvaro Rodríguez se aclaran las fuentes de los textos ; se trata de crónicas que aparecieron con el título de "Spéculations" y "Gestes" en las publicaciones periódicas *Revue Blanche*, *Le Canard Sauvage*, *La Plume* y *Le Figaro*, entre 1901 y 1903. A su vez, forman parte de un libro que Jarry dejara inédito y que solo se publicaría de manera póstuma en 1969 con el título de *La Chandelle verte. Lumières sur les choses de ce temps* (août-septembre 1907).[382] Jarry recrea de manera imaginativa hechos cotidianos, noticias científicas, acontecimientos políticos, etc. El exceso, el absurdo, y lo fantástico predominan en estos relatos desviados de sus significaciones más inmediatas, de su estatuto de "noticias". En cuanto a Piñera, la mención a los *Cahiers du Collège de Pataphysique* de la sociedad homónima fundada en París en 1948 inspirada en "la ciencia de soluciones imaginarias" de Jarry muestra su conocimiento de las actualidades literarias francesas. Este conocimiento le permite determinar preferencias estéticas que va descubriendo y orientar lo que se publicaría en la revista.

Mucho se ha escrito en los últimos años sobre la revista *Ciclón* en buena medida a partir de las circunstancias de su surgimiento, así como por el enfrentamiento estético proclamado, desde el editorial del primer número ("Borrón y cuenta nueva") al *Orígenes* de José Lezama Lima.[383] No es nada nuevo tampoco reconocer el papel de Virgilio

---

[381] *Ciclón*, vol. 2, n° 1, 1956, pp. 33-37.

[382] *La Chandelle verte. Lumières sur les choses de ce temps* (août-septembre 1907), introducción y edición de Maurice Saillet, Le Livre de Poche, 1969. Saillet (1914-1990) fue el fundador, con Maurice Nadeau, de la revista *Les lettres nouvelles* (1953-1977).

[383] Entre los estudios sobre la revista se encuentran Roberto Pérez León, *Tiempo de Ciclón*, Ediciones Unión, 1995 y "Virgilio Piñera en *Ciclón*" de Carmen Ruiz Barrionuevo, entre los primeros. El de Barrionuevo aparece en el volumen, *En torno a la obra de Virgilio Piñera*, Jean-Pierre Clément, Fernando Moreno (edts), Université de Poitiers, 1996, pp. 105-115. También editado en Francia el testimonio de José

Piñera en el perfil provocador de la revista, ni en sus osadas colaboraciones. Con respecto a lo que me interesa en estas páginas, *Ciclón* viene a confirmar la progresiva relevancia de la literatura francesa en el escritor cubano, a partir de su estancia en Buenos Aires. Así lo expone y esclarece la investigadora Francy Moreno:

> Virgilio Piñera comenzó a desafiar las jerarquías del campo intelectual cubano y argentino desde paradigmas de actualidad, que no siempre están cruzados por el prestigio y el reconocimiento internacional, lo que desentonaba con las ideas compartidas por los de *Orígenes* y con la de muchos colegas porteños. Virgilio Piñera comenzó a actuar entre dos campos simultáneamente, el porteño y el habanero, gracias a sus estancias en Buenos Aires, que en total suman un poco más de diez años. Aunque *Ciclón* se imprimió en La Habana y fue dirigida por José Rodríguez Feo [...] fue aquel narrador y poeta quien lideró la apuesta estética de la revista, como sercretario de redacción en La Habana y corresponsal en Buenos Aires [...] La mayor innovación de Piñera y Rodríguez Feo en términos de las políticas cosmopolitas fue un cambio de referente de novedad. Su mirada ya no se ubicó en París o Nueva York, sino en Buenos Aires. Por mediación del cambio porteño llegaron a *Ciclón* traducciones provenientes de otros campos, como el francés. Pero además, no contentos con esto, el escritor y el crítico intentaron, poner en circulación en espacios centrales de su revista, estéticas que para la fecha no tenían mucha acogida: obras que exploraban lo absurdo y lo grotesco, así como una temática que tampoco era muy celebrada entre los letrados latinoamericanos, esto es, la sexualidad como materia literaria. Así fue la propuesta de *Ciclón* profundizó los vínculos y la comunicación entre dos polos culturales latinoamericanos.[384]

---

Rodríguez Feo, "Las revistas Orígenes y Ciclón", *América*, Cahiers du Criccal, Sorbonne Nouvelle, n° 9-10, pp. 41-45. Rafael Rojas en un capítulo de su libro *Tumbas sin sosiego. Revolución, disidencia y exilio del intelectual cubano*, Anagrama, 2006, se refiere a *Ciclón* (pp. 152-167). Estudios más recientes como *Orígenes de un ciclón homenaje a José Rodriguez Feo*, Norge Espinosa (ed.), Ediciones Extramuros, 2017, textos del coloquio homónio realizado en La Habana el 11 y 12 de noviembre de 2015 organizado por el Centro de Promoción Literaria Dulca María Loynaz y *El estruendo de Ciclón: La Nueva Revista Cubana*, de Nainerys Machado Vento, Katakana Editores, 2022, una tesina de Máster realizada por la autora en 2016 el Colegio de San Luis, México: https://colsan.repositorioinstitucional.mx/jspui/bitstream/1013/620/1/Lugares%20comunes.pdf

[384] Francy L. Moreno H., "Universalismo, cosmopolitismo y política editorial en revistas culturales del siglo XX", *Latinoamérica. Revista de estudios latinoameri-*

La biblioteca francesa de Piñera no solo amplió sus estantes a través de la revista *Sur* sino también en el contacto con amigos francófanos y con la lectura de traducciones de editoriales porteñas como la de Jarry, que motivara su publicación en *Ciclón*. Está claro que "la mayor y más constante influencia en *Sur* provenía de la literatura y el pensamiento franceses"[385], a lo cual se unen la edición de traducciones, la fundación de tres de las más importantes editoriales argentinas en la década del 30 (Sudamericana, Losada y Emecé), y la presencia y actividad literaria durante su exilio argentino del francés Roger Caillois. La revista *Lettres françaises* (1941-1945) de Caillois, así como el "Institut d'études supérieures" que él crea en Buenos Aires, traduce, difunde y edita la literatura francesa, además de acoger a intelectuales francófonos, e incluso dar a conocer en francés textos escritos en español.[386]

Los conocimientos del francés y esta efervescencia francófana entre las élites letradas porteñas le permiten a Piñera ganarse la vida también como traductor del francés tanto en Buenos Aires como en la etapa final de su vida en La Habana. "Te quería decir entre otras cosas que cualquier traducción que haya que hacer para *Ciclón* nosotros la podemos hacer. No estés pagando traducciones a nadie y gastando más dinero. Así que ya sabes".[387] Esto escribe a Rodríguez Feo desde Buenos Aires a La Habana, en abril de 1955 ; el plural se justifica porque Piñera compartía su alojamiento en la capital argentina con su amigo Humberto también francófano. En cuanto a las consecuencias culturales de la practica de la traducción en Piñera, Rafael Rojas opina lo siguiente:

---

*canos*, UNAM, 2017, n° 1, p. 64.

385 M. Gloria Ríos Guardiola, *Corrientes espirituales francesas en la revista* Sur. *Del personalismo al pacifismo,* Editorial Académica Española, 2017, p. 13.

386 Annick Louis, "La traduction dans la revue *Lettres françaises* (1941-1947) de Roger Caillois", *Scènes de la traduction France-Argentine,* ob. cit., pp. 97-116. El índice de todos los número de *Lettres françaises* (julio de 1941 a junio de 1947, se puede consultar en: https://books.openedition.org/editionsulm/6137?lang=es

387 *Virgilio Piñera de vuelta y vuelta,* ob. cit., p. 117.

> El francés le sirvió a Piñera, además, para entrar en contacto con otras literaturas como la centroeuropea, que daba un segundo salto del alemán al francés, antes de ser traducida al castellano, o las postcoloniales del Caribe, África y Asia. Piñera entendió su relación con esas literaturas como un diálogo entre pares, propio de escritores menores, que burlaba la tradicional asimetría entre América Latina y Europa.[388]

David Leyva en su *Órbita de Virgilio Piñera* dedica una parte final del libro a esta actividad del escritor cubano.[389] Aparece aquí una lista detallada de los ensayos, poemas, cuentos, novelas y piezas de teatro que Piñera tradujera. Por orden cronólogico de esa lista se detalla la primera traducción de Piñera, la de Paul Valéry, que se publica en el número uno de noviembre de 1942 de la revista *Poeta,* en cuyo segundo número de mayo de 1943, aparece también traducido por él un fragmento del poema "Grand Midi" de Aimé Cesaire. En sentido general podemos clasificar estas traducciones teniendo en cuenta las intenciones de Piñera al hacerlas y las circunstancias en las cuales fueron publicadas. En primer lugar figuran las traducciones que Virgilio hiciera por voluntad propia debido a su fascinación por la literatura francesa y su interés por publicarlas en revistas cubanas. En segundo lugar las que él publicara con su amigo Humberto en Buenos Aires para la editorial Argos[390] como manera de ganarse la vida aún cuando, la más célébre de sus traducciones –la de *Ferdydurke* de Gombrowicz– se realizara, como se sabe, en un café de la capital argentina, y sería el resultado de la amistad de un grupo de amigos. En cuanto a las traducciones que Piñera hiciera como empleado de editoriales cubanas

---

[388] Rafael Rojas, "El espectro menor de Virgilio Piñera", *Letras Libres*, 3 de agosto de 2012 https://letraslibres.com/revista-mexico/el-espectro-menor-de-virgilio-pinera/

[389] David Leyva, "Piñera traductor", *Órbita de Virgilio Piñera*, ob. cit., pp. 339-355.

[390] Piñera y Humberto traducen la novela *Juan Azul* de Jean Giono en 1947. Esta referencia no aparece en la lista de Leyva quien aclara: "[…] Piñera ejerció de traductor de francés para la Editorial Argos de Argentina; y en la correspondencia de Piñera con José Rodríguez Feo se mencionan varios proyectos de traducciones en compañía del también cubano Humberto Rrodríguez Tomeu, que no sabemos con exactitud si fueron terminadas o publicadas", ob. cit., p. 341. Rafael Rojas sí menciona el libro de Giono en su comentario al artículo de Leyva, ob. cit.

en las décadas de los 60 y 70 son –salvo raras excepciones como la traducción de *Le bateau ivre* de Rimbaud[391]–, constituyen obligaciones de sobrevida en el Instituto Cubano del libro durante el sombrío período final de su vida.

Las traducciones del francés que aparecieron en la revista *Ciclón,* y que yo asocio al primer grupo antes mencionado, deben mucho a Piñera. En algunas él funge como traductor, pero en casi todas actúa como mediador. "*Ciclón* es un lugar en la obra de Piñera", afirma rotundo Roberto Pérez León, después de considerar que el nombre de Piñera "permitía agrupar bajo él un cierto número de textos, tenía una función de clasificatoria, una homogeneidad o filiación [...]".[392] A continuación aparecen citados –por orden de aparición– todos los textos escritos por autores franceses, o que tratan aspectos de la cultura y la literatura franceses pubicados en *Ciclón*:

VOL. 1, NÚM. 1, ENERO DE 1955

Jean Cassou (1897-1986), "El lirismo ontológico" de Jorge Guillén (Ensayo traducido por Manuel Durán)

Virgilio Piñera, "Textos futuros. Las 120 jornadas de Sodoma" (introducción al texto de Sade)

Marqués de Sade (1740-1814), "Las 120 jornadas de Sodoma" (fragmento), traducido por Humberto Rodríguez Tomeu que escribe una nota al final sobre la historia del libro de Sade.

Humberto Rodríguez Tomeu "Las criadas", reseña sobre la obra de teatro homónima de Jean Genet (1910-1986) de 1947 y representada en La Habana por el grupo de teatro "Prometeo" en 1954.

VOL. 1, NÚM. 2, MARZO DE 1955

Stéphane Mallarmé (1842-1898), "Igitur o la locura de Elbehbnon", (cuento filosófico). Traducción de Agustín O. Larrauri, autor del epílogo, "Noticia sobre Igitur", donde se esclarece el lugar de Igitur en la obra de Mallarmé.

---

[391] *Poesía francesa*: Mallarmé, Rimbaud, Valéry, Editorial Nacional de Cuba, 1966, pp. 160-170.

[392] Roberto Pérez León, *Tiempo de Ciclón*, ob. cit., p. 50

Édouard Jaguer (1924-2006) “Wifredo Lam”, ensayo en español y fechado en octubre 1953 en París. Dibujos de un cuaderno de bocetos de Lam ilustran el texto. Édouard Jaguer fue el fundador de la revista de arte *Phases* (1954-1975) que dará lugar a un movimiento artístico homónimo resultado del encuentro de surrealistas y miembros de la abstracción lírica en Bruselas.

Marqués de Sade, “Las 120 jornadas de Sodoma” (fragmento), traducido por Humberto Rodríguez Tomeu.

VOL. 1, NÚM. 3, MAYO DE 1955

Henry de Montherlant (1895-1972), “Parsifae”, pieza de teatro representada en París en 1938, traducida por Maurici Torra Balari. La traducción está precedida de la “Alocución de Montherlant, como introducción, en el día del estreno”. Montherlant es uno de los escritores franceses más controversiales de las entreguerras y de la ocupación alemana de Francia. Su colaboración con los alemanes no se pudo comprobar, pero se le acusa de cierta ambigüedad con respecto a los ocupantes, y de ciertos escándalos debido a su homosexualidad reprimida. Se suicida, según él, por no quedar ciego de la herida de un ojo. Roger Peyrefitte que publicará en el número 6 de 1955 de *Ciclón* (ver abajo) en sus memorias *Propos secrets* de 1977 cuenta que la herida en el ojo de Montherlant se debió a una golpiza recibida a la salida de un cine, por haber manoseado a un niño.

Robert Merle (1908-2004), “Oscar Wilde en prisión”, fragmento del libro *Oscar Wilde ou la destinée de l'homosexuel,* Gallimard, 1955, traducido por José Rodríguez Feo quien tenía el proyecto, junto a Piñera, de publicar este libro en una editorial *Ciclón* que nunca dio a la luz.

En este número Antón Arrufat aborda el tema de la filosofía existencialista en su reseña “El alero del existencialismo”. Arrufat comenta los libros de Marjorie Grene, *El sentimiento trágico de la vida*, y *Unamuno filósofo existencialista* de Amando Lázaro Ros, publicados en 1952 en Madrid por Aguilar. Arrufat describe la genésis del existencialismo y comenta los puntos de vista de Sartre en sus libros.

VOL. 1, NÚM. 4, JULIO DE 1955

Raymond Queneau (1903-1976), “Filosófos y vagos”, ensayo traducido por Álvaro Rodríguez. Se trata de un ensayo publicado en

*Le Temps Modernes*, enero de 1961, pp. 1193-1205. La traducción de "vagos" por "voyous" puede ser discutible. El término de vago parece ser una adaptación al contexto cubano en el cual se considera de manera despectiva a los intelectuales y "filósofos", tema del ensayo. El título del ensayo en francés es "Philosophes et voyous". "Voyou" es más bien sinónimo de delincuente. En esa ocasión solo se publicó parcialmente en la revista de Sartre.

El argentino Damián Bayón (1915-1995), residente en París, ciudad donde falleciera, publica el ensayo "Matisse o la mano que piensa" donde se hace un balance de la vanguardia pictórica parisina del momento.

VOL. 1, N° 5, SEPTIEMBRE DE 1955

Armand Lanoux (1913-1983) "Encuentro con Salvador Salí", entrevista traducida por Virgilio Piñera. Lanoux es el autor del prólogo del *libro La vie secrète de Salvador Dalí*, autobiografía del pintor cuya versión francesa fue realizada por Michel Deron (1919-1926) y publicada en 1952 por la editorial La table ronde, aunque Dalí la había concluido en 1943 y publicada un año después en Nueva York.

VOL. 1, N° 6, NOVIEMBRE DE 1955

Julien Torma (1902-1933), "Euforimos", aforismos traducidos por Álvaro Rodríguez quien anota el origen del texto, el libro *Euphorismes,* fragmentos recogidos por Jean Montfort, Paris, 1926. Torma es uno de los escritores franceses más enigmáticos del siglo XX. Cercano al surrealismo, se proclamaba próximo de la Pataphysique de Jarry. Julien Torma se supone que se suicida en 1933 durante un paseo en el campo, pero sus restos no fueron encontrados. El misterio Torma se prolonga en la extensa obra póstuma que siguió editándose probablemente escrita por admiradores del escritor.

Roger Peyrefitte (1907-2000), "Las llaves de San Pedro", traducción de Virgilio Piñera del capítulo IV parte III de la novela *Les clés de Saint Pierre*, Flammarion, 1955. La novela, que provocó un escándalo y la ira de François Mauriac (1885-1970), cuenta la historia del seminarista Victor Mas enviado de Versailles al Vaticano. Lo esencial del escándalo radica en la insinuación de la homosexualidad del Papa. La recepción de la obra de Peyrefite oscila entre quienes en su época lo rechazaron con vigor y quienes consideran que fue un revelador anticipado de la hipocresía humana y de los escándalos sexuales disimulados por la iglesia. Su libro más conocido fue la novela *Les Amitiés particulières* de 1944 que narra las relaciones homosexuales en un colegio religioso y recibió los elogios de André Gide.

VOL. 2, N° 1, ENERO DE 1956

Alfred Jarry (1873-1907), "Especulaciones" ("Costumbre de los ahogados", "El cerebro del agente de policía" y "Homenajes póstumos"), narraciones traducidas y anotadas por Álvaro Rodríguez. De Jarry y de ese libro póstumo he hablado más arriba (ver nota 128). Rodríguez traduce a partir del tomo 4; *Œuvres complètes* (en 8 tomos), Henri Kaeser (éd.), Éditions du Livre, Monte Carlo/Laussane, 1948. Una primera edición de las *Spéculations* data de 1911, editadas por Eugène Fasquelle, poco después de fallecido Jarry.

VOL. 2, N° 2, MARZO DE 1956

Pierre Bettencourt (1917-2006), "Gana la locura" ("La víctima", "Mi pequeña María", "Pies contra pies", "Cuerpo perdido", "La pesca de ratones", Henry M…", "Pierre E…", "El aire de flauta"), relatos traducidos y anotados por Álvaro Rodríguez. Los textos pertenecen al libro *La Folie gagne*, Gallimard, 1950. (Ver nota 136)

VOL. 2, N° 3, MAYO DE 1956

André Malraux, (1901-1976), "Comentarios", entrevista de José Rodríguez Feo traducida por Patricio de la Paz.

Malcolm de Chazal (1902-1981), "Sentido plástico", ensayo de este escritor mauriciano de expresión francesa, con traducción y nota de Álvaro Rodríguez.

En este número Antón Arrufat publica su ensayo sobre Baudelaire que le permitió, como es sabido, conocer a Rodríguez Feo y otros escritores afines a *Ciclón*. (Ver su testimonio en Roberto Pérez León, *Tiempo de Ciclón*, ob. cit., pp. 92-104).

VOL. 2, N° 4, JUNIO DE 1956

Marcel Bisiaux (1922-1990), "Las pequeñas cosas", relato del libro *Les petits choses*, Gallimard, 1954, con nota y traducción de Álvaro Rodríguez.

VOL. 2, N° 6, NOVIEMBRE DE 1956

Maurice Blanchot (1907-2003), "Freud", ensayo traducido por Humebrto Rodríguez Tomeu.

VOL. 3, N° 2, ABRIL-JUNIO DE 1956

Stéphane Mallarmé (1842-1898), "Herodias", poesía traducida por Rosa Chacel.

Aun cuando la primera impresion al leer la lista es lo heteróclito de la selección, uno concluye que la literatura contemporánea –Sade y Mallarmé como excepciones que confirman la regla–, en *Ciclón,* es la predominante en las traducciones francesas.

Beatriz Sarlo se ha referido de la manera siguiente a las estrategias que persiguen las traducciones en las revistas latinoamericanas anteriores a la década de los 70:

> [...] la política de traducciones de una revista puede indicar de qué modo un colectivo intelectual piensa su intervención en la esfera pública como propuesta de reorganización de la tradición cultural. Finalmente, la mayor parte de las revistas del período 1940-70 (como sus antecesoras de los años veinte) tienen un programa para cambiar el canon: el pasado es el fantasma paterno que se agita en las batallas presentes. Por las traducciones y las versiones, las revistas proyectan cambiar el índice cultural estabilizado en la academia o los suplementos de los grandes diarios; articulan un sistema de 'autoridades'; ofrecen modelos textuales ; redimen y descubren.[393]

Surgida de una divergencia con *Orígenes, Ciclón* tiene varios puntos en común con su antagonista y a la vez crecientes diferencias que marcan su propia evolución, "[...] *Ciclón* defendía, al igual que *Orígenes,* una entrega a la literatura y las artes, en contra de la vehemencia política y el academicismo crítico que predominaba en el campo intelectual republicano, sólo que a diferencia de sus predecesora ese regreso a lo estético no implicaba compromiso alguno con la tradición católica, tan arraigada en las élites poscoloniales, ni la ignorancia deliberada de las corrientes neovanguardistas de la segunda posguerra, so pretexto de un nacionalismo raigal", opina Rafael Ro-

[393] Beatriz Sarlo, "Intelectuales y revista: razones de una práctica", *América*, Cahiers du CRICCAL, Sorbonne Nouvelle, n°. 9/10, 1992, p. 13.

jas.[394] Se puede afirmar que el interés por la literatura y las corrientes culturales francesas y europeas en general, como el existencialismo, el psicoanálisis, el surrealismo, el absurdo, etc. exigen dar una importancia relevante a las traducciones. El reconocimiento, la difusión y la irrupción en el canon cubano y en el latinoamericano de estos textos y autores altera y cambia las recepciones tradicionales de la literatura extranjera en sus respectivas tradiciones nacionales.

Ricardo Lobato Morchón dedica todo un libro a la presencia del teatro del absurdo en *Ciclón*.[395] Al referirse a la presencia de Jarry en la revista, Lobato Morchón insiste en que es "un verdadero nexo, éste último, entre el malditismo y Dadá, y precursor, además, del teatro del absurdo".[396] El autor restructura su análsis sobre el discurso cultural de la revista, a partir del editorial "Cultura y moral" del número de noviembre de 1955, y se apoya en las obras de teatro publicadas en la revista por los autores cubanos. "Cultura y vida" arremete contra la cultural oficial batistiana y la enfrenta a la obra de artistas abandonados a su suerte que representan "la alta cultura" nacional. De esta idea se infiere que *Ciclón* viene a llenar un vacío y afirma su voluntad de modificar el entonces presente de la historia cultural cubana, oponiéndose a la creación de un oficialista Instituto Nacional de Cultura. "Dentro de la cultura oficial", escribiría Antón Arrufat sobre *Ciclón*, "despertó oposición cerrada y cerril. El dictador Batista y Guillermo de Zéndequi, presidente del Instituto Nacional de Cultura [...] trataron con frecuencia de impedir su publicación. En varios editoriales, uno contra Franco, otro contra la moral represiva estatal, la revista fijó su posición política".[397]

Más allá de detallar la repercusión de las traducciones, a Lobato Morchón le interesa describir la génesis y desarrollo de un teatro de vanguardia en Cuba, y de sus autores agrupados alrededor de *Ciclón*. Las traducciones elegidas y su publicación definen geografías culturales imaginarias y delinean la sintaxis de la revista. La voluntad de

[394] Rafael Rojas, *Tumbas sin sosiego*, ob. cit., p. 152.

[395] Ricardo Lobato Morchón, *El teatro del absurdo en Ciclón (1948-1958)*, Verbum, 2002.

[396] Ibid, p. 85.

[397] Antón Arrufat en *Tiempo de Ciclón*, ob. cit., p. 102.

intervención de *Ciclón* –desde el presente–, abarca un espacio público también nacional, a través de la apertura a la vanguardia letrada de la isla:

> En *Ciclón* encontramos todos los vectores o ascendientes necesarios para reconstruir la genealogía del teatro del absurdo: el decadentismo finisecular, Jarry, Dadá, el surrealismo, el existencialismo, el gusto por la provocación, la defensa de una aristocracia intelectual…No debe pues sorprendernos que, al margen de *Falsa Alarma*, el drama pionero de Virgilio Piñera, publicado en 1949, el absurdismo cubano se gestara en la segunda mitad de la década de los cincuenta impulsado por una pléyade de autores –Ezequiel Vieta, Antón Arrufat, José Triana, el propio Piñera– aglutinados en torno al proyecto de Rodríguez Feo.[398]

Es notorio, sin embargo, que fue la publición de la primera traducción al español de fragmentos de *Las ciento veinte jornadas de Sodoma* del marqués de Sade, en su primer número, lo que distinguió, por la provocación, a la revista *Ciclón*. La propia historia de Sade y de su literatura mucho tiempo proscrita, aseguraba un gran golpe de efecto y una irrupción desafiante en el panorama de la literatura hispanamericana. Escrito a partir de 1782 en la prisión del castillo de Vincennes, *Las cien jornadas…* será publicado por primera vez en Berlín en 1904 por Eugen Dühren, seudónimo del sexólogo y psicoanalista alemán Iwan Blosch (1872-1922) a quien Piñera menciona en su introducción "Textos futuros" a la publicación del primer fragmento traducido por su amigo Humberto Rodríguez Tomeu:

> […] Su siglo lo tuvo por loco (pasó el fin de su vida en Charenton, casa de alienados), y su obra fue considerada pura pornografía. El siglo XIX captó este juicio, colocando a Sade, es verdad, a la cabeza de los escritores pornográficos, pero nada más. Los albores del XX, vieron ya en los estudios de Iwan Bloch y en la edición de las *120 Jornadas*, debido a Maurice Heine, un serio intento de situar a Sade en su verdadero rango de gran artista, de creador genial. La crítica de los últimos años ha ido más allá. Sade no es tan sólo un gran artista, es también un moralista, como lo demuestra Maurice Nadeau en su profundo ensayo. No pasarán muchos años sin que estas *120 Jornadas* sean editadas para el gran público ; y tampoco pasarán muchos años sin qu estas

[398] Ibid., pp. 94-95.

> *120 Jornadas* sean, al igual que el *Decamerón*, el *Ars Amandi* o los *Raggionamenti*, texto a estudiar en liceos y universidades.[399]

Maurice Heine (1884-1940) fue el primer editor en 1931 del voluminoso volumen de *Las cien jornadas…* después de descifrar y transcribir los 12 metros del rollo de papel del manuscrito. Por su parte, Maurice Nadeau publica en 1947 el ensayo "Exploración de Sade" que precede a una antología de textos del marqués. Según Nadeau, detrás de la filosofía de Sade se disimula una moral. El escándalo, la supersensibilidad que procede del exceso, la pasión egoísta, el deseo producido por la imaginación –"el hombre solo puede alcanzar su felicidad por la imaginación", afirma Sade[400], la imaginación es la palabra que para Sade significa lenguaje, agrega Roland Barthes–,[401] son las bases de esta moral sádica que se expresa por "la insurrección permanente". Los defensores de la religión de la carne, dice Nadeau, hacen del escándalo la actividad preferida del deseo. Alcanzar esto exige enfrentarse a las "concepciones tradicionales de la colectividad". El sadismo es un individualismo exagerado hasta el anarquismo. La libertad al residir en sí mismo, concluye el célebre editor parisino, obliga a estar en perpetuo estado de insurrección. Ninguna sociedad real o utópica puede servir entonces como modelo.[402]

---

[399] Virgilio Piñera, "Textos futuros. Las 120 Jornadas de Sodoma", *Ciclón*, vol. 1, n° 1, enero de 1955, p. 35. En un ensayo sobre Sade publicado en 1996, el escritor Philippe Sollers (1936-2023) comienza de la manera siguiente: "La oleada de libertad del siglo XVIII engendró a Sade; el siglo XIX hizo todo lo posible para ignorarlo o censurarlo; el siglo XX se ocupó de demostrarlo, a gritos, por lo negativo; el siglo XXI deberá considerarlo como una evidencia. Uno, dos, tres, cuatro: eso o nada. O más bien: eso, o la resignación a la mentira de la insignificancia", Philippe Sollers, "Sade dans le temps", *Sade contre l'être suprême*, Gallimard, 1996, p. 11. ("Le raz-de-marée de liberté du dix-huitième siècle a engendré Sade; le dix-neuvième a travaillé à l'ignorer ou à le censurer; le vingtième s'est chargé de le démontrer, de façon hurlante, par la négative; le vingt-et-unième devra le considérer dans son évidence. Un, deux, trois, quatre: cela, ou rien. Ou plutôt: cela ou la résignation au mensonge de l'insignifiance").

[400] Citado por Maurice Nadeau en *Sade l'insurrection permanente*, Les Lettres Nouvelles, 2002, p. 45.

[401] Roland Barthes, *Sade, Fourier, Loyola*, Éditions du Minuit, 1971.

[402] Ibid., pp. 61-62.

En su introducción a la edición de la Pléiade, Michel Delon cita estas palabras de Sainte-Beuve sobre Sade publicadas en la *Revue des Deux Mondes* en 1843: "me atrevería a afirmar, sin temor a ser desmentido, que Byron y Sade [...] han sido quizás los dos polos inspiradores de nuestros modernos". Sainte-Beuve argumenta esto a partir de las formas de estas influencias: "uno de manera explícita y visible, el otro de manera clandestina, no demasiado clandestina".[403] El propio Delon resume más lejos en su introducción lo que deviene canónico en este escritor maldito:

> La obra de Sade, por muy particular que sea, debe enmarcarse en un vasto movimiento a la renuncia de reglas del bien decir que acompaña la reveindicación de la originalidad y de la autenticidad. La voluntad de "decir todo" del autor de *Las Cien jornadas de Sodoma* se relaciona paradójicamente con la nudez autobiográfica de Rousseau, al cual se opone con frecuencia y de la grafomanía de un Restif de La Bretonne que él no dejó de vilipendiar.[404]

En la introducción "Piñera teatral" que escribiera a su *Teatro Completo* de 1960, Piñera escribiría que, en su sueño no realizado por "timidez, o lo que sea" de "asombrar al mundo con una salida teatral" envidiaba a muchas personas osadas, como "a Fidel Castro entrando en La Habana" y aclara: "Es la eterna historia de los literatos", antes de citar el ejemplo de Sade:

> El marqués de Sade –un libertino de poca monta– se vió (*sic*) reducido al triste papel de escribiente de su propia sexualidad. Si excluimos dos o tres desarreglos bien inocentes, el pobre marqués no hizo otra cosa que escribir sobre la vida sexual del hombre. Y este es el precio que se paga. Por otra parte, ha sido necesario tener, personalmente una vida blanca para dar color y dramatismo a los personajes creados.[405]

Todo parece indicar que Piñera al leer la literatura francesa devela afinidades que proyectan su propia identidad como escritor. Su percepción de esta escritura literaria puede oscilar entre la bola negra que perseguía a Proust en los salones de París –pasando por la atracción

---

[403] Michel Delon, "Introduction", Sade, Œuvres I, Gallimard, 1990, p. X.

[404] Ibid., p. LVII.

[405] Virgilio Piñera, "Piñera teatral", *Teatro Completo*, ob. cit., p. 8.

hacia aristócratas excéntricos fugitivos o víctimas de la revolución–, y la necesidad de una vida blanca de quien escribe.

En todos los casos se trata de abogar por una escisión entre vida personal y la representación del mundo en aras de una obra, es decir, de una forma auténtica y descarnada de expresión. En esta decisión de pagar el precio de "decirlo todo" –"teoría de las destrucciones", "escribirse uno mismo"–, se puede discernir una desafiante moral que toma la libertad como estandarte. De esta simbiosis emerge la principal extrañeza –áspera, provocadora, crítica– de Piñera en el canon literario cubano y latinoamericano, la de poder ser considerado el fundador de una segunda lengua, de una ruptura tanto de las convenciones –lingüísticas, sociales, religiosas–, como de toda solemne racionalidad. El piñerismo, en gran medida, se configura, de vuelta de sus aventuras intelectuales alejadas de la isla natal –Francia, libresca y releída en Argentina– para crearse por oposición a todo cortejo fantasioso, contra toda máscara:

> Tout un cortège fantasque
> –muses, pythies, magiciennes,
> Faisant office d'antennes–
> Pose sur ta gueule un masque.[406]

[406] Virgilio Piñera, "Le poète tel quel", uno de los diez poemas escritos en francés por Piñera y recogidos en la edición del centenario de *La isla en peso*, ob. cit., pp. 213-226: "El poeta tal cual". "Todo un cortejo fantasioso/-musas, pitonisas, magas,/a manera de antenas-/pone sobre su jeta una máscara", p. 213. (Mi traducción)

# "Y eso mismo dirán 'los dioses' de ti: que te quedes en París". Sobre dos cartas de Virgilio Piñera a Severo Sarduy

GERSENDE CAMENEN
*Université Gustave-Eiffel*

La correspondencia de Virgilio Piñera es objeto de un creciente interés. Una prueba de ello es la difusión que han conocido, por un lado, el volumen *Virgilio Piñera de vuelta y vuelta: correspondencia 1932-1978,* publicado en La Habana por las ediciones Unión, con motivo del centenario del nacimiento del autor, y, por el otro, el libro editado por Thomas F. Anderson, *Virgilio corresponsal: Una vida en cartas*. Lo que distingue estos dos volúmenes de otras publicaciones anteriores de la correspondencia de Piñera, parciales y dispersas[407], es la intención de totalidad o de exhaustividad, se trata de contemplar la correspondencia como un corpus valioso en sí, y no en tanto simple escarceo anecdótico. El libro del Centenario, en efecto, se caracteriza por su intención de abarcar una amplia gama de cartas, dirigidas a distintos destinatarios, cubriendo así los años de escritura y de vida del escritor. El libro de Thomas F. Anderson, por su lado, publica la correspondencia que mantuvo Piñera con su amigo Humberto Rodríguez

[407] El libro de memorias *Tiempo de Ciclón* editado por Roberto Pérez León recoge una parte de la correspondencia que Piñera mantuvo con su amigo y co-fundador de la revista, José "Pepe" Rodríguez Feo. En el libro *Fascinación de la memoria. Textos inéditos de José Lezama Lima*, Iván González Cruz (ed.), Editorial Letras cubanas, 1993, pp. 263-284 aparecen ocho cartas de Piñera a Lezama fechadas entre 1940 y 1947. Estas cartas más otras dos –una fechada en La Habana el 31 de marzo de 1942 y la otra el 14 de noviembre de ese mismo año–, son publicadas por González Cruz en ***Albur***, ob. cit, pp. 729-730. Ambas cartas aparecen recogidas en la edición del centenario de 2011.

Tomeu a lo largo de veinte años y que se conserva en el archivo "Virgilio Piñera" de la Firestone Library de la Universidad de Princeton. Parcial por definición, esta correspondencia es, sin embargo, la más nutrida que se conozca y arroja múltiples luces sobre las circunstancias del escritor y, a través de ellas, sobre la accidentada historia literaria e intelectual de Cuba en los veinte años que siguieron al triunfo de la Revolución. Ambos libros invitan también a leer la correspondencia como una parte de la obra del escritor, a la manera de un contrapunto donde se refleja y reorganiza.

Pretender que las dos cartas que aquí presentamos puedan cumplir con las mismas expectativas sería, por supuesto, muy exagerado. Por su reducido número, corren el albur de ser calificadas, a su vez, de dispersas y parciales, ya que es de pensar –o por lo menos de esperar– que se conserven otras cartas de Piñera a Sarduy, o de este a aquel, y que su adición permitiría constituir un corpus más sustancioso. Sin embargo, ni nuestras pesquisas por otras bibliotecas –como la Biblioteca Nacional de España, donde encontramos las dos cartas que a continuación transcribimos, los archivos del Instituto de los Memorias de la Edición (IMEC, Caen, Francia) que conserva la correspondencia editorial de Severo Sarduy o los fondos del Cuban Heritage de la Universidad de Miami– ni la consulta de los catálogos de los archivos de Piñera y de Severo Sarduy conservados en Princeton, nos han permitido localizar otras cartas. Aunque es probable que no se encuentren otras ya que Severo Sarduy quemó prácticamente toda su correspondencia "literaria" antes de morir: cartas de Lezama, de Paz, Barthes y de tantos otros. Estas dos cartas del fondo Sarduy de la BNE son parte de lo que se salvó del fuego. Veremos que arrojan luz sobre las relaciones personales que mantuvieron Piñera y Sarduy. Más allá, constituyen también un documento para la historia intelectual y literaria del principio de los años 60, y en especial para el conocimiento de la represión contra los homosexuales en Cuba. Finalmente, a partir del análisis de los numerosos pasajes escritos en francés, proponemos una hipótesis de lectura del bilingüismo de Piñera, un fenómeno frecuente en su correspondencia, que, según pensamos, es más que una estrategia para eludir la censura.

## Circunstancias

La primera carta fue escrita el 20 de noviembre de 1960, y mandada de Guanabo, donde Piñera residía, a la Casa de Cuba de la Ciudad Universitaria de París en la que se hospedaba Severo Sarduy desde su llegada desde principios de 1960. Piñera vivía entonces una de las mejores épocas de su vida, por lo menos, desde un punto de vista profesional. Al igual que muchos otros (escritores) cubanos, entendió que los eventos de principios de 1959 eran la señal de que no solo Cuba había comenzado una "nueva etapa que se anuncia tremenda", como le ponía a Humberto Rodríguez Tomeu en una carta del 7 de enero, sino que sus circunstancias personales mejorarían de manera radical[408]. Pero los primeros meses de la Revolución estuvieron marcados por decepciones. Pese a sus arduos esfuerzos, Piñera, que acababa de perder su trabajo en la revista *Carteles*, no logró ser nombrado en uno de los muchos puestos disponibles como agregado cultural del Gobierno revolucionario, y tampoco se pudo asegurar un puesto en el recién establecido Instituto Nacional de Cultura, copado, según él, por los miembros de *Orígenes*. En la primera carta que transcribimos, el pudor le hace callar las penas pasadas, con aparente desgano, a un Severo instalado en la ciudad que alimentó sus ilusiones: "No hago esfuerzos por viajar pues estoy cansado de hacer maletas, lo cual no quiere decir que si el viaje se da por sí mismo lo rechace, pero no insisto".

Piñera ya había volcado su resentimiento en "La inundación", crónica caustica de los primeros tiempos de la Revolución, publicada en el número de *Ciclón* revivido fugazmente por José Rodríguez Feo en enero de 1959. Quizás la lucidez algo quevediana que mostraba Piñera en este texto, y que le hacía ver todo el "patetismo de los burócratas que tratan de retener su cargo, patetismo en los que luchan por encajarse" le viniera, precisamente, de haber salido derrotado de esta "guerra de nervios que se significa por intrigas, por bajezas por lo que en lenguaje popular se denomina la 'empujadera'".[409] Finalmente, la suerte le sonrió, un poco más tarde, y cuando la "inundación ilustrada

[408] Thomas F. Anderson, *Virgilio corresponsal: una vida en cartas*, Instituto Internacional de Literatura Iberoamericana, Universidad de Pittsburgh, 2016, pp. 16-17.

[409] Virgilio Piñera, "La inundación", *Ciclón*, vol. 4, n° 1, 1959, pp. 12-13.

(o la ilustración inundada léase como se quiera) anegó en su mar de tinta las planas de los periódicos"[410], salió a flote. Obtuvo un puesto de redactor en *Revolución* ("enganché", dijo en argot cubano, exultante, a Humberto Rodríguez Tomeu)[411], luego una columna, antes de contribuir con regularidad a *Lunes*, el suplemento literario de *Revolución*, que estaba bajo la dirección de Cabrera Infante, su antiguo director en *Carteles*. Su posición en *Revolución* y *Lunes*, que llegaban a cientos de miles de lectores "lo colocó a la vanguardia de la cultura cubana".[412] Ya atareado, Piñera estuvo particularmente ocupado después de que Cabrera Infante lo nombrara director de las Ediciones R, casa editorial nueva, bajo los auspicios del periódico. Entre los proyectos que allí supervisaba, se encontraba su propio *Teatro Completo*, cuya publicación inminente comenta en su primera carta a Sarduy y que salió en 1961, convirtiéndolo en una estrella del teatro nacional. El éxito de las representaciones de *Electra Garrigó*, considerada como su obra principal pero que en su estreno de 1948 había recibido reseñas hostiles, simboliza el estatuto que, en cuestión de meses, había alcanzado. A este respecto, Thomas F. Anderson escribe:

Cuando *Electra* se presentó por tercera ocasión en el Teatro Prometeo en febrero de 1960, se vendieron todos los boletos y sillas adicionales tuvieron que ser acomodadas en los pasillos: "Electra va muy bien", Piñera le escribió a Humberto un par de semanas después. "El domingo pasado se llenó de tal modo que pusieron sillas de tijera. [...] Mañana sábado irá Sartre a verla" (18 de marzo de 1960). En una posdata manuscrita a la misma carta Piñera alude a una foto periodística de Jean-Paul Sartre entre la audiencia, la cual había incluido en su misiva e informa con evidente orgullo que a Sartre le ha encantado la obra y que tiene planes para llevarla a París. Piñera añade además que se esperaba que Fidel Castro asistiera a la representación de *Electra Garrigó* el siguiente fin de semana. Por desgracia, Sartre nunca llevó la obra a París y Castro no se presentó en la fecha esperada. Pero és-

410 Ibid.

411 "YA ENGANCHÉ en *Revolución*. Puesto de redactar fijo (sección arte y literatura) 3 artículos de 3 cuartillas 3 veces por semana", carta del 7 de junio de 1959, citada por Thomas F. Anderson, *Virgilio corresponsal: una vida en cartas*, ob. cit., p. 19.

412 Ibid., p. 20.

tos (*sic*) eran los días de gloria de Virgilio Piñera y, al menos en ese momento, tales asuntos eran de mínima importancia. *Electra* se presentó para un público igualmente entusiasta en el teatro de la recién fundada Casa de las Américas en marzo de 1961 –donde se vendieron 2,000 boletos en tan solo tres noches– así como en abril en el Teatro Nacional.[413]

Además del reconocimiento, el éxito, súbito e inesperado, trajo también una comodidad financiera relativa pero inédita para Piñera que había conocido una vida de precariedad extrema[414]. Si a estos bienes materiales y morales, añadimos la felicidad de reencontrase en la casa de Guanabo[415], que, según cuenta Guillermo Cabrera Infante llamaba su "Gran Chalet de la Playa",[416] la idea según la cual 1960 fue "el año de gloria" de Piñera cobra todo su sentido.[417] De la carta que Piñera escribe a Sarduy el 20 de noviembre del mismo año, se desprenden la efervescencia y hasta cierto punto la euforia que marcan este momento. Las actividades relacionadas con los cargos que ocupa en *Lunes* y en Ediciones R. –Encuentro de Poetas y Artistas en Camagüey, publicación de su *Teatro Completo*, número de *Lunes* dedicado a Rolando Escardó y recopilación de su obra– parecen llevárselo en un torbellino ascendente. Si no fuera por unas notas discordantes que

[413] Ibid., p. 22.

[414] Piñera a Rodríguez Tomeu, el 29 de julio de 1960: "Te acuerdas de aquellos tiempos en que gastar un peso de más significaba un desequilibrio horrible? … [Ahora] tengo dinero que no sé en qué gastar", Thomas F. Anderson, ob. cit., p. 23.

[415] Antón Arrufat describe así la casa de Guanabo: "[era] una casa encantadora, con un jardín al lado, una galería de madera pintada azul, con grandes ventanas de persianas, al fondo de un garaje bastante grande, con habitaciones arriba y un patio con una fuente sevillana de azulejos de muchos colores. La casa poseía dos plantas, pero la superior solo contaba con un cuarto que a veces Virgilio utilizó para escribir. Vivía abajo en el primer cuarto. El segundo lo ocupaba Humberto Rodríguez Tomeu… En esa época Guanabo era un excelente lugar para vivir. Un pueblo pequeño con ese encanto de los pueblecitos construidos al pie de mar que, al mismo tiempo, se hallan muy cerca de las capitales", citado en Carlos Espinosa Domínguez, *Virgilio Piñera en persona*, Denver, Término editorial, 2003, p. 164 y Thomas F. Anderson, ob. cit., p. 11.

[416] Guillermo Cabrera Infante, *Mea Cuba*, Madrid, Plaza Janes, 1992, p. 87.

[417] Ibid., p. 23.

comentaremos luego, la carta destila entusiasmo e incluso cierta satisfacción personal y colectiva que le hace mostrar como cada uno de sus amigos logró colocarse en puestos e instituciones ("Antón 'profesa' en el TNC con lit. hispanoamericana; hace la revista de la C. de las A. y escribe en Lunes. Pepe está de traductor al y del inglés en la Imprenta N"). Parecía cumplirse lo que Piñera había reclamado, no sin cierta amargura en "Nubes amenazadoras", su primer texto de crítica política y social publicado en *Revolución*:

> Y mientras el doctor Castro pronunciaba su discurso (que, entre paréntesis, ha sido el primer discurso político que se ha escuchado en Cuba sin flores de retórica), todos y cada uno de nosotros –los que estaban presentes en el campamento de Columbia, y los que entendíamos: ¿qué puesto me darán, ¿qué cosa me ofrecerán?, ¿me dejarán fuera?, ¿me encajaré de una vez por todas? Y nos lo decíamos por las razones antedichas, y también porque en estos largos años de lucha contra Batista quien más quien menos ha estado resistiendo. [...] Esta resistencia se ha hecho defendiendo el terreno palmo a palmo y, al mismo tiempo, perdiendo todo el terreno. Y ahora, exhaustos, famélicos (ved cómo la palabra adecuada acude en el momento adecuado), queremos un puesto y lo queremos, y no se nos ocurre otro expediente, porque nuestra visión deformada solo alcanza a ver perspectivas deformadas, abismos que se abren a nuestros pies, y el instinto de conservación aúlla en nosotros como lobo rabioso.[418]

Sintiéndose "encajado", era más fácil considerar que La Habana era, en ese momento, una ciudad abierta, de la que se iba y venía sin dificultad –"Ya vi a Díaz Martínez; en cambio, sé que Rolando está en Habana pero se oculta"[419]–, la capital de una Revolución de horizontes despejados.

A finales de noviembre de 1960, Severo Sarduy llevaba casi un año fuera de Cuba, de donde había salido en diciembre de 1959, a bordo del "Marqués de Comillas" para estudiar pintura en Europa gracias a una beca. Residente de la Casa de Cuba, en la Ciudad Universitaria de París, compartía con otros cubanos las primeras experiencias del

---

[418] "Nubes amenazadoras", *Revolución*, La Habana, 15 de enero de 1959, p. 4, en Carlos Aníbal y Pablo Argüelles Acosta (compiladores), *Virgilio Piñera al borde de la ficción*, t. I, La Habana, Editorial UH, 2015, p. 263.

[419] Ver notas 67 y 68.

deslumbre cultural y del frío parisino, estudiaba pintura en la Escuela del Louvre y mejoraba su francés. De los primeros días de Sarduy en París el poeta Manuel Díaz Martínez recuerda:

> Severo fue alojado en la habitación contigua a la mía, la que compartió con su viejo conocido, el pintor cubano Guido Llinás. A la mañana siguiente, abrigados como lapones, salimos a dar un paseo por París. En la Porte d'Orléans, eufóricos y distraídos, nos lanzamos a cruzar la avenida por donde no se debía. Convertido de súbito en gárgola silbante, a puros pitazos un agente de tráfico nos hizo retroceder, y cuando aquella furia uniformada se nos echaba encima, con la evidentísima intención de multarnos, Severo, que tenía una fe ciega en su innegable carisma caribeño y que, además, quería demostrarme lo bien que ya hablaba francés, me asombró pidiéndome que dejara el asunto entre sus manos. Sin darle tiempo al policía a decir ni media palabra, mi amigo comenzó su coba de esta manera: "*Ecoutez-moi, monsieur le flic...*" Quienes entiendan francés se extrañarán de que un par de cubanos perplejos no fueran apaleados en el Boulevard Jourdan aquella fría mañana de París.[420]

Sarduy, ocupado por la escritura de su primera novela, empezaba a contemplar la posibilidad de prolongar su estancia, pese a que empezara a circular la noticia de que las becas no iban a renovarse y que los amigos (como Rolando Ferrer y el propio Martínez Díaz evocados por Piñera en su carta) regresarían. En el otoño, la perspectiva de quedarse fue el gran tema de la correspondencia de Sarduy con su familia:

> Acabo de comer con Arcocha, me cuenta cosas maravillosas del encuentro Fidel-Sartre que él tradujo y me asegura (esto es confidencial) que no darán más becas. La idea de pasar las Navidades del lado de acá cada día se me hace más grotesca, pero también cada día son más las personas que me aconsejan espere un poco, ya que aquí puedo ser útil y allá no voy a resolver nada. [...] Ya tanto Virgilio como Arcocha me han pedido la novela para Ediciones Rev. (Silencio absoluto sobre esto) y me hablan de colaborar en *Bohemia*, cuando yo estime oportuno regresar a Cuba, por más que uno y otro, me aconsejan y sugieren, continuar en lo más que sea posible, mi asistencia al Louvre y mi idioma francés y creo sinceramente que tienen razón. Yo, como

---

420 Severo Sarduy, *Cartas*, prólogo y notas de Manuel Díaz Martínez, Madrid, Verbum, 1996, pp. 11-12.

tú dices, de verlos tengo deseos, que para que hablar de eso, pero sinceramente, de regresar no son tan fuertes que digamos.[421]

Podría decirse –parafraseando la distinción que el propio Sarduy hacía entre las diferentes formas del "exilio"– que cuando Sarduy recibió la primera carta, no es que "decidiera quedar[se]": se iba "*quedando*".[422]

Muy distintas son las circunstancias en las que Piñera escribió la segunda carta que transcribimos, fechada el 19 de octubre de 1964 y enviada desde Milán. Desde 1961, en un clima general cada vez más represivo, Piñera conocía una progresiva pero segura caída en picada. Los episodios que jalonan esta historia a la vez personal y colectiva son tristemente célebres: prohibición de *P.M.*, conversaciones en la Biblioteca Nacional en junio de 1961 destinadas a calmar la ansiedad general despertada por la interdicción del documental, y durante las cuales, según el recuerdo fijado por Cabrera Infante, Piñera se confesaba "al borde del pánico"[423], cierre de *Lunes* en noviembre de 1961. Este último hecho suponía no solo un grave golpe para su situación financiera y su carrera profesional sino la pérdida de un lugar de acogida, ya que la revista se conocía como un refugio para los homosexuales, cuando la homosexualidad ya era considerada como una señal de discrepancia con el socialismo.[424] Piñera se convirtió a su vez en una víctima de la represión por desviación sexual cuando fue arrestado en

[421] Severo Sarduy, *Cartas a mi hermana en La Habana*, Mercedes Sarduy (compilación y testimonio) Alexandria Library Publishing House, 2015, Kindle edition. Juan Arcocha (Santiago de Cuba, 1927-París, 2010), escritor, periodista y traductor. Fue corresponsal de *Revolución* en Moscú, agregado de prensa de la Embajada de Cuba en París y traductor para la UNESCO. Se lo recuerda también como intérprete de Sartre y de Beauvoir durante su viaje a Cuba en febrero-marzo de 1960. Se exiló en París en 1971 luego del caso Padilla.

[422] "Lo que sigue está menos claro. Me dieron una beca para estudiar pintura en Europa y me quedé. Pero no es que decidiera quedarme: me fui quedando", en "Para una biografía pulverizada en el número –que espero no póstumo– de *Quimera*", *Obra completa*, ed. Gustavo Guerrero y François Wahl, Madrid, Alca XX, col. Archivos, 1999, p. 13.

[423] Guillermo Cabrera Infante, *Mea Cuba*, Barcelona, Plaza y Janes, 1992, p. 84.

[424] Ver Marvin Leiner, *Sexual Politics in Cuba: Machismo, Homosexuality and AIDS*, Boulder, Westview, 1994 y Ian Lumsden, *Machos, Maricones and Gays: Cuba*

un bar de Guanabo, por alegada violación a la moral revolucionaria. El arresto, que tuvo lugar el 11 de octubre de 1961, es decir la mañana después de la Noche de las tres P (operación destinada a limpiar La Habana de "prostitutas, proxenetas y pederastas"), quebrantó su ánimo y el intenso miedo que lo invadió lo obligó a abandonar su querida casa de la playa. Profundamente afectado en un plano personal, Piñera perdió, por lo demás, su puesto de director de las ediciones R, y con él, no solo el precario estatus que se había ganado en las instituciones culturales cubanas sino la relativa estabilidad económica que le proporcionaba.

No sorprende que, ante esa adversidad, Piñera haya prestado una sostenida atención a la traducción de sus obras a otros idiomas. Posible fuente de ingresos, la publicación en el extranjero podía también representar una bocanada de aire en un ambiente en el que se iba enrareciendo. Sin embargo, la traducción de sus obras fue esencialmente marcada por una serie de proyectos frustrados. No es el caso retomar aquí el trayecto accidentado que sufrieron las gestiones de Piñera, que Thomas F. Anderson ha trazado con precisión.[425] Bástenos mencionar que nuestras dos cartas registran la ansiedad de Piñera por ver su obra publicada y, al mismo tiempo, cierta conciencia de que el éxito de sus proyectos dependía de vínculos personales que, para ser eficaces, debían ser nutridos. Pese al entusiasmo de eminentes figuras, empezando por Sartre que había asistido a una representación de *Electra Garrigó* y prometido llevarlo a Francia, seguido del traductor Claude Couffon que lo había comparado con Ionesco, Piñera debía de sentir ya en 1960 que le convenía contar con apoyos más cercanos, dispuestos a defender sus libros en las editoriales francesas– Nivaria Tejera, mencionada en la primera carta, y el propio Sarduy, por supuesto.

El motivo de la estancia de Piñera en Europa en el otoño de 1964 era, precisamente, la publicación de su obra en el extranjero. La invitación, por una parte, del editor Feltrinelli le dejaba entrever la concretización de una promesa de publicación en Italia; esperaba,

---

*and Homosexuality*, Philadelphia, Temple UP, 1996, citados por Thomas F. Anderson, ob. cit., p. 30.

[425] Thomas F. Anderson, ob. cit., pp. 59-67.

por otra parte, que, con el apoyo de Juan Goytisolo, la traducción de sus cuentos saliera pronto en Gallimard y, finalmente, en 1964 presentaba su novela *Presiones y diamantes* al concurso de Biblioteca Breve de la editorial Seix Barral. Sabemos hoy que los tres proyectos fracasaron: Feltrinelli nunca publicó su obra, Gallimard tampoco y Piñera tuvo que esperar hasta 1971 para que Lettres nouvelles editase sus *Cuentos fríos*, y en cuanto al Premio Biblioteca Breve de 1965, lo obtuvo *Ultimas tardes con Teresa* de Juan Marsé. Sería exagerado, sin duda, pensar que Piñera tuviera clara conciencia de ello, pero sí, recibía señales de que iba a serle difícil abrirse camino en Europa. Una carta poco halagadora de Carlos Barral le proponía retirar su novela de la lista de concursantes al premio otorgado por su editorial[426], en cuanto a la posibilidad de quedarse, pese a que tanto Carlos Franqui como Cabrera Infante se lo habían sugerido en París[427], la descartaba, entre otras cosas por saber que volver a la isla significaba perder cualquier oportunidad con los editores europeos que respaldaban la Revolución.

Tal vez cierto sentimiento de desilusión puede explicar el tono peculiar de la segunda carta de Piñera. En el momento en que se termina su viaje por Europa, escribir a Severo, que entonces empieza a despegar –*Gestos* ha sido publicada en español y en francés–, colabora con la radio y la prensa gala y se mueve por los círculos editoriales e intelectuales parisinos, y pronto publicará en *Tel Quel* puede ser un trago un poco amargo. De hecho, el camino que traza la carta expone la complejidad de los afectos que atravesaban al escritor: empieza con

[426] En una carta del 14 de diciembre de 1964, para suavizar la noticia y tranquilizarlo, Carlos Barral le asegura que "el retirar tu novela del concurso no tiene naturalmente nada que ver con la posibilidad de editarla" pero no deja lugar a dudas sobre su opinión al agregar que "a tu libro le favorecería muy poco y tampoco sería un refuerzo a tu crédito de editor" en *Virgilio Piñera de vuelta y vuelta: correspondencia 1932-1978*, La Habana, Unión, 2012, p. 238. Sin embargo, en su respuesta del 4 de enero de 1965, escrita desde La Habana, Piñera se niega a retirar la novela y puntualiza: "En que puede menoscabar mi "crédito de escritor" que el público se entere de que no he obtenido el premio de tu casa editorial? [...] Por otra parte y en el caso que nos ocupa, me encuentro en una situación "flotante". No aparezco en tus listas, pero en La Habana se sabe ya que he concursado.", ibid., p. 239.

[427] Guillermo Cabrera Infante, *Mea Cuba*, ob. cit., pp. 343-344.

el elogio y la aprobación para progresivamente pasar a la crítica solapada y terminar con una actitud de franca discrepancia.

## DE MAESTROS, DISCÍPULOS Y AMIGOS

Las dos cartas son una pequeña muestra de los lazos que unían a los dos escritores y de los afectos complejos que originan y que ya empezamos a desmenuzar. Por lógica de los años, Piñera encarnaba cierta figura de maestro, o de iniciador, de aquel que había introducido, a finales de los años 50, al joven camagüeyano en el mundo de las letras habaneras, por la puerta de *Ciclón*. Así lo recordó Sarduy, en un homenaje escrito en 1988:

> Por la puerta de enfrente salió enseguida, con la majestad desdeñosa de quien tiene acceso, una vez más, al proscenio de la Comédie Française para declamar un monólogo de *Fedra*, recién llegado de Buenos Aires y aún con el deje del café Rex, de Witold y de Humberto, Virgilio Piñera.
>
> –Sus poemas, joven –me dijo enseguida, con un ligero nerviosismo, discreto pero burlón– no están nada mal. Pero mire –añadió perentorio, como quien constata una fatalidad–, en español cualquiera, más o menos, puede hilvanar –fue la palabra que empleó– un poema. ¿Usted comprende? Mire –concluyó sigiloso– ¿por qué no escribe en prosa? ¿Por qué no cuenta por ejemplo, lo que ocurre por el día –hizo una pausa desmesurada– y por la noche?
>
> Debo a esa pregunta lo poco que he podido ir haciendo hasta hoy.[428]

Nada más alejado, diríamos, a la figura de maestro que Piñera. Sin embargo, como lo resumió Cabrera Infante, "pese a su horror a los maestros, su ausencia de tono magistral y su inhabilidad a sentar cátedra también tuvo sus seguidores".[429] Si Sarduy no se suele mencionar como uno de ellos, lo retrató, en este ejercicio de memoria, como un mentor, quien, aureolado de su participación en la épica porteña del Rex y como una *Fedra* "perentoria", indicaba el camino por seguir, el de la prosa, es decir el de la vía menor, y el, nocturno, de los placeres prohibidos. La anécdota, que puede leerse como una pequeña de esce-

---

[428] Severo Sarduy en Roberto Pérez León, *Tiempo de ciclón*, La Habana, Ediciones Unión, 1995, 1995, pp. 131-132.

[429] Guillermo Cabrera Infante, *Mea Cuba*, ob. cit., p. 329

na de iniciación al mundo de las letras, resume el modo singular, "discreto y burlón", en que Virgilio fue un guía, un "Sócrates secreto".[430]

Cierta influencia piñeriana –o quizás un parecido, una forma de afinidad– puede encontrarse en, por ejemplo, los cuentos que el joven Sarduy publicó a finales de los años 50. El trágico absurdo caracteriza la situación del protagonista de "El seguro" (publicado en *Carteles* en 1957), que se corta un dedo para salvar a su hijo que finalmente, en una sorprendente elipsis, muere. La distancia fría, irónica y algo frívola, distinguen lo que Rafael Rojas ha llamado "la épica congelada"[431] que, junto con décimas revolucionarias, componen los tres cuentos publicados en *Revolución* a principios de 1959. El "aburrimiento" de los jugadores de canasta inoportunamente interrumpidos por las bombas en el cuento del mismo nombre, el final grotesco del "general" que, absorto en el recuento de sus batallas, resbala mortalmente sobre un jabón y el estudiante de medicina arrestado por la policía que se convierte en el mejor "torturador" del régimen, comparten algún parecido con los personajes y las situaciones de los cuentos de Piñera y dan un tono singular, distante y poco reverente, a esta pequeña gesta de la Revolución que esboza Sarduy en el fervor colectivo.[432]

Las evocaciones de Piñera, que en los años 60 eran frecuentes en la correspondencia de Sarduy con su familia, dejan ver la admiración que sentía por él y la complicidad que los unía. En una carta escrita el 2 de septiembre de 1960, es decir en una fecha muy cercana a la primera que recogemos aquí, además de expresar su veneración, Severo hace también suya cierta amargura que sentía Piñera hacia el mundo literario cubano, acentuado, quizás por la distancia:

> Veo que en Cuba no se me publica. Pero esto no me asombra porque esa es nuestra psicología. A Virgilio le ha costado mucho llegar a lo que es hoy. Aquí se le conoce, se le lee tanto en París como en La Habana. Su último capítulo publicado en la revista de la Casa de las Américas está escrito por la

---

[430] Ibid., p. 335.

[431] Rafael Rojas, *La vanguardia peregrina. El escritor cubano, la tradicion y el exilio*, México, FCE, 2013, pp. 72-73.

[432] Cira Romero, *Severo Sarduy en Cuba (1953-1961)*, Santiago de Cuba, Editorial Oriente, 2007, pp. 81-96.

> mano de un maestro. Tiene la exactitud de un Martí. Atiéndalo bien cuando vaya a casa. Dígale que lo respeto y quiero como siempre.[433]

Con los años, la fidelidad de Severo al recuerdo de su mentor y amigo se mantuvo infalible. En una carta del siete de noviembre de 1964, escrita el mismo mes que la segunda carta que transcribimos, Sarduy escribía a su familia: "He visto tres veces al más grande escritor vivo de la lengua española, el argentino Jorge Luis Borges [...] Si ven a Virgilio, no se olviden decirle que su nombre salió a colación, entre otros motivos porque se hablaba de poesía popular".[434]

Más que un maestro respetado, Piñera era, como se nota en el tono familiar y cariñoso de las cartas que Severo mandaba a su hermana, un amigo querido de la familia Sarduy. Con una gracia que rebosa afecto, Severo evocó, en su "biografía pulverizada", las tardes que Virgilio compartía con su familia como momentos de gastronomía y filosofía caseras:

> Virgilio Piñera era un miembro más de la familia. Hacía batidos con mi madre. Una vez, cuando había una epidemia de gripe, nos explicó el determinismo filosófico. Nos miró a todos, con esos ojos de pájaro que tenía, y nos dijo: "Al que le va a dar, le va a dar". Mi hermana lo quiso mucho. Para saber qué tiempo debían de cocer los espaguetis, sin que quedaran ni duros ni blandos, tenía una fórmula infalible: el tiempo de lectura de un poema de Valéry".[435]

---

[433] Severo Sarduy, *Cartas a mi hermana en La Habana*, ob. cit.

[434] Piñera conocía a Borges desde la época de su primera estancia en Buenos Aires. Sobre este tema, ver Nancy Calomarde, "La ficción sin límites (la ruta argentina de Virgilio Piñera)", *Tinkuy: Boletín de investigación y debate*, n° 13, 2010, pp. 157-174 y Alfredo Alonso Estenoz, *Borges en Cuba*, Borges Center, University of Pittsburgh, 2017. Severo conoció a Borges durante su visita a Francia, en el año 1964, cuando Borges dio una serie de entrevistas radiofónicas en la cadena pública France culture, editados en 1967 por la editorial Gallimard. En cuanto a su conversación sobre la "poesía popular", Borges conocía unas décimas cubanas que le gustaba citar en sus encuentros con escritores cubanos, como cuenta Roberto Fernández Retamar en su prólogo a *Páginas escogidas. Jorge Luis Borges*, libro editado por Casa de las Américas en 1988.

[435] Severo Sarduy, "Para una biografía pulverizada en el número –que espero no póstumo– de *Quimera*", *Obra completa*, ob. cit., p. 13.

En este caso también, en la prosa cotidiana de la correspondencia familiar de Sarduy, Piñera aparece como un amigo de la casa, de estos que pasan sin avisar y se quedan a cenar. A las lecturas de Valéry y la cocción de los espaguetis, se sumaban otras pasiones, como el culto a la memoria familiar. A este respecto, Virgilio parecía poner su afición a las biografías de aristócratas y otras infaustas princesas *Ancien Régime* (lecturas a las que llamaba "carnitas" y que, una vez agotada la Biblioteca de la Alianza francesa de La Habana, le suministraba Humberto Rodríguez Tomeu) al servicio de las investigaciones genealógicas que Severo perseguía en París. En una carta fechada el 14 de abril de 1965, este recordaba, insistente, a su hermana:

> Si viene Virgilio y va a verlos, no olviden decirle que lo que quiero que me traiga lo que me prometió, a saber, me dijo que buscaría nuestro nombre en un álbum de genealogía cubana, ya que quiero saber de dónde rayos venimos y quiénes somos, porque por aquí en la biblioteca puedo continuar esa búsqueda".[436]

En 1988, Severo Sarduy rindió otro homenaje a Piñera, esta vez como editor, con la publicación en Seuil de *Nouveaux contes froids*, que recogía cuarenta y seis cuentos, traducidos por Liliane Hasson. Después de *Contes froids*, editado en 1971, por Maurice Nadeau en Lettres nouvelles, con el famoso prólogo de José Bianco, la recopilación de 1988 fue el segundo de la magra lista de libros de Piñera traducidos en Francia. Sarduy, para apoyar la publicación, justificó su decisión ante los responsables de la editorial francesa, diciendo que consideraba que su autor estaba "a la misma altura que el maestro

---

[436] Severo Sarduy, *Cartas a mi hermana en La Habana*, ob. cit. La pasión genealógica no estaba reñida, en Severo, con el gusto por las máscaras de la identidad que relativizan el peso del origen. En "Lady S.S.", texto autobiográfico de 1990, escribía: "Severo Sarduy, según sus propias declaraciones –nunca se encontró su acta de nacimiento, a pesar de la persistente investigación a que se entregaron sus estudiosos en las sacristías de su ciudad natal– nació en Camagüey, Cuba, el 25 de febrero de 1937. Su nombre de bautismo, parece ser, fue Eleonora, aunque para los suyos siempre fue Nora, y luego, para Gustavo Guerrero, Juan Pérez. Para ella misma, fue sucesivamente María Antonieta Pons, Blanquita Amaro, Rosa Carmina, Tongolele o Ninón Sevilla, según fueron cambiando, con el tiempo sus preferencias cinematográficas o rumberas". Severo Sarduy, *Obra completa*, ob. cit., p. 16.

Lezama Lima".[437] Sabía el peso que el argumento podía tener en la casa editorial que, luego de otra accidentada historia, había publicado *Paradiso* en 1971.[438] Pocos años después, invitado a reflexionar sobre el exilio, Sarduy veía a Piñera sentado a su lado, en el café Les Deux Magots, súbita y melancólicamente poblado de fantasmas:

> El Deux Magots es mucho menos transparente. La puerta es giratoria, y eso lo cambia todo. Uno nunca sabe, una vez franqueada ese giro, a dónde va a salir. Esa puerta es, en el sentido astronómico del término, la revolución del exilio. Y a veces, hasta el exilio de la revolución. Desembocamos abruptamente en algún café de Buenos Aires, el rumor de fondo es el de las voces amigas de ayer, la de Cortázar, tantas veces allí encontrado, una imagen efímera y fulgurante de Dalí, siempre algún rodaje de cine: estamos a la vez en el Rex y en el Deux Magots; Virgilio Piñera, ondulando, entre las mesas de billar, con un traje azul algo pasado, traduce el *Ferdydurke* de Gombrowicz, nos asalta una risa, la tos particular de alguien, una frase escuchada en los dos cafés a la vez, el ruido de la lluvia.[439]

El lector podrá comprobar que las dos cartas que ofrecemos son las de un mentor, orgulloso y admirativo de su discípulo ("¿Por qué no mandas un capítulo de tu novela para Lunes? Sería interesante que saliera esa "pre-view" en Lunes"; "Olvidé, cuando te hablaba por teléfono para despedirme, felicitarte por tu artículo de France-Observateur-Peintres et machines. Ojalá que sigan apareciendo esos trabajos tuyos") pero, al mismo tiempo, algo triste y envidioso del éxito que empieza a tener en el mundo literario francés y, tal vez, de un destino que lo alejó de Cuba, un destino que el propio Piñera no quiso o no pudo abrazar. Son, asimismo, las cartas de un amigo íntimo que cultiva, en familia, el recuerdo del ser querido ("Hace varios días estuve en

---

[437] "Je le considère à la même hauteur que le maître Lezama Lima", dossier "Virgilio Piñera" de la editorial Seuil, conservado en el Instituto de Memorias de la Edición contemporánea (IMEC) de Caen, Francia.

[438] Sobre la edición y recepción de Lezama Lima en Francia, ver Gustavo Guerrero, "José Lezama Lima. Edición, traducción y recepción de un clásico latinoamericano" en Gustavo Guerrero y Gersende Camenen (eds.), *La literatura latinoamericana en versión francesa*, Berlín, De Gruyter, 2021, pp. 219-246.

[439] "*Alpiste. Exilado de sí mismo*", n° 1 de julio de 1990, en *Obra completa*, ob. cit., p. 41.

tu casa y repasé tu iconografía. Me hablan de una foto en que se te ve al timón de une voiturette (Isotta-Fraschini") y se preocupa por su bien ("¿Es verdad que te quedas en París con casa puesta?), sin perder, por ello, su maldad tiernamente burlona y chismosa ("Saluda a François, al que sólo conozco sentado al volante de su auto ¿Camina realmente? Quiero decir, François").

## UN TESTIMONIO COLOSAL

En la primera carta, Piñera relata un suceso notable, que constituye un testimonio de la temprana persecución que sufrieron los homosexuales en Cuba, mucho antes de la "Noche de los tres P" y de la apertura de las UMAP y que contrasta con el tono entusiasta de la carta:

> El Encuentro de Poetas en Camagüey fue un desastre. Todo el resentimiento provinciano se volcó sobre nosotros. Fuimos ignorados y postergados. A pesar de que *Lunes*, y yo en particular, dedicamos un número a Camagüey, lanzaron acusaciones veladas. Además, en la sesión de clausura se produjo lo que califico de "canibalismo intelectual". Una tal Niurka Lipiz lanzó una catilinaria contra los homosexuales. Loló Soldevilla la rebatió, y por poco la linchan. El público allí congregado gritaba a desgañitarse: "Hombres sí, locas no". Y, por supuesto, ¡Paredón, paredón". C'etait d'un ridicule inouie. Ajoute a cela la foule de badauds de la rue qui afluaient et faisais chorus. C'etait un vacarme. Tout-a-coup, une femme habillé en tafetas vert-pigeon, avec une voix de tonnerre, a lancé ce fameux a-postrophe: "Camarades: il faut faire la chasse aux homosexuels. Qu'ils soient bannis de la litterature." Mon cher, rien de pareil on a vu de jadis. Une autre femme, qui contrefaisait Marthe biblique disait d'une voix de Stentor: "Il faut tuer ces gens-là; ils sont des malades. Que chacune de nous autres, femmes, accuellle chez soi un pede pour le guerir". [Era el colmo de la ridiculez. Añade a eso la muchedumbre de curiosos que afluían y hacían coro. Fue un estruendo. De repente, una mujer vestida de tafetán verde-paloma, con una voz de trueno, lanzó ese famoso apóstrofe: "Compañeros: hay que cazar a los homosexuales, proscribirlos de la literatura." Querido mío, jamás se vio cosa parecida. Otra mujer que hacía de Marta bíblica decía con una voz estentórea: "Hay que matar a esa gente. Son unos enfermos. Que cada una de nosotras, mujeres, acoja a un maricón en su casa para curarlo."]

El Encuentro de Camagüey que se celebró del 28 al 31 de octubre de 1960 reunió gran parte de la intelectualidad cubana y concluyó con una declaración política colectiva que afirmaba el compromiso de los presentes con los ideales revolucionarios, como lo podemos comprobar en la nota que Manuel Díaz Martínez publicó en la prensa.[440] La escena de histeria homófoba que describe Piñera revela –o confirma– con crudeza el respaldo que encontraba el machismo entre los intelectuales, lo que el propio escritor subrayaba al calificar la escena de "canibalismo intelectual". De hecho, la escena ilustra la idea según la cual las revoluciones pueden propiciar un regreso de lo reprimido. Con su exacerbación teatral, produce un efecto carnavalesco que pone al desnudo la violencia contenida en el discurso revolucionario que se había desplegado durante el acto final del Encuentro de Camagüey, como lo refiere el reportaje de Manuel Díaz Martínez, que podemos leer hoy en contrapunto a la carta de Piñera. El brote homófobo, ausente por supuesto del relato periodístico de Díaz Martínez, corona la versión personal e íntima que Piñera da de la "sesión de clausura" del evento público, y, con este final desenmascara la brutalidad del dis-

[440] Además de exposiciones de pintura y escultura, se celebraron recitales "a los que participaron con sus versos los poetas Samuel Feijóo, Nicolás Guillén, Aldo Menéndez, Roberto Branly, Manuel Díaz Martínez, Ángel Cuadra y otros". El encuentro concluyó con una declaración política colectiva: "En horas de la tarde del pasado domingo, en el local de los Sindicatos de Camagüey, se reunieron los poetas, escritores y artistas cubanas, procedentes de todos los rincones de la República para discutir y aprobar la Declaración del Encuentro. Este Encuentro acordó, entre otras cosas, ratificar plenamente la Declaración de La Habana; apoyar el desarme mundial y total y la política de coexistencia pacífica; proponer a los poetas, artistas e intelectuales cubanos que permanezcan en el territorio nacional para servir a la Revolución en caso de que nuestra patria sea invadida [...] "Entre los asistentes a esta importante asamblea de poetas, escritores y artistas se encontraban Luis Suardíaz, Noel Navarro, Luis Cruz Espineta (organizadores del Encuentro), Félix Pita Rodríguez, Carilda Oliver Labra, Nicolás Guillén, Samuel Feijóo, Aldo Menéndez, Roberto Branly, Manuel Díaz Martínez, Marta Vignier, Ángel Cuadra, Virgilio Piñera, Francisco Riverón, José Baragaño, Clara Niggerman, Miguel Álvarez Puga, Manuel Villabella, Natalio Galán, Pedro de Oráa, Loló Soldevilla, Duarte, Dumé, Julia Astoviza, Frank Rivera, José Villa, etc.", Manuel Díaz Martínez, "Primer Encuentro de Poetas y Escritores en Camagüey", *Noticias de Hoy*, La Habana, 1 de noviembre de 1960, pp. 3-14. https://rialta.org/manuel-diaz-martinez-primer-encuentro-de-poetas-y-escritores-en-camaguey/

curso revolucionario sostenido por los intelectuales reunidos ese día. La mejor coda a esta escena tristemente catártica podría encontrarse en la interpretación de visos psicoanalíticos que el propio Sarduy hizo de la represión de la homosexualidad en Cuba, en la entrevista que dio a Néstor Almendros y Orlando Jiménez-Leal para el documental *Conducta impropia*:

> La revolución, al menos en su estallido, es como un psicoanálisis a nivel colectivo, gregario, el de una multitud saturada por su propia imagen y que produce un discurso épico, fascinado por su elocuencia, y cuyo referente real está cada vez más lejos, más ajeno, todo se va convirtiendo en efecto elocutorio, en proferación [*sic*] al vacío, en espejo retórico. Vamos a la Isla. ¿Qué hay en el inconsciente, en el pasado, en la arqueología apenas remota de Cuba? ¿Qué viejos mitos, qué prejuicios persistentes, qué rumor de fondo la revolución trajo, violentamente a la superficie, a la visibilidad?[441]

Otro aspecto notable del relato es el uso que Piñera hace del francés. Si bien la narración empieza en español y resume con lacónicos gritos su odioso argumento ("El público allí congregado gritaba a desgañitarse: "Hombres sí, locas no". Y, por supuesto, (¡Paredón, paredón"), el resto de la escena se despliega en esta otra lengua. El bilingüismo es frecuente en la correspondencia de Piñera en especial con Humberto Rodríguez Tomeu, y son varios los sentidos que se pueden atribuir a este fenómeno de switch-coding. No puede descartarse que escribir en otro idioma fuese un reflejo de protección más o menos inconsciente ya que Piñera sabía que sus cartas corrían el riesgo de ser interceptadas. Pero, en este caso preciso, pasar al francés puede interpretarse también como una manera de poner a distancia la violencia del recuerdo de una escena que había vivido y que lo tomaba como blanco. El francés sirve de lengua encriptada que camufla la carta contra el ojo de la policía, pero funciona también como un escudo que desvía la brutalidad del espectáculo y deja a quien lo emplea en el puesto seguro de dramaturgo.

Cabe detenerse en la textura de la lengua, o mejor dicho de los diversos lenguajes, que Piñera emplea. En efecto, si nos fijamos en

[441] Néstor Almendros y Orlando Jiménez-Leal, *Conducta impropia*, Madrid 1984, Playor, p. 136.

sus detalles, observamos que la escena se compone de fragmentos heterogéneos que recuerdan tonos, motivos, e incluso rasgos estilísticos de diferentes escritores franceses, con lo cual uno llega a tener la impresión de leer un texto cosido de distintas piezas que remedan, con imperfecciones y exageraciones que denotan la simulación, a los autores predilectos de Piñera. Así, en un primer momento, Virgilio parece impostar la voz de alguna marquesa, salida de las memorias de Saint-Simon y asustada por la violencia de un populacho fuera de control ("C'etait d'un ridicule inouie"; "Mon cher, rien de pareil on a vu de jadis"). Luego describe a la muchedumbre de curiosos que asistían al estallido homófobo con la fascinación reticente que sentían Flaubert o Baudelaire frente a la "foule" ("Ajoute a cela la foule de badauds de la rue qui afluaient et faisais chorus. C'etait un vacarme").[442] Y, con una sensibilidad proustiana, viste a una de las arpías que calientan a la audiencia con un vestido de delicada tela ("une femme habillé en tafetas vert-pigeon"[443]). Finalmente, en su conjunto, la escena tiene

[442] La muchedumbre es sin duda una figura central de la literatura decimonónica francesa. Walter Benjamin y su meditación sobre el flâneur o Gustave Lebon y su análisis de la psicología son dos ejemplos de la abundante bibliografía sobre el tema.

[443] El color "vert-pigeon" no existe pero sí el "gorge de pigeon", literalmente "pecho de paloma", que no designa un color preciso sino que denota la iridiscencia de un color. El narrador de *A l'ombre des jeunes filles en fleur* lo emplea en un pasaje en el que la descripción de la vestimenta de Odette Swann desemboca en una definición del estilo. Es muy tentador imaginar que Piñera tuvo, a la hora de escribir su relato, una reminiscencia propiamente proustiana. "Quand par un jour encore froid de printemps, elle m'avait, avant ma brouille avec sa fille, emmené au jardin d'Acclimatation, sous sa veste qu'elle entrouvrait plus ou moins selon qu'elle se réchauffait en marchant, le "dépassant" en dents de scie de sa chemisette avait l'air du revers entrevu de quelque gilet absent, pareil à l'un de ceux qu'elle avait portés quelques années plus tôt et dont elle aimait que les bords eussent ce léger déchiquetage ; et sa cravate – de cet "écossais" auquel elle était restée fidèle, mais en adoucissant tellement les tons (le rouge devenu rose et le bleu, lilas) que l'on aurait presque cru à un de ces **taffetas gorge de pigeon** qui étaient la dernière nouveauté – était nouée de telle façon sous son menton, sans qu'on pût voir où elle était attachée, qu'on pensait invinciblement à ces "brides" de chapeaux qui ne se portaient plus. Pour peu qu'elle sût "durer" encore quelque temps ainsi, les jeunes gens, essayant de comprendre ses toilettes, diraient: "Madame Swann, n'est-ce pas, c'est toute une époque?" Comme dans un beau style qui superpose des formes différentes et que fortifie une tradition cachée, dans la toilette de Mme

también algo del espíritu de *Ubu Roi* (1895), la farsa en la que Alfred Jarry mezcla el humor, la provocación, el absurdo y la vulgaridad para denunciar los abusos del poder, una obra considerada como predecesora del surrealismo y del absurdo, que Piñera había reseñado para *Sur* y *Nueva Revista Cubana*.[444] De modo que puede decirse que la biblioteca personal funciona aquí como un prisma paródico que mitiga la agresión pero que, también, trasmite un temor e incluso desliza, de manera incidente y oblicua, una interpretación política del acontecimiento.

A este respecto, es de pensar que otra lectura influyó, quizás de manera más soterrada, en la composición de la escena que relató Piñera en su carta. Es conocido que Piñera era aficionado a las memorias y biografías históricas de la aristocracia francesa, en especial a las que trataba del convulso periodo del final del *Ancien Régime*. Durante los meses que precedieron el Encuentro de Escritores, Piñera hizo varios viajes a Camagüey durante los cuales leyó, y comentó con pasión, una de estas "carnitas histéricas"[445], como apodaba cariñosamente estas lecturas que compartía con Humberto Rodríguez Tomeu. Una de ellas era una biografía de la princesa de Lamballe, amiga íntima de Marie-Antoinette y célebre víctima de las llamadas "masacres de Septiem-

Swann, ces souvenirs incertains de gilets, ou de boucles, parfois une tendance aussitôt réprimée au "saute en barque" et jusqu'à une allusion lointaine et vague au "suivez-moi jeune homme", faisaient circuler sous la forme concrète la ressemblance inachevée d'autres plus anciennes qu'on n'aurait pu y trouver effectivement réalisées par la couturière ou la modiste, mais auxquelles on pensait sans cesse, et enveloppaient Mme Swann de quelque chose de noble – peut-être parce que l'inutilité même de ces atours faisait qu'ils semblaient répondre à un but plus qu'utilitaire, peut-être à cause du vestige conservé des années passées, ou encore d'une sorte d'individualité vestimentaire, particulière à cette femme, et qui donnait à ses mises les plus différentes un même air de famille. On sentait qu'elle ne s'habillait pas seulement pour la commodité ou la parure de son corps ; elle était entourée de sa toilette comme de l'appareil délicat et spiritualisé d'une civilisation".

[444] "Alfred Jarry: Ubú rey", *Sur*, nº. 255, noviembre-diciembre, 1958, pp. 108-110, "Alfred Jarry o 'un poeta airado' de 1896" en el primer número de la *Nueva Revista Cubana* de 1959, ver: *Virgilio Piñera al borde de la ficción*, op. cit., pp. 524-532.

[445] Thomas F. Anderson, *Piñera corresponsal: una vida literaria en cartas*, ob. cit., p. 9.

bre", acaecidas unas semanas tras el arresto de la familia real el 10 de agosto de 1792, y durante las cuales su cadáver fue descuartizado y arrastrado por París.[446] Este episodio, uno de los más sangrientos de la Revolución francesa, fue narrado, del lado de los revolucionarios franceses, como una reparación contra "el complot aristocrático" y, también, según el historiador Antoine de Baeque, como un castigo del alegado "complot femenino y lésbico" dirigido contra Lamballe, a quien la prensa llamaba la "Safo de Trianón". Los monárquicos franceses, y luego toda una corriente contra-revolucionaria o vagamente nostálgica del Antiguo Régimen, retomaron estos relatos "invirtiendo su sentido para mostrar la regresión del revolucionario al estado de bárbaro y la monstruosidad de la Revolución, opuesta a la delicadeza del cuerpo de la víctima".[447] Es el caso de la biografía novelada de Jacques Castelnau –un prolífico autor de libros de divulgación histórica– que Piñera leía durante sus viajes a Camagüey. Con notable patetismo, Castelnau describía la mutilación del cadáver de la princesa de Lamballe en estos términos:

> Tras el asesinato viene el insulto, la imborrable abyección. El cuerpo es despojado por la turba, repugnada por tanta delicadeza, distinción y blancura. En una necesidad de venganza abominable, se abalanzan sobre el cuerpo y lo desnudan dejándolo "como Dios lo hizo". Luego lo expusieron a la vista de todos, niños inocentes y mujeres celosas que se regocijaban ante tan horrible espectáculo. Un hombre le cortó la cabeza. Otro le abrió el vientre. "¡Al Templo! ¡Al templo! ¡La Lamballe! Hagamos que la austriaca se coja la cabeza de su puta.[448]

---

[446] Ibid., p. 111.

[447] Antoine de Baecque, "La princesse de Lamballe ou le sexe massacré", *La gloire et l'effroi: sept morts sous la Terreur*, Paris, Grasset, 1997, pp. 79-106.

[448] "Après le meurtre, commence l'insulte, l'ineffaçable abjection. Le corps est dépouillé par la populace que tant de finesse, de distinction et de blancheur révolte. Dans un besoin d'abominable vengeance, elle se rue sur cette dépouille et la met à un "comme Dieu l'avait faite". On l'expose alors aux yeux de tous, des enfants innocents, des femmes jalouses qui se réjouissent de ce hideux spectacle. Un homme lui tranche la tête. Un autre lui ouvre le ventre. "Au Temple! Au Temple! La Lamballe! Allons faire baiser à l'Autrichienne la tête de sa putain". Jacques Caselnau, *La Princesse de Lamballe*, Paris, Hachette, 1956, pp. 209-210.

Los comentarios –"el delirio colectivo" de un pueblo "ebrio de su barbarie", "vociferando con una alegría sádica"–[449] que hace Castelnau en el resto de su relato pueden aplicarse sin dificultad a la escena que cuenta Piñera en su carta. De modo que, al cotejar los dos relatos, tenemos la impresión de que, en la escritura de esta escena, actuó una suerte de juego de identificación con la princesa, víctima del estallido de violencia revolucionaria y del odio homófobo.

Es notable como Piñera relató estos primeros momentos de la Revolución Cubana usando varios prismas: el relato histórico de la revolución modélica que fue la francesa, pero también otra lectura que hacía en ese mismo momento, a saber, la *Marquise de Ganges* de Sade, el típico retrato sádico de la víctima inocente, inspirado en un célebre asesinato.[450] Ambos sirvieron de filtros catárticos para que Piñera evacuara una violencia colectiva que lo atacaba personalmente. Pero, además de responder a una necesidad psíquica de protección, el relato de Piñera, leído en el espejo de las lecturas que hacía Piñera en ese momento, pone el episodio del Encuentro de Camagüey en una perspectiva histórica más amplia, que supera el marco cubano y lo ilumina (o, mejor dicho, lo oscurece). Si bien Piñera no articula un discurso sobre la violencia revolucionaria, y ni siquiera enuncia de manera directa el miedo que pudo sentir en ese momento (y que, como se sabe, expresará más tarde, en las conversaciones de la Biblioteca) su relato constituye una pausa terrible, una suerte de núcleo oscuro en medio de una carta que, por lo demás, denota más bien su entusiasmo por el momento histórico que está viviendo.

Para cerrar este episodio, podemos acudir de nuevo a Sarduy y entenderlo bajo la clave del travestismo. Con sus parodias y el prisma de sus lecturas, Piñera efectúa, al igual que el travestí analizado por Sarduy, una operación triple: de "mimetismo de defensa", de "camu-

---

[449] Ibid, pp. 210-212.

[450] En agosto de 1960, preparando su viaje a Camagüey, escribe a Humberto: "J'emporterai la Marquise de Gagnes [*sic*]", ver Thomas F. Anderson, *Piñera corresponsal*, ob. cit., p. 124.

flaje", pero también, quizás, de "intimidación", buscando paralizar, aunque sea en el plano imaginario, a su enemigo.[451]

## La langue de Racine y de Père Ubu

No es ninguna casualidad, como lo intentamos demostrar, que Piñera haya relatado en francés el brote homófobo que presenció en el Encuentro de Escritores de Camagüey. Quisiéramos terminar nuestro recorrido por las dos cartas comentando brevemente tres otros pasajes escritos en el mismo idioma. Lo que nos interesa aquí no es el hecho de que Piñera emplee otro idioma que el español –posiblemente, como se ha señalado con razón, para eludir la censura– sino la manera en que usa sus lecturas francesas. En efecto, el francés que encontramos en las cartas no es una lengua de comunicación, la que emplea alguien que practicaría el idioma con regularidad. Es una lengua sorprendente por su mezcla de irregularidades sintácticas y de riqueza lexical. Pinera escribe un francés salpicado de términos caídos en desuso y que, por esa razón, desprende un *charme surrané*, el encanto de lo anticuado. Aparece –y suena– como un tejido de fragmentos textuales, hecho de jirones identificables de autores específicos, como si el escritor sacara de una biblioteca mental, escenas, motivos o modos y los fuera hilvanando. El efecto producido, su resultado textual, es un lenguaje literario sui generis. Nuestra hipótesis es que lo que podríamos llamar el estilo francés de Piñera en estas cartas, es decir los diferentes modos en que Piñera cita, reescribe o parodia fragmentos de literatura o episodios de la historia francesa, condensa los complejos afectos que experimentaba con respecto a su destinario, revelando y, a veces, delatándolos.

Hacia las ultimas líneas de la carta de 1960, tras la escena homófoba y mencionar la posibilidad de viajar a París, Virgilio cita versos de *Berenice*, la tragedia de Racine:

> Y qué vas a decir cuando me oigas decir: "J'aimais, seigneur, j'aimais. Je voulais etre aimée. /Ce jour, je l'avouerai, je me suis alarmée./J'ai cru que

[451] Severo Sarduy, *La simulación*, Caracas, Monte Avila editores, 1982, pp. 13-15.

> votre amour allait finir son cours./ Je connais mon erreur, et, vous m'aimez toujours./ [Amaba, señor, amaba. Quería ser amada/Aquel día, lo confieso, me alarmé/Creí que su amor terminaba/conozco mi error y usted todavía me ama."][452]

No sorprende que Piñera cite al dramaturgo clásico, ya que era una de sus lecturas favoritas, como lo recordó el propio Sarduy al revivirlo, en el homenaje que citamos arriba, como una *Fedra* perentoria. La cita funciona, en este sentido, a la manera de un guiño de complicidad que afianza una identidad literaria y sexual compartida. Tampoco debe extrañar que Piñera transcriba con exactitud los hermosos alejandrinos, que debían de ser objetos de devoción. Su perfecta recitación y la exquisitez de esta forma excelsa del francés –lo que acuña la expresión francesa "la langue de Racine"– acentúan el contraste con el francés de Piñera, levemente defectuoso y muy afectado, y, sobre todo, con la violenta vulgaridad de la escena homófoba que acaba de contar. Pero, a nuestro modo de ver, la delicada cita revela, sobre todo, los sentimientos encontrados que sentía Piñera con respecto a su destinatario. Piñera no compone aquí un pastiche, no sobreactúa, sino que performa una Berenice y esta performance le hace confesarse. Veamos en qué consiste su performance.

La heroína de Racine pronuncia estas palabras en el último acto de la tragedia, y suenan como la resolución de su conflicto: acepta que Titus, su amante devenido emperador de Roma, la reniegue como esposa y la devuelva a su Judea; Berenice se somete a su destino después de comprobar la permanencia de los sentimientos de su amado. Piñera no finge irónicamente el dolor de un amor trágico ni la coquetería de un amante que quiere saber si es correspondido, él delata una inquietud, el miedo de sentirse olvidado, y como Berenice exilada de Roma, sentirse relegado lejos de lo que Sarduy encarnaba en ese momento: el mundo. En este lamento se deja oír un "deseo de mundo"[453], el viejo sentimiento modernista, acentuado, sin duda, por la aceleración del tiempo histórico que marcaba la Revolución cubana.

---

452 Jean Racine, *Berenice*, Acto V, escena VII. La traducción es nuestra.

453 Mariano Siskind, *Deseos cosmopolitas. Modernidad global y literatura mundial en América latina*, Buenos Aires, FCE, 2018.

El segundo pasaje se encuentra en la segunda carta, de noviembre de 1964. Piñera empieza felicitando a Sarduy por sus publicaciones en la prensa francesa con el orgullo de un amigo, un éxito que parece justificar la decisión que, según Piñera, Severo ha tomado de quedarse en París, decisión que él aprueba, pero ya con ambigüedad. Para ilustrar su aprobación, narra una escena que presenta como histórica, en la que la condesa du Barry, la célebre y escandalosa amante de Luis XV, hubiese dicho a propósito del científico Lapérouse, embarcado para entonces en su famosa expedición a Tahití: "¡Que allí se quede!". La anécdota es probablemente apócrifa –en el momento de la expedición de Lapérouse, la du Barry, caída en desgracia, ya no frecuentaba la corte y se había retirado de la vida mundana– y puede que Piñera mezcle aquí recuerdos de lectura, en especial una novela de Dumas, *L'affaire du collier de la reine* [*El asunto del collar de la reina*], basada en un célebre episodio histórico y cuyo prólogo relata una escena similar a la que narra. Lo interesante es la manera en que su memoria acomoda estas reminiscencias y el sentido que produce su reconfiguración. El comentario de la Du Barry es todo menos un elogio, es la salida pérfida de una cortesana para quien haber dejado la corte equivale a desaparecerse del mundo y que, en este caso, suena terriblemente cruel, ya que Lapérouse nunca regresó de esta expedición, es decir que realmente "se quedó" en las antípodas. Al impostar la voz de la célebre condesa, Piñera se muestra duro y cruel, y hace lo contrario de lo que pretende hacer, como si el elogio no lograra contener y enmascarar su hostilidad. De hecho, la crítica aparece de manera menos encubierta, y es notable que Piñera deje luego la lejanía algo pomposa de las cultas referencias francesas para decir, "en cubano", toda la ambigüedad de su envidia: "Y eso mismo dirán "los dioses" de ti: que te quedes en París. Y como dicen los cubanos: "para tu bien o para tu mal", pero que, sin duda, será para tu bien." Y, como si no bastara, Piñera concluye su aparente aprobación con una oblicua lección de moral revolucionaria que culpa a Severo de haberse ido y lo insta a regresar: "Además, tu edad te permite esos aplazamientos mediante los cuales es permitido no dar respuesta a problemas que nos exigen una respuesta".

A medida que esta segunda carta avanza, el tono se vuelve francamente hostil, hasta el momento en que la cólera y la envidia exploten en un grito escatológico de evidentes poderes liberadores: "Sí no estoy de acuerdo con tu "engouement" de Paris [antojo]. Aunque no lo escriba, ya tengo el título de un libro sobre dicha ciudad. PARIS, MERDE!". La grosería que cierra, en letras capitales, la agresiva discrepancia –que, significativamente toma como blanco la ciudad a la vez emblemática e íntima de París– también puede entenderse como una reminiscencia literaria, concretamente de la famosa palabra que abre *Ubu roi*: "Merdre", y que hizo correr tanta tinta. A diferencia de los ejemplos anteriores, Piñera no cita de memoria, tampoco hace gala de sus lecturas, pero, precisamente porque parece escaparle, la reminiscencia, esta cita involuntaria, descarga con el impulso negador que caracteriza su escritura, la hostilidad que podía sentir hacia Sarduy, y, sobre todo hacia lo que él representaba en ese momento: un destino, vital y literario, fuera de la isla.

Estos tres ejemplos muestran, a nuestro modo de ver, que el francés en la correspondencia de Piñera merece ser leído como algo más que un código para escapar de la censura o una marca de esnobismo. Por lo menos en las cartas que nos interesaron aquí, el francés es un instrumento de reflexión donde se desliza una lectura política de la violencia revolucionaria. Es también, un estilo, el de los afectos, cambiantes y hasta contradictorios de su redactor.

Y, precisamente porque son cambiantes y complejos, no quisiéramos terminar dando de las cartas y de la relación que ayudan a comprender una impresión errónea. Al final de la segunda, Piñera se despide con una sobrecogedora premonición: "Y ahora, hasta luego, y mira que luego puede ser el día del Juicio Final, si es que eso existe." Años más tarde, Severo escribió otro de sus homenajes a Virgilio, en la forma de un poema:

Pido la canonización de Virgilio Piñera

Poco interés presentan estas cosas
Para un Concilio, que otras más urgentes
–la talla de los ángeles, las fuentes
del Edén–, y sin duda, más valiosas

apremian sin cesar. Insisto empero
para que tenga sitio en los altares
este mártir de las arenas insulares.
Por textual, su milagro verdadero

dio presa fácil a los cabecillas
y a los sarcasmos que, de tanto en tanto,
interrumpen las furias amarillas,

las madres del exilio y el espanto.
Es por eso que a Roma, y de rodillas,
iré a exigir que lo proclamen santo.[454]

El poema, que hace eco a otro de Piñera –"Solicitud de canonización de Rosa Cagí" (1967)– es una rehabilitación pública del poeta, pero puede leerse también como la respuesta de Severo a la despedida de Virgilio, y esta "canonización" como un irónico, afectuoso y admirativo "juicio final".

Las dos cartas que a continuación transcribimos se encuentran en el archivo personal de Severo Sarduy, conservado en la Biblioteca Nacional de España, en la carpeta "ArchSS/3/2". La primera, de 1960, está mecanografiada, en un papel muy delgado de formato A4, la segunda, de 1964, escrita a mano en dos hojas de formato menor. De la primera, fechada el 20 de noviembre de 1960, se conserva el sobre que la contenía, un sobre de "correo aéreo" que lleva la dirección de su destinatario, "Severo Sarduy Maison de Cuba, Cité Universitaire, Paris 14, France" y la de su remitente, "V. Piñera 7ª ave 47606 (Playa Hermosa) Guanabo, Habana Cuba". El sobre y las direcciones de los corresponsales, más que simples detalles de archivos, materializan los fragmentos de historia personal y colectiva que nos cuentan estas dos cartas, por lo que merecen una breve interpretación.

---

[454] En el homenaje "40 años de Ciclón", *Revista Unión*, nº. 25, octubre-diciembre de 1996, en Rita Molinero (ed.) *Virgilio Piñera, la memoria del cuerpo*, San Juan, editorial Plaza Mayor, 2002, p. 485.

Bajo su apariencia banalmente práctica, el sobre condensa las interrogaciones que recorren las dos cartas –¿irse? ¿quedarse? ¿volver?– y dibuja la geografía en la que emergen, en la forma de una línea París-La Habana, abierta a las idas y vueltas, y de conexiones múltiples tanto artísticas como amicales. El espacio transitable y acogedor que proyecta el sobre es figurado, además, por la hospitalaria imagen de la casa en sus dos caras: en el anverso, la "Maison de Cuba" donde residió una larga lista de artistas cubanos becados a su llegada a la capital francesa[455]; y en el reverso, la casa de Guanabo, pueblo de playa situado a unos veinte kilómetros de La Habana, hogar de Piñera y Humberto Rodríguez Tomeu antes de la Revolución, una suerte de abadía de Thélème playera, de cuya pérdida Piñera nunca se recuperará[456]. El sobre, con las dos casas emblemáticas, simboliza las esperanzas que albergaba la intelectualidad cubana a inicios de los años 60.

A falta de sobre, la segunda carta, escrita en Milán el 19 de octubre de 1964, indica a su destinatario y primer lector la dirección madrileña a la cual puede contestarle: "Sr. Sabá Cabrera. Oficina comercial de Cuba. Fuencarral 45, 2° Centro Madrid". La geografía –Madrid, Milán– pareciera acercar a los corresponsales, solo que Piñera escribió esta carta durante su último viaje europeo del cual regresó sin los contratos editoriales que ansiaba obtener y como quien acepta, resignado, su destino. Por lo demás, la identidad del recibidor madrileño del correo de Piñera –Sabá Cabrera, cuyo documental *PM* fue prohibido en 1961, marcando el principio de la censura, pidió asilo en Italia en 1965– puede interpretarse hoy como un triste presagio de la lenta caída y del ostracismo que esperaban al autor de *Cuentos fríos*. En cuanto a la ausencia de sobre que indicara la dirección de Sarduy, si bien se puede explicar por los azares de la conservación, no deja de

[455] Mencionemos a los pintores Joaquín Ferrer, Gina Pellón, Guido Llinás, Jorge Pérez Castaño, Hugo Consuegra, Orlando Yanes, al poeta Manuel Díaz Martínez y al dramaturgo Rolando Ferrer. Ver Hugo Consuegra, *Elapso tempore*, Miami, Ediciones Universal, 2001.

[456] Piñera a Humberto Rodríguez Tomeu: "El día 30 me mudé de Guanabo. Ya calcularás el desgarramiento producido…Dejar la casona ha sido como perder a un ser querido (valga la frase hecha)" (31 de enero de 1962), Thomas F. Anderson, *Piñera corresponsal: Una vida en cartas*, ob. cit., p. 32.

significar algo: al dejar la Maison de Cuba, Severo seguía el camino solitario de su exilio. Así, del sobre-casa que contenía la carta escrita en 1960 a las direcciones ausentes u ominosas de la carta de 1964, lo que se materializa es la historia de una desilusión y de una dolorosa dispersión.

Al igual que en la correspondencia que mantuvo con otros amigos, en especial con Humberto Rodríguez Tomeu, Piñera emplea abundantemente el francés, un francés anticuado y culto, lleno del encanto de sus lecturas *Ancien Régime* pero, también algo aproximativo en su ortografía y su sintaxis. Hemos optado por conservar *tal cual* los pasajes en francés, sin corregir sus (leves) torpezas, por considerar que su francés tan especial nos comunica algo de la voz Piñera, de su modo de narrar, pensar y desear, como procuramos delinearlo anteriormente. Los pasajes en francés –palabras sueltas o párrafos enteros– se insertan con agilidad e incluso viveza en el resto de la prosa, y para que el lector pueda apreciarlas, nos ha parecido oportuno proponer una traducción.

Finalmente, las dos cartas describen o aluden a acontecimientos culturales y mencionan a numerosos actores del mundo intelectual y cultural de la época: escritores, artistas y a veces amigos compartidos de Piñera y Sarduy, algunos de ellos famosos, otros menos. Juzgamos adecuado suministrar las informaciones que la comunicación íntima entre dos amigos deja, lógicamente, de lado. El lector familiarizado con la vida cultural de la Cuba de los años 60 –y su intensa chismografía– podrá fácilmente prescindir de nuestras notas.

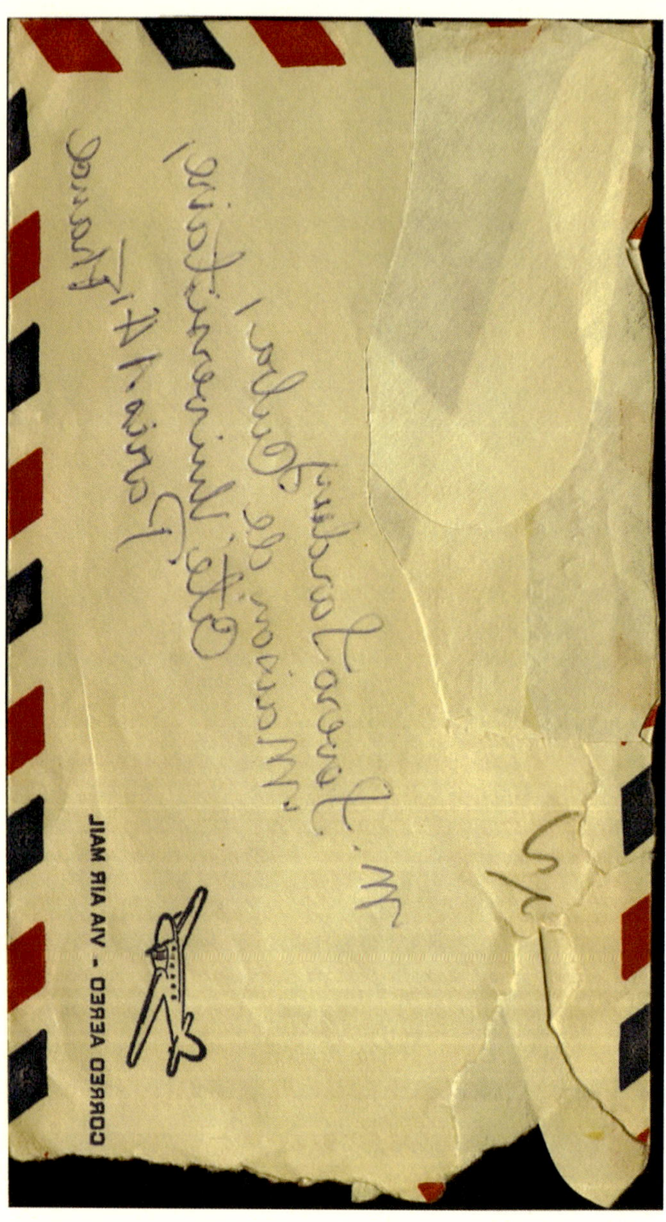
CORREO AEREO - VIA AIR MAIL

Arch SS/3/2 (1)
CUBA

Noviembre 20/60

Mi querido Severo:

hace varios días estuve en tu casa y repasé tu iconografía. Me hablan de una foto en que se te ve al timón de une voiturette (Isotta-Fraschini) [cochecito]. ¿Cómo te va? D'avance je te dit que a l'heure qui est j'écrit seulement des lettres decousues… [Desde ya, te digo que a estas alturas solo escribo cartas descosidas…]. Hace tres semanas que Lunes no aparece.[457] Hoy anuncian que por fin aparecerá el 28.[458] Pronto tendremos el Congreso Nacional de Artistas.[459] El Encuentro de Poetas en Camagüey fue un desastre[460]. Todo el resentimiento provinciano se volcó sobre nosotros. Fuimos ignorados y postergados. A pesar de que Lunes, y yo en particular, dedicamos un número a Camagüey[461], lanzaron acusaciones veladas. Además, en la sesión de clausura se produjo lo que califico de "canibalismo intelectual".

[457] Desde junio de 1959, Piñera tenía un puesto de editor en *Revolución*, y ya para el mes siguiente, disponía de su propia columna "Puntos, comas y paréntesis". En agosto, comenzó a contribuir de manera regular a *Lunes de Revolución*, el suplemento literario de avanzada del periódico, el cual estaba bajo la dirección de Guillermo Cabrera Infante, su antiguo jefe en *Carteles*. Piñera siguió colaborando con *Lunes* hasta su cierre, anunciado en octubre de 1961, presuntamente por una falta de tinta y papel. Fue en realidad la libertad de tono de la que se gozaba en *Lunes* lo que acabó conduciendo a su cierre, un triste hito en el control cada más vez estrecho de la vida cultural y social del país.

[458] Virgilio Piñera a Humberto Rodríguez Tomeu en una carta del 9 de noviembre de 1960: "Te diré que Lunes y todos los magazines han sido suspendidos hasta nuevo aviso. Falta de papel y, sobre todo, de tinta." Thomas F. Anderson, *Piñera corresponsal, una vida en cartas*, ob. cit., p. 131. Efectivamente, no salieron los números de *Lunes* correspondientes a las primeras semanas de noviembre de 1960.

[459] El Primer Congreso Nacional de la Unión de Escritores y Artistas de Cuba (UNEAC) se celebró en agosto de 1961.

[460] Ver cita 34.

[461] El número de *Lunes* dedicado a Camagüey salió el 19 de septiembre de 1960, un mes antes del Primer Encuentro Nacional de Poetas, Escritores y Artistas, celebrado en Camagüey, a finales de octubre.

Noviembre 20/60

Mi querido Severo:

hace varios días estuve en tu casa y repasé tu iconografía.Me hablan de una foto en que se te ve al timón de une voiturette (Isotta-Faschini). ¿Cómo te va ? D'avance je te dit que a l'heure qui est j'écrit seulement des lettres decousues... Hace tres semanas que Lunes no aparece.Hoy anuncian que por fin aparecerá el 28. Pronto tendremos el Congreso Nacional de Artistas. El Encuentro de Poetas en Camagüey fué un desastre. Todo el resentimiento provinciano se volcó sobre nosotros. Fuimos ignorados y postergados.A pesar de que Lunes, y yo en particular,dedicamos un número a Camagüey,lanzaron acusaciones veladas.Además,en la sesión de clausura se produjo lo que califico de "canibalismo intelectual".Una tal Niurka Lípiz lanzó una catilinaria contra los homosexuales.Loló Soldevilla la rebatió,y por poco la linchan.El público allí congregado gritaba a desgañitarse: "Hombres sí,locas no". y,por supuesto,¡ParedónParedón".C'etait d'un ridicule inouie.Ajoute a cela la foule de badauds de la rue qui afluaient et faisais chorus.C'etait un vacarme.Tout-a-coup,une femme habillé en taffetas vert-pigeon,avec une voix de tonnerre,a lancé ce fameux ápostrophe: "Camarades: il faut la chasse aux homosexuels.Qu'ils soient bannis de la litterature." Mon cher,rien de pareil on a vu de jadis. Une autre femme,qui contrefaisait Marthe biblique disait d'une voix de Stentor: "Il faut tuer ces gens-lá;ils sont de malades.Que chacune de nous autres,femmes,accueille chez soi un pede pour le guerir".

¿Has recibido el Lunes dedicado a Rolando? A fines de diciembre aparecerá su libro en ediciones R.Llevará un prólogo mío. ¿Sabes que la gente de Camagüey quería inflar el libro con poemas que el propio Escardó no había seleccionado? Pero él me dió el libro y saldrá tal como Escardó quería que apareciese.

¿Por qué no mandas un capítulo de tu novela para Lunes? Sería interesante que saliera esa "pre-view" en Lunes. ¿Es cierto que te quedas en París,y con casa puesta? Mi tomo de Teatro Completo sale a fines de mes.Un tomo de cuatrocientas páginas.Te lo mandaré en seguida,lo mismo a Nivaria. No hago esfuerzos por viajar pues estoy cansado de hacer maletas,lo cual no quiere decir que si el viaje se da por si mismo lo rechace,pero no insisto.

¿Y qué vas a decir cuando me oigas decir: "J'aimais,seigneur, j'aimais./Je voulais etre aimée./ Ce jour,je l'avouerai,je me suis alarmée./J'ai cru que votre amour allait finir son cours./ Je connais mon erreur,et vous m'aimez toujours./

Antón "profesa" en el TNC con lit.hispanoamericana;hace la revista de La C.de las A. y escribe en Lunes.Pepe está de traductor al y del inglés en la Imprenta N.Ya vendió el Bikini.Todo ese falso "tipical" va siendo borrado por la Revolución. Ya vi a Díaz Martínez;en cambio,sé que Rolando está en Habana pero se oculta,il se dérobe,mon cher. Dile a Nivaria que vuelva a escribirme.Hazlo tú tambien.Te abraza y recuerda,

Virgilio

Una tal Niurka Lipiz[462] lanzó una catilinaria contra los homosexuales. Loló Soldevilla[463] la rebatió, y por poco la linchan. El público allí congregado gritaba a desgañitarse: "Hombres sí, locas no". Y, por supuesto, ¡Paredón, paredón". C'etait d'un ridicule inouie. Ajoute a cela la foule de badauds de la rue qui afluaient et faisais chorus. C'etait un vacarme. Tout-a-coup, une femme habillé en tafetas vert-pigeon, avec une voix de tonnerre, a lancé ce fameux a-postrophe: "Camarades: il faut faire la chasse aux homosexuels. Qu'ils soient bannis de la litterature." Mon cher, rien de pareil on a vu de jadis. Une autre femme, qui contrefaisait Marthe biblique disait d'une voix de Stentor: "Il faut tuer ces gens-là; ils sont des malades. Que chacune de nous autres, femmes, accueille chez soi un pede pour le guerir". [Era el colmo de la ridiculez. Añade a eso la muchedumbre de curiosos que afluían y hacían coro. Fue un estruendo. De repente, una mujer vestida de tafetán verde-paloma, con una voz de trueno, lanzó ese famoso apóstrofe: "Compañeros: hay que cazar a los homosexuales, proscribirlos de la literatura." Querido mío, jamás se vio semejante cosa. Otra mujer que hacía de Marta bíblica decía con voz estentórea: "Hay que matar a esa gente. Son unos enfermos. Que cada una de nosotras, mujeres, acoja a un maricón en su casa para curarlo."]

¿Has recibido el Lunes dedicado a Rolando?[464] A fines de diciem-

---

[462] Niurka Lipiz colaboraba en "Página Dos", la página cultural del periódico *Prensa Libre*.

[463] Dolores "Loló" Soldevilla (1901-1971), pintora y activista política. Luego de una nutrida carrera política, en la que se distinguió por su defensa de los derechos de la mujer y de los niños, fue nombrada Agregada cultural de la Embajada de Cuba en París en 1949, donde empezó a pintar, animada por Wifredo Lam. En 1957 abrió en La Habana la "Galería de Arte Color-Luz" que sería el punto de encuentro de los pintores abstractos cubanos. En 1959, entró como redactora a *Revolución*.

[464] Rolando Escardó (Camagüey 1925-1960). Poeta, fundador en su provincia del grupo Los Nuevos, Novación (1953-1961) y Yarabey. Poemas suyos aparecieron en las revistas *Ciclón* y *Lunes de Revolución*. Cuando organizaba el Primer Encuentro Nacional de Poetas, Escritores y Artistas que se celebró en Camagüey, falleció en un accidente automovilístico en Jagüey Grande. La convocatoria al Encuentro fue publicada en *Noticias de Hoy*, el 6 de octubre de 1960, https://rialta.org/rolando-escardo-convocatoria-al-primer-encuentro-nacional-de-poetas-y-artistas/. El número de *Lunes*, "Homenaje a Escardó", estuvo a cargo de Oscar Hurtado y Virgilio Piñera y

bre aparecerá su libro en ediciones R. Llevará un prólogo mío.[465] ¿Sabes que la gente de Camagüey quería inflar el libro con poemas que el propio Escardó no había seleccionado? Pero él me dio el libro y saldrá tal como Escardó quería que apareciese.

¿Por qué no mandas un capítulo de tu novela para Lunes?[466] Sería interesante que saliera esa "pre-view" en Lunes. ¿Es cierto que te quedas en París, y con casa puesta?[467] Mi tomo de Teatro Completo sale a fines de mes.[468] Un tomo de cuatrocientas páginas. Te lo mandaré en seguida, lo mismo a Nivaria.[469] No hago esfuerzos por viajar pues estoy cansado de hacer maletas, lo cual no quiere decir que si el viaje se da por si mismo lo rechace, pero no insisto.

---

salió el 31 de octubre de 1960. Severo Sarduy, que había sido miembro de los grupos Los Nuevos y Novación, mantuvo una amistad "sincera y respetuosa" con Escardó desde la época de su juventud camagüeyana. Ver Severo Sarduy, *Cartas a mi hermana en La Habana*, ob. cit.

[465] *Libro de Rolando, poemas de Escardó*, prólogo de Virgilio Piñera, ediciones R, 1961. Piñera fue nombrado director de las ediciones R por Guillermo Cabrera Infante, entonces director del Consejo Nacional de Cultura, y ocupó este cargo hasta 1964.

[466] *Gestos*, la primera novela de Severo Sarduy fue publicada en 1963 por Seix Barral. Sobre esta novela, el interés de Virgilio y Juan Arcocha por publicarla, ver arriba.

[467] Sobre la decisión de Sarduy de prolongar su estancia parisina, pese a que se iban reduciendo las chances de ver renovada la beca del gobierno que le había permitido viajar a Europa a finales de 1959, ver arriba.

[468] Después de muchos retrasos, el volumen de *Teatro Completo*, que recogía ocho obras teatrales escritas entre 1941 y 1960, salió a inicios de 1961. Piñera detalla la accidentada historia editorial de este libro en sus cartas a Humberto Rodríguez Tomeu, ver Thomas F. Anderson, *Piñera corresponsal, una vida en cartas*, ob. cit.

[469] Nivaria Tejera (Cienfuegos, 1929-París, 2016). Escritora y poeta. Vivió en Paris de 1954 a 1959 con el poeta y pintor Fayad Jamís. Agregada cultural en Roma, se exila en 1961. *Le ravin* (traducción de *El Barranco* por Claude Couffon) y *Sonámbulo del sol* fueron publicados por Maurice Nadeau en *Lettres nouvelles* en 1958 y 1970. Nivaria Tejera intentó ser un apoyo en la carrera de las obras de Piñera en Francia. Piñera a Humberto Rodríguez Tomeu, el 22 de noviembre 1960: "Nivaria me escribió desde París para decirme que había propuesto de nuevo Electra para el Teatro de Naciones. Pero no me hago ilusiones pues falta el crédito del gobierno cubano y son muchos dólares" cf. Thomas E. Anderson, *Piñera corresponsal, una vida en cartas*, ob. cit., p. 134.

¿Y qué vas a decir cuando me oigas decir: "J'aimais, seigneur, j'aimais/ Je voulais etre aimée. /Ce jour, je l'avouerai, je me suis alarmée./J'ai cru que votre amour allait finir son cours./ Je connais mon erreur, et, vous m'aimez toujours./[470] [Amaba, señor, amaba/ Quería ser amada/Aquel día, lo confieso, me alarmé/Creí que su amor terminaba/conozco mi error y usted todavía me ama."]

Antón "profesa" en el TNC con lit. hispanoamericana; hace la revista de la C. de las A. y escribe en Lunes.[471] Pepe está de traductor al y del inglés en la Imprenta N. Y vendió el Bikini.[472] Todo ese falso "tipical" va siendo borrado por la Revolución. Ya vi a Díaz Martínez[473]; en

---

470 Jean Racine, *Berenice*, Acto V, escena VII. La traducción es nuestra.

471 Antón Arrufat (Santiago de Cuba, 1935-La Habana, 2023), dramaturgo, poeta, ensayista, recibió el Premio Nacional de Literatura en Cuba en 2000. Publicó sus primeros textos en *Ciclón*. La polémica desatada por su pieza de teatro *Los siete contra Tebas* lo condenó a años de silencio. Arrufat fue amigo y albacea de Virgilio Piñera.

472 José "Pepe" Rodríguez Feo (La Habana, 1920-1993), editor, traductor y crítico literario. Fundador con José Lezama Lima de *Orígenes* (1944-1956) y de *Ciclón* (1955-1959) con Virgilio Piñera. Fue, durante muchos años, uno de los amigos más cercanos de Piñera. Su correspondencia, que abarca la época de *Ciclón* ha sido publicada en Roberto Pérez, *Tiempo de ciclón*, La Habana, Ediciones Unión, 1995 y *Virgilio Piñera, de vuelta y vuelta. correspondencia 1932-1978*, La Habana, Ediciones Unión, 2011. El Bikini era un bar-restaurante en Guanabo del que Rodríguez Feo era propietario. Sobre el bar y su cierre, escribió Guillermo Cabrera Infante: "Feo se ocupaba preferentemente de atender su bar en la playa de Guanabo, en que los dependientes parecían más que barmen versiones cubanas de Charles Atlas de pelo en pecho desnudo. […] Rodríguez Feo, quien a pesar de su bar de atracciones y de su dinero, era el único de ellos que tenía conciencia política, llevó su adhesión a la Revolución tan lejos que cedió voluntariamente su rascacielos a la Reforma Urbana […] y se deshizo del bar público, burdel privado", *Mea Cuba*, ob. cit., p. 327.

473 Manuel Díaz Martínez (Santa Clara, 1936-Las Palmas de Gran Canaria, 2023), poeta, periodista y diplomático. Redactor del suplemento cultural *Hoy Domingo* y de *La Gaceta de Cuba* de la UNEAC. Firmante de la *Declaración de los intelectuales cubanos*, se exilió a España en 1992, donde formó parte del consejo de dirección la revista *Encuentro de la Cultura Cubana*. Amigo de Severo Sarduy, y como él becado del gobierno, viajó a Europa a bordo del "Marqués de Comillas" en diciembre de 1959, y con él compartió los primeros meses de vivencia parisina en la *Maison de Cuba* en la Ciudad Universitaria de París. Al contrario de Severo, decidió

cambio, sé que Rolando[474] está en Habana pero se oculta, il se dérobe, mon cher. Dile a Nivaria que vuelva a escribirme. Hazlo tú también. Te abraza y recuerda

[firma]

---

regresar a Cuba, en diciembre de 1960. Ver Severo Sarduy, *Cartas*, selección prólogo y notas de Manuel Díaz Martínez, Madrid, Verbum, 1996.

[474] Rolando Ferrer (Santiago de Cuba, 1925-La Habana, 1976). Dramaturgo, actor, director teatral. Estuvo entre los becados que viajaron a París en diciembre de 1959 y residieron en la Maison de Cuba en 1960. Lo menciona Manuel Díaz Martínez en su prólogo a la edición de su correspondencia con Sarduy: "Alrededor de dos meses llevaba yo en París cuando un día, bien entrada la tarde, mis compatriotas el teatrista Rolando Ferrer y el escultor Francisco Antigua, vecinos míos en la Casa de Cuba, casi me derrumban la puerta conminándome a que saliera para dar la bienvenida a un recién llegado. Salí y me encontré a Severo en mitad del pasillo. De pie junto a su escaso equipaje, apretaba contra el pecho un ramillete de claveles españoles y un libro de San Juan de la Cruz. Sonriendo, feliz, al verme hizo una reverencia de salutación como un bailarín que agradece un aplauso y me dijo con aire de *grand vainqueur*: "¡Manolo, llegué!". Ver Severo Sarduy, *Cartas,* ob. cit., p. 11.

Milán, octubre 19/1964[475]

Mi querido Severo,

Olvidé, cuando te hablaba por teléfono para despedirme, felicitarte por tu artículo de France-Observateur-Peintres et Machines.[476] Aunque no conozco gran cosa en la materia, lo encontré bien informado y con dos o tres "remarques savoureuses" [observaciones sabrosas]. Ojalá que sigan apareciendo esos trabajos tuyos. Lo más sorprendente de esa mitad de página del tabloide es que haya sido firmada por un cubano. Se lee: "Severo Sarduy", et on ne croit pas ses yeux. Et pourtant, c'est un fait accompli que laisserai bouche bée a beaucoup d'incredules. [y es de no creer. Y, sin embargo, es un hecho indiscutible que dejaría a muchos incrédulos boquiabiertos]

A voir les choses sous son aspect le plus sérieux, je croi que ta decisión de rester a Paris est tres correcte. Sans compter que "les dieux" fait de son mieux pour te soutenir. A ce propos je me rappelle d'un episode Ancien Régime: a une de ces agapés nocturnes en l'intimité célebrés à Versailles assistait incognito le roi de Suède. Quelqu'un d'entre les invités pronoçai le nom du fameux voyageur Laperouse à ce moment là en Tahiti. La Dubarry, qui était du nombre, s'exclama: Qu'il-y-reste… [Mirando las cosas con seriedad, creo que tu decisión de quedarte en París es muy correcta. Sin contar que los "dioses" hicieron todo lo posible para ayudarte. Por cierto, me recuerda un episodio Antiguo Régimen: a una de aquellas galas nocturnas celebradas en la intimidad en Versalles asistía de incógnito el rey de Suecia. Alguien entre los invitados pronunciaba el nombre famoso del viajero Laperouse que, en aquel entonces, se encontraba en Tahití. La Dubarry, presente aquel día, exclamó: Que allí se quede…]

[475] Entre septiembre y octubre de 1964, Piñera estuvo en Milán invitado por el editor Feltrinelli, visitó también París, Praga y Madrid. Fue su último viaje a Europa.

[476] Severo Sarduy, "Peintres et machines", *France-Observateur*, n° 754, octubre de 1964.

Milán, octubre 19/64 

Mi querido Severo,

olvidé, cuando te hablaba por teléfono para despedirme, felicitarte por tu artículo de France-Observateur – Peintres et Machines. Aunque no conozco gran cosa en la materia, lo encontré bien informado y con dos o tres "remarques savoureses". Ojalá que sigan apareciendo esos trabajos tuyos. Lo más sorprendente de esa mitad de página del tabloide es que haya sido firmada por un cubano. Se lee: Severo Sarduy, "et on ne croit pas ses yeux". Et pourtant, c'est un fait accompli et que laissera bouche bée a beaucoup d'incredules.

A voir les choses sous son aspect le plus serieux, je croi que ta decision de rester a Paris est très correcte. Sans compter que "les dieux" fait de son mieux pour te soutenir. A ce propos je me rappelle d'un episode Ancien Régime: a une de ces agapés nocturnes en l'intimité celebrés a Versailles assistait incognito le roi de Suède. Quelqu'un d'entre les invités prononçai le nom du fameux voyageur Laperouse. La Dubarry, qui était du nombre, s'exclama: Qu'il-y-reste...

(a ce moment là en Tahiti)

Y eso mismo dirán "los dioses" de ti: que te quedes en París. Y como dicen los cubanos: "para tu bien o para tu mal", pero que, sin duda, será para tu bien.

Además, tu edad te permite esos aplaza-

Y eso mismo dirán "los dioses" de ti: que te quedes en París. Y como dicen los cubanos: "para tu bien o para tu mal", pero que, sin duda, será para tu bien.

Además, tu edad te permite esos aplazamientos mediante los cuales es permitido no dar respuesta a problemas que nos exigen una respuesta. Lo mismo puedes devenir un escritor que escribe en francés (como el ruso Nabokov en inglés) que proseguir escribiendo en español, y hasta en cubano.[477]

Sí no estoy de acuerdo con tu "engouement" de Paris [entusiasmo]. Aunque no lo escriba, ya tengo el título de un libro sobre dicha ciudad

PARIS, MERDE!

Aunque parezca o resulte paradójico, el subdesarrollo y el desarrollo tienen esto en común: tanto en uno como en el otro se llega a un "epanouissement" [plenitud], cuando ello ocurre se produce la naúsea, el asco, el vómito. París, ciudad superdesarollada, es nauseosa y falsa, como lo es, por ejemplo, Bolondrón[478], super subdesarrollada. Ya sé que te adelantas a preguntarme: y entre esos dos extremos, ¿cuál es el "juste milieux". [punto de equilibrio] ¡Pues búscalo!

Y ahora, hasta luego, y mira que luego puede ser el día del Juicio Final, si es que eso existe.

No descuides a Natalio.[479] Saluda a François[480], al que sólo conozco sentado al volante de su auto ¿Camina realmente? Quiero decir, François.

---

[477] No se equivocaba Piñera, en su vaticinio. Si bien Severo escribió su obra (poemas y novelas) en español, fue también, en cierta manera, "un escritor que escribe en francés", como lo prueban sus numerosos artículos en revistas y periódicos galos (*Tel Quel*, *Le Nouvel observateur*, *La Quinzaine littéraire*, *Libération*, etc.) y sus programas para la radio francófona. Por lo demás, desde *Gestos*, en 1963, todas sus novelas salieron al mismo tiempo en español y en francés, y, a partir de *Ecrit en dansant*, (*De donde son los cantantes*, 1967), Sarduy colaboró a la traducción al francés de cada una de ellas.

[478] Bolondrón es un pueblo de la provincia de Matanzas.

[479] Natalio Galán (Camagüey, 1917-Nueva Orleans, 1985) compositor y musicólogo.

[480] François Wahl (1925-2014), editor y filósofo francés, compañero de Severo Sarduy. En 1990, Sarduy escribía: "Llegaron, como los tiempos de *Ciclón*, los tiempos de *Tel Quel*. La primera persona que conocí en Europa fue a François Wahl. Lo conocí en Roma, en la capilla Sixtine. Hace más de treinta años y en este momento está

mientos mediante los cuales es permitido no dar respuesta a problemas que nos exigen una respuesta. Lo mismo puedes devenir un escritor que escribe en francés (como el ruso Nabokov en inglés) que proseguir escribiendo en español, y hasta en cubano.

Sí no estoy de acuerdo con tu "engouement" de París. Aunque no lo escriba, ya tengo el título de un libro sobre dicha ciudad.

PARÍS, MERDE!

Aunque parezca o resulte paradójico, el subdesarollo y el desarrollo tienen esto en común: tanto en uno como en el otro se llega a un "epanouissement"; cuando ello ocurre se produce la náusea, el asco, el vómito. París, ciudad superdesarrollada, es nauseosa y falsa, como lo es, por ejemplo, Bolondrón, super, subdesarrollada. Ya sé que te adelantas a preguntarme: y entre esos dos extremos ¿cuál es el "juste milieux"? ¡Pues búscalo!

Y ahora, hasta luego, y mira que luego puede ser el día del Juicio Final, si es que eso existe.

No descuides a Natalio. Saluda a François, al que sólo conozco sentado al volante de su auto. ¿Camina realmente? Quiero decir, François.

Un gran abrazo,

Virgilio

Escríbeme a Madrid. c/o Sr. Sabá Cabrera
Oficina Comercial de Cuba,
Fuencarral 45, 2º centro
Madrid.

Un gran abrazo,
Virgilio

Escríbeme a Madrid. Sr. Sabá Cabrera[481]
Oficina comercial de Cuba
Fuencarral 45, 2°Centro Madrid

leyendo hora por hora lo que escribo. El, según llegamos a París, me presentó a uno de sus mejores amigos de entonces. Ya me había hablado mucho de él y creo que hasta había recibido una postal, con un dibujo de Leonardo, que por entonces comentamos. Era un escritor francés, se decía "sociólogo" entonces. Lo conocí en la rue du Dragon. Articulaba muy bien el francés. Yo le dije que el mío no era muy bueno, pero que la fonética podía funcionar. Me respondió: "Serás muy fonético, pero no fonológico". Y nos empezamos a reír. Siempre nos reímos. De eso y de todo. Era Roland Barthes", "Para una biografía pulverizada…", ob. cit., pp. 13-14.

[481] Alberto "Sabá" Cabrera (Gibara, 1933-Miami, 2002), hermano menor de Guillermo Cabrera Infante y co-autor, con Orlando Jiménez-Leal de *PM*, ejercicio de *free cinema* que exploraba el mundo de la noche habanera. Realizado en 1961, el documental de diecisiete minutos fue prohibido desde su salida, por difundir una imagen poco acorde con el patriotismo heroico de la Revolución. Su interdicción fue una de las primeras grietas en la armonía de la intelectualidad cubana con el régimen revolucionario, y dio lugar a una serie de encuentros de Fidel Castro con los intelectuales, organizados en la biblioteca José Martí en junio de 1961. Guillermo Cabrera Infante fijó el recuerdo de estas reuniones históricas en una escena de *Mea Cuba* que tiene como protagonista a un Piñera balbuceando su "miedo". Como colofón de estos encuentros, Fidel Castro, en su discurso "Palabras a los intelectuales", delimitó el muy restringido espacio de libertad ideológica que se les concedía, con la fórmula a la vez rotunda y sibilina de "Dentro la Revolución todo, fuera de la Revolución nada". En 1965, Sabá Cabrera viajó como agregado comercial a España e Italia donde pidió asilo político. Un año después se trasladó a Nueva York.

# Virgilio Piñera en los (des)bordes de su archivo: ficciones somáticas y archivo plástico

Nancy Calomarde
*Universidad Nacional de Córdoba*

En los archivos de la Biblioteca Firestone de la Universidad de Princeton, se guarda un conjunto de papeles y manuscritos del escritor cubano Virgilio Piñera (1912-1979), en particular un significativo volumen de correspondencias intercambiadas con escritores y amigos.[482] Me interesa explorar esos papeles con el fin de interrogar ciertos trazos de la memoria que permitirían explicar la construcción del originalísimo narrador "entre los fuegos cruzados"[483] de la literatura cubana y argentina, que fue Piñera. Un buen número de estas correspondencias fueron escritas a su regreso a La Habana luego del periplo argentino llevado a cabo entre 1946 y 1958. Ellas coinciden con el breve periodo de mayor visibilidad del autor de *Aire frío*, a principios de la década del 60, en la escena cubana y también con el inicio de su ostracismo insular. En esa escritura marginal y performática, a la que designo su "archivo plástico", es donde se entrama una red de afectos y formas estéticas que se traducen ficcionalmente a la ingeniería somática que Piñera construye en sus ficciones y de las que ocuparé en las líneas que siguen. Para intentar provisionales respuestas, he organizado un corpus a la manera de *constelación,* esto es, la selección de un conjunto heterogéneo de discursos apenas reunidos por el efecto de montaje de esta investigación, por su 'interrupción" teórica. A ese montaje deno-

[482] Thomas F. Anderson recoge, en su libro *Piñera corresponsal* (2016), las cartas cruzadas entre Piñera y su amigo en Buenos Aires, entre 1958 y noviembre de 1976 que se conservan en la Biblioteca Firestone de la Universidad de Princeton.

[483] Nancy Calomarde, "Un barroco a lo argentino (Mientras Bianco lee a Piñera)", *Confluenze: Rivista di Studi Iberoamericani*, vol. 2, n° 1, 2010, pp. 82-98.

mino *argentum* porque el término remite no solo a la obvia relación de cercanía de estos textos con la escena de lectura y escritura argentinas, vale decir, con escrituras que acusan su contacto con un sistema literario al ser "traducidas" a otro (cubano) –desde las páginas de *Orígenes* (1944-1956), y de *Ciclón* (1955-1959)– y transcriptas ficcionalmente, en la lectura y conversación con Gombrowicz, Macedonio, Borges-; sino sobre todo porque la *constelación argentum* reenvía a la forma de la literatura que Piñera encuentra en este repertorio, centrada en dos dimensiones: el procedimiento (Borges) y en el *sensorium* plástico. Se trata en tal sentido, de textos que se escriben en-sobre la ambigua tensión del dolor/goce de la carne, y que implican al tacto como principal vector de la experiencia estética. No por casualidad en esos años promueve la traducción de las páginas de *Las 120 jornadas de Sodoma* del Marqués de Sade[484] para la revista *Ciclón*, una tarea que llevaría a cabo su amigo Humberto. De idéntica forma a la escandalosa traducción del *Ferdydurke* (1946), ejecuta ahora otra de sus transgresivas performances. Si antes tradujo un texto, sin conocer la lengua polaca, reescribiendo ficcionalmente la novela de Gombrowicz desde la experiencia sensitiva de la lengua en la carne que escribe (y al mismo tiempo, es escrita), ahora juega a otra forma de coautoría en los vestidos del traductor, que es y no es Piñera. Por otra parte, el lexema *argentum* no solo alude a la experiencia ficcional con la cultura argentina, reenvía también al referente "metal plata" cuya definición gramatical se sostiene en su cualidad de materia táctil, resistente y maleable. De este modo, materialidad de la escritura –su contacto– y experiencia argentina resultan las coordenadas a partir de la cuales organizo un conjunto heterogéneo integrado por las correspondencias

[484] Los fragmentos del texto del Marqués de Sade se publican, a instancias del propio Piñera, en la revista dirigida por José Rodríguez Feo. En la sección de la revista, "Textos futuros" Virgilio presenta la traducción y funda la importancia de la primera traducción de este texto como "la culminación paroxística de todos sus escritos sobre la vida sexual del hombre" Ver Virgilio Piñera, *Los siervos*, *Ciclón*, vol. 1, n° 6,1955, p. 34. Esta publicación genera una serie de polémicas recogidas en diversos estudios, ver Roberto Pérez León, *Tiempo de Ciclón*, La Habana, Unión, 1995 y Adriana Kanzepolski, "Acerca de algunos extranjeros: de Orígenes a Ciclón", *Revista Iberoamericana*, vol. 70, n° 208-209, julio-diciembre de 2004, pp. 839-855.

encontradas en el archivo Piñera, por textos "menores" –ensayos o notas–, dos libros de relatos *Cuentos fríos* (1956) y "*El que vino a salvarme* (1970), la novela *Pequeñas maniobras* (1963) y la obra de teatro *Los siervos* (1955). Las impresiones plásticas de lo argentino y lo superficial guían este montaje. Presento en este ensayo un fragmento de esa lectura, centrada en cartas y textos menores, ficciones y una obra de teatro con el propósito de reflexionar acerca de una zona, a mi juicio fundamental, referida a los vínculos entre archivo y escritura, o entre escritura y vida. ¿Es en los papeles dispersos de la correspondencia y otros textos "menores" de Piñera, en ese exceso de literatura, donde podemos encontrar su "resto", aquello que no puede ingresar a una obra organizada según los dispositivos de control de los sistemas literarios? ¿y es allí, tal vez, en ese exceso donde se producen otros anudamientos estéticos y formas de vida (o de sobrevida)?

## ARCHIVO PLÁSTICO

Entre el regreso de Virgilio Piñera a La Habana luego de su estancia argentina de doce años y la revolución, transcurre apenas algo más de un año. Si, como bien sabemos, lee con un entusiasmo no carente de sospechas la llegada de Fidel Castro al poder,[485] lo relevante para mi estudio radica en pensar el impacto que acusa su escritura respecto del nuevo rol de archivista-editor que ocupa en las instituciones culturales cubanas, o, mejor, como ese más allá de lo literario le habilita para otros dispositivos ficcionales. "Presidente en Partibus", se autoproclama nuestro autor en su correspondencia–,

[485] No voy a detenerme en los aspectos de su biografía acerca de los cuales la crítica y la historiografía han abundado, como tampoco en el análisis de los posicionamientos singulares ni argumentaciones que los escritores, incluido Piñera, esgrimieron en esos años. Existen valiosos trabajos al respecto, ver Thomas F. Anderson, *Piñera corresponsal: una vida en cartas*, Pittsburgh, Instituto Internacional de Literatura Iberoamericana, 2016; Rita Molinero (comp.), *Virgilio Piñera: la memoria del cuerpo*, Puerto Rico, Plaza Mayor, 2002; Claudia Gilman, *Entre la pluma y el fusil. Debates y dilemas del escrito revolucionario en América latina*, Buenos Aires, Siglo XXI, 2003; Juan Carlos Quintero Herencia, Fulguración del espacio. *Letras e imaginario institucional de la Revolución Cubana (1960-1971)*, Rosario, Beatriz Viterbo, 2002.

para referirse al puesto de editor/responsable que ocupa entre 1960 y 1961 en Editorial Revolución, una función que le permite no solamente reevaluar la labor 'curatorial" que ejerce un autor al reescribir el archivo literario en que se sitúa, vale decir su propio lugar como editor del sistema cubano, sino, de modo privilegiado, la relevancia que la vinculación inescindible entre sensibilidad material y forma adquiriría en su proyecto escritural y en su autofiguración autoral para la posteridad.

En carta a Rodríguez Tomeu del 7 de junio del 61 le refiere detalles de su trascendente y nueva labor:

> Recibí hace unos días tu carta del 30 pasado. No la contesté en seguida debido al trabajo que tengo con la editorial de Revolución (soy su Director) y tenemos que dejar cinco libros para el próximo Congreso de Escritores a celebrar la última semana de junio [...] Imagínate, he tenido leerlos a todos, que escribir solapas, etc (Piñera, S/p)

Si bien Piñera no solo había creado y colaborado la revista *Poeta* en su juventud, coorganizado la aventura de las plaquettes argentinas junto a Gombrowicz, y realizado innúmeras tareas de edición en revistas cubanas, es en este enclave bio-ficcional, al combinar posición pública y agenciamiento editor, donde probablemente mejor advierta y ensamble la labor de la creación literaria con el montaje –anacrónico y futurista– que comporta la ficción. Por otra parte, si la crítica ha insistido, con justicia relativa, en el lugar marginal del escritor de *La carne de René* ocupó antes y después de la Revolución en la escena cubana, al revisar sus archivos y leer su obra al trasluz de ese exceso textual, entiendo que es posible proponer un hiato en su figuración fantasmática de autor. No solo releer parte de su obra a la luz de la potente, aunque precaria, visibilidad que alcanza en el campo cultural cubano puede iluminar otros aspectos de su escritura. En especial, me pregunto cómo esa posición encuentra articulación en su escritura por vía de dos procedimientos: la función metapoética ejercida en el ensamblaje de elementos gramaticales que ficcionalizan el *modus operandi* de la literatura y la función (est)ética concebida como el trabajo autoficcional con la materia que in-forma su figuración de autor. En ese exceso de escritura y de vida que comporta un archivo, en la praxis de escribir-guardar esos papeles para el porvenir podemos encontrar algunas claves.

Las cerca de cien cartas escritas por Virgilio a Humberto Rodríguez Tomeu a lo largo de veinte años configuran un territorio textual de enorme eficacia para leer estas articulaciones.[486] Me centro, en este trabajo, en aquellas escritas durante el breve periodo durante el cual nuestro autor ocupa aquel lugar destacado. No procuro leerlas como el telón de fondo de una obra literaria, ni para entender los juegos políticos y estéticos con que entrama lo (no)dicho en la literatura, sino para pensarlas como la materia escritural donde se exhibe el cuerpo que escribe en la experiencia del fin, y donde el grafo se vuelve praxis de perforación y performance. Me propongo leerlas también como "letra-visión"[487], escritura que no se sostiene en el mero saber visionario de la forma, sino que anuda lo efímero de la vida con las vibraciones humanas y no humanas de la materia y su porvenir, su *más allá*[488], su heterocronicidad constitutiva. En consecuencia, para leer estos textos

[486] El trabajo de Anderson ha recogido más de 80 cartas cruzadas entre los autores cubanos. Por mi parte, y gracias a la beca concedida por la Firestone Library de Princeton University, he logrado obtener para mi investigación la captura digital de la casi totalidad de esa correspondencia, aunque advirtiendo que algunas de las que publica el crítico no se encontraban, por razones que no he podido precisar, ya en el archivo.

[487] José Rodríguez Feo, al formular la categoría estética de "letravisión", vuelve a operar, como lo había hecho con otros textos de Piñera, sobre el entramado de experiencia y escritura como vehículo imprescindible de conocimiento poético. Se centra en el testimonio personal del Piñera-autor quien le había relatado su experiencia física de la escritura para concluir que la objetivación humorística que encuentra en los relatos le sirve al narrador para liberarse de la angustia o del dolor. Probablemente sea precisamente por esa salida vital que el crítico observa en estos cuentos que se opere lo que designa como "una sublimación de los complejos subconcientes". En la misma línea, vincula la obsesión por el tema de la carne que lee en sus relatos con la experiencia del hambre que el poeta de *La isla en peso* efectivamente padeció. Articulando diferentes repertorios lectores, reafirma el sustrato freudiano de su crítica al señalar, en la obra de Piñera, la función del arte como "gratificación sustitutiva". Ver José Rodríguez Feo, *Notas críticas*, La Habana, Unión, 1962.

[488] Jacques Derrida, *Mal de archivo. Una impresión freudiana*, Madrid, Trotta, 1997 y *Preface to Future of Hegel: Plasticity, Temporality and Dialectic*, New York, Routledge, 2005.

utilizo una noción de archivo no como dispositivo póstumo sino como potencia de escritura que opera sobre el cuerpo en el dolor/goce de un tránsito que desafía la muerte física de un autor y la reinventa. Asimismo, astilla los límites del concepto dominante de vida y propone otra temporalidad inscripta en la vibraciones de la materia.[489] Ella hace pie en la propia postulación piñeriana quien, en *La vida tal cual* (1990), había lanzado la idea de praxis escritural como incisión corpórea: "Para mí escribir ha sido siempre una verdadera tortura", señaló. Vale decir, la escritura sería aquello que ocurre como *lapsus* entre la vida y la no vida y "escribirse", una acción que asume la dimensión física del escribir, que es material y espectral a un tiempo, configurada en lo efímero de los cuerpos y en el sufrimiento de la carne. "Escribir simplemente es un oficio como otro cualquiera, en cambio escribirse, he ahí el secreto". En buena medida sus cartas a Humberto configuran una forma de esa escritura del fin. Si bien narran detalles menores de la vida cotidiana, estructuran, en esa liviandad, una retórica de la pérdida articulada sobre la objetualidad y la carencia, que no solo no abandonará en los momentos de máximo reconocimiento público, antes bien la irá profundizando a partir del instante en que se conjugan dos faltas: la de la presidencia en partibus y la de la casa (hogar) de Guanabo.

En una de sus cartas, Virgilio le cuenta acerca de la muerte de Rolando Escardó en un accidente automovilístico. En párrafos abarrotados de comentarios maledicentes, flashes con escenas cinematográficas del mundillo cultural habanero, chismes, y sinceras lamentaciones, Piñera exhibe sus competencias de archivista y detalla las tareas de editor que realiza en la preparación de un número homenaje en *Lunes* para poeta fallecido. Anuncia, asimismo, su viaje a Camagüey con el propósito de construir un archivo de fotos y manuscritos recogidos de la familia Escardó. Estas, como muchas otras referencias afines, permiten hacer visible la hiperconciencia escritural que opera en el cuerpo de estas cartas. Piñera, como buen editor que es, entiende el valor del archivo personal, de los objetos que rodean al escritor, sus fotografías, anotaciones u objetos de menor valía, y los comprende no

[489] Javier Guerrero, *Escribir después de morir*, Santiago, Metales pesados, 2021.

como suplementos aleatorios de una vida pública, sino como materialidades del cuerpo mismo de la letra. "Escribirse" constituye, así, una acción que transversaliza las dimensiones del más allá de la literatura, y una experiencia vital y estética que no solo anuda vida y obra, sino que se convierte en la performance del tránsito al porvenir, diría, una forma de escribir después de morir, como postula Javier Guerrero. Piñera, que en su literatura ficcionaliza la experiencia extrema del cuerpo como carne y materia, como puro presente e inmanencia, organiza una escritura-archivo para que otros puedan continuar el relato después del fin.

En otra de las misivas, fechada el 15 de febrero de 1962, realiza al amigo un anuncio importante "Estoy empezando la empresa colosal del libro de la pintura cubana" informa y, además, comenta, en reiteradas ocasiones, que lo considera verdadero proyecto de escritura. Se trata del volumen *Pintores cubanos* (1962) que tuvo una sola edición en Cuba y en el que colaboraron Antón Arrufat, Calvert Casey y Vicente Báez. Cuenta el autor de *Los siete contra Tebas* (1968) en su *Virgilio Piñera: entre él y yo* (1994) que los cuatro editores coinciden en considerarla "una experiencia", con mayúsculas, en la cual los escritores recorrían viviendas y talleres en la búsqueda de obras para su muestra, las seleccionaban con esmerado deseo y las reproducían artesanalmente, antes de integrarlas al volumen. Imantados por el *pathos* "hímnico" de esos años 60, los curadores sustituían la carencia material con el entusiasmo archivista:

> Nuestros fotógrafos carecían de equipos con que obtener luz artificial, y por igual, ellos y nosotros desconocíamos la técnica de la impresión para libros de pintura, pero nos sentíamos "galvanizados", impelidos, con enormes y continuas ganas de hacer algo.[490]

La experiencia de la carencia, el trabajo artesanal con la tecnología de la reproducción y la labor de montaje colectivo constituye un laboratorio de escritura casi tan potente como lo había sido en la capital porteña la traducción colectiva del *Ferduyrdurke* (1946), realizada también en condiciones de extrema precariedad. El interés de Piñera

[490] Antón Arrufat, *Virgilio Piñera: entre él y yo*, La Habana, Unión, 1994, p. 75.

por las artes plásticas como parte de su proyecto de escritura plástica está testimoniado en sus trabajos sobre Portocarrero de la década del 40, y en la cercanía plástico-poética con Mariano sobre la que abunda en su correspondencia y que se vincula a los años de *Orígenes*. En este presente, sin embargo, la experiencia compartida y artesanal de curar, con los dispositivos de un escritor de ficción, una obra de pintura cubana implica poner en escena una serie de procedimientos tanto de selección como de desorientación/fuga de una cultura, con los cuales construye una escritura /atlas.[491] De ahí que curar equivalga, en su obra, a un modo de escribir y reescribir, como la puesta en escena de un dispositivo plástico al interior de su proyecto estético. En tal sentido, reelaboro la noción de plasticidad en diálogo con el archivo Piñera para comprender ese proyecto. Como afirma Javier Guerrero, lo plástico habilitaría la posibilidad de pensar una estética vinculada no solamente a otra forma de historicidad del archivo –la temporalidad de la materia inscripta en su porvenir que asume el *telos* y la sorpresa, la anticipación y la erupción, el *voir venir* sino en particular, su cualidad dinámica, en tanto capacidad de ser formado y de dar forma. Esta noción, que el estudioso deriva de la filosofía hegeliana y de los estudios de Catherine Malabou, vuelve operativo para la crítica un movimiento discursivo en el cual opera la posibilidad de dar cuerpo al "Espíritu" de las ideas y a la autodeterminación de la forma, en tanto operación de diferenciación, de individuación de la materia. A partir de la lectura de Derrida, Guerrero incorpora a su idea de lo plástico, las temporalidades inscriptas en la materia:

> El porvenir se fragua en todo aquellos cuerpos y archivos que logran recuperar, no a propósito de un regreso melancólico a un lugar de partida u origen, eso que ya está inscripto pero que nunca pudo ser, que ha ingresado a ese incierto porvenir, pero jamás llegó a sedimentarse y a vivir.[492]

Ese porvenir del archivo Piñera, encriptado en sus papeles, es parte de la agencia de un ojo autoral que lo diseña como parte de la ta-

---

[491] George Didi-Huberman, *Atlas. Cómo llevar el mundo a cuestas*, Madrid, Museo Reina Sofía, 2010.

[492] Javier Guerrero, ob. cit., p. 27.

rea de escritura/ montaje y lo pone en marcha a partir de una gramática de cuerpos y objetos fundada en tecnologías plásticas, que le habilitan su salto al futuro, su "ficción de superficie".

Veamos otros episodios de su correspondencia. En repetidas ocasiones, menciona a José Bianco utilizando la metonimia plástica y barroca de "nariz contrahecha". Cierto tono maledicente del epíteto reenvía, muy probablemente, a la relación compleja que lo unía al secretario de redacción de *Sur*. Si bien Bianco escribiría años más tarde un texto fundamental para su porvenir literario, el prólogo a su volumen de relatos *El que vino a salvarme* (1970), a través del cual lo integraría a la familia barroca latinoamericana desde una noción borgeana de lo barroco atado a la complejidad y contradicción "superficial" de la acción narrativa, esa amistad no estuvo exenta de contradicciones. En la escritura excesiva de la correspondencia montada en una retórica del chisme y la maledicencia, la persuasión y la encodificación francesa, podemos advertir ese trazo. En hipotética complicidad con su amigo, las misivas de Piñera dejan al desnudo no solo las tensiones del vínculo con Bianco, sobre todo exhiben la impresión plástica en el *sensorium* piñeriano del devenir de la enfermedad del autor de *Las ratas* y su posterior intervención médica por vía de una cirugía reconstructiva, intervención que le habría impreso una cicatriz hipervisible y perenne a su rostro como la huella de la enfermedad en la superficie de la piel. El devenir de ese movimiento de la forma hacia su fijeza adquiere en la subjetividad piñeriana y en su estética un singular impacto que cobra visos teatrales en sus cartas. La recurrencia de la figuración –nariz contrahecha– hace foco en la atención puesta en la superficie dérmica y su potencialidad sígnica, vale decir, en su estética.

Los procesos de archivación y edición, las imágenes táctiles/visuales de la enfermedad en la piel no configuran las únicas señales presentes en su correspondencia respecto de la obsesión por la forma *mutatis mutandis*, o lo que designo su estética de la plasticidad. Entre muchos otros, la tipología de los repetidos pedidos de envío urgente al amigo en Buenos Aires advierte acerca de su relevancia. La retórica de la persuasión se organiza en torno al detalle de la falta que visibiliza las carencias materiales habaneras, un vacío que habilita la solicitud oblicua. Piñera insiste, por ejemplo, en el pedido del tipo de objetos vinculado a los cuidados cosméticos, como si la atención a la estética del cuerpo le permitiera llenar aquellos vacíos. Le solicita, con abrumadora frecuencia, navajitas, crema de afeitar, y tubos de crema para brocha, jabones, entre otros afines. Mientras, en paralelo a la requisitoria de estos objetos suntuarios, escribe sobre las carencias extremas de alimentos y la precariedad de su vida cotidiana. Esta prosodia tensionada en la falta y el derroche exhibe su obsesión por la superficie de los cuerpos y de la escritura, dada en la repetición rítmica de frases, en los modismos estentóreos, en las elipsis, en la oralidad cómplice de chismes, apodos y epítetos, en la voz extranjera del francés amañado y encriptado y proyecta, en conjunto, una economía del gasto literario donde El Escriba da forma y exhibe la explosividad sensible e inmanente de su trabajo, su "lujurioso porvenir".[493] Un porvenir que leo como retórica del derroche incesante, infinito, en el desafío de la muerte material del autor y en la postulación de su paradójica sobrevivencia:

> Es el vínculo amoroso, lujo de lo abigarrado, el que retorna, así como aquello que no cesa de escribirse por completo. Es la ley (lo simbólico que se presenta como la muerte misma, pero con cara de ley), una muerte de la que el deseo (contra la ley) no solo no se aleja sino que repara en ella como su última esperanza, deseando incluso morir, a fin de que la muerte, aunque mas no sea como muerte del deseo, sea todavía una muerte deseada, la causa misma del deseo.[494]

## SUPERFICIES CUBIERTAS DE CUCARACHITAS CUBANAS

En 1955, mientras vivía en Buenos Aires, Virgilio Piñera publica en la revista *Ciclón*, *Los siervos*, una obra de teatro que imagina un futuro soviético global, un siglo después de que "toda la tierra y todos los hombres han sido comunizados". A pesar de que en su correspondencia afirma que se estrenaría en 1957, esto no solo no sucede sino que se convierte en su "cardinal oscuro"[495] al ser censurada por el

[493] Javier Guerrero, ob. cit., p. 30.
[494] Raúl Antelo, *En muerte. Miniaturas urbanas*, Santa Fe, 2021, p. 52.
[495] Norge Espinosa, *Notas "en" Piñera*, La Habana, Extramuros, 2012.

propio Virgilio como operación anticipatoria de una inacaba cadena de negaciones públicas y privadas que aun sabotean su exhibición. Piñera no solo la suprime –convirtiéndose en el primer censor-editor de su obra– de su *Teatro completo,* sino que en el celebérrimo "Diálogo imaginario con Sartre" publicado en *Lunes* en 1961, escrito en las vísperas de la visita del francés a la isla, lo niega arguyendo su "falla teórica", o mejor su cualidad teórica antes que inteligencia estética de la materia. ]Si bien la obra fue reproducida en un par de ocasiones[496], la versión original no ha sido representada en la isla[497], donde "sigue siendo [...] un diálogo abortado".[498] En una clara operación editora que exhibe su juicio periférico y visionario, instala al mismo tiempo una forma de ilegibilidad que no dejaría de operar en el discurso crítico como "el pájaro de talento amargo [que] pagaría caro sus negaciones".[499] Lo interesante en la revisión de este texto es no solo reevaluar la operación de supresión que Piñera ejecuta como perspicaz editor-escritor que administra el futuro de las formas de lectura de su obra, sino que al leerla al trasluz de esas operaciones se tornan legibles los pivotes de aquello que –en la constelación *argentum*– denomino estética de superficie.

Piñera entiende su escritura como un territorio: una planicie rocosa hecha de la materia lengua donde se desliza la escritura. En ese espacio, fondo y forma se buscan, se contaminan en un movimiento que "se choca, sin preverlo, con la transparencia del sentido, como un insecto contra un cristal".[500] En suma, se trata de una escritura hecha de/en la liviandad de la lengua, escritura de superficie que no traduce profundidad semántica pero que se topa con el sentido en su devenir 'al ras', rastrero, y en el estampido, como el bicho ante el vidrio, hace

[496] En 2002, la revista digital *La Habana Elegante* reedita la obra y más tarde aparece reproducida en *Órbita de Virgilio Piñera*.

[497] Según me ha informado Norge Espinosa, Antón Arrufat le mencionó que en la década del 50 la obra fue exhibida en Madrid con José Triana como parte del elenco. En carta a Rodriguez Tomeu, del 21 de diciembre de 1957, Piñera le anuncia que "Juan Guerra estrenará Los siervos" aunque no lograban ponerse de acuerdo en la sala donde se haría la puesta ver Espinosa, ob. cit, p. 187.

[498] Norge Espinosa, ob. cit., p. 22.

[499] Ibid., p. 23.

[500] Nora Catelli, *El espacio autobiográfico*, Rosario, Beatriz Viterbo, 2007.

estallar lo cristalizado del sentido común. La escritura opera al igual que el insecto en su movimiento inacabado y eléctrico, como verdaderas "operaciones de superficie, verdaderas piruetas escriturarias que Piñera manejaba con destreza".[501]

La acción de *Los siervos* transcurre no solo en un hipotético futuro, sino también en un lugar apenas mencionado. En la obra, la territorialidad aparece como una conjetura que la didascalia inserta en la forma de la metonimia y el decorado: "Un despacho. Óleo de Lenin al fondo. A la izquierda, óleo de Stalin. A la derecha, gran mapamundi". El filósofo Nikita inscribe un mundo con coordenadas otras que desarman la mirada totalitaria, la teleología fundante del comunismo al comprobar, por ejemplo, con su performance "dialéctica"[502], una visión espiralada de la temporalidad en la teoría del eterno retorno. Sin embargo, la ficción dramática proyecta otro desajuste de la ortodoxia al aludir a la política de superficie en el sistema político comunista dada en la relevancia de la lengua, donde "se volvió central la pregunta por la posibilidad de administrar, organizar y gobernar políticamente la lengua, y a través de la lengua".[503] En tal sentido, el texto exhibe una especie de performance de la no acción, donde los acontecimientos suceden en el plano de la lengua. Nikita no busca una reacción de los siervos, apenas su ratificación, como tampoco la busca el Alcalde del cuento *La carne* cuando ratifica la acción de los vecinos –su "amado pueblo"– de comerse sus propias carnes. En el caso de *Los siervos*, se escenifica el uso crítico de la lengua mediante una acción que no es nada más que una declaración, contraviniendo los supuestos revolucionarios de la acción (física y política) transformadora. En este texto, como en varios de sus relatos, advertimos la tensión profundidad-superficie como escenario del debate no solo estético, también cultural y político que atraviesa la literatura cubana. Si la estética origenista buscaba ahondar, excavar en la búsqueda del "mito que nos falta", la estética piñeriana procura apenas la perforación de la dermis, el rasgu-

[501] Irina Garbatzki,"Los siervos de Virgilio Piñera. Una performance dialéctica", *Incubadora,* 2022, https://in-cubadora.com/2022/05/04/irina-garbatzky-los-siervos-de-virgilio-pinera-una-performance-dialectica/

[502] Irina Garbatzki, art. cit.

[503] Boris Groys, *La posadata comunista*, Buenos Aires, Casa Editora, 2015.

ño de la lengua, y es allí donde, precisamente, radica su humor: "como arte de superficie contra la vieja ironía, arte de las profundidades o de las alturas".[504]

Nikita de algún modo reenvía a la autofiguración autorial del propio Piñera, al "declarar" una verdad ya visible. "Declarar-ratificar" es casi una tautología en el texto. Si la declaración transformara, en la escena judicial de su ejecución, a los sujetos sobre los que se predica, el personaje piñeriano, en cambio, los fijaría en una forma. La autodeclaración que realiza el personaje sobre sí no cambia la naturaleza de su identidad "de fondo" (un siervo), aunque sí "de forma", vale decir, transforma su figuración plástica. Sin embargo, algo disruptivo sucede en esta obra, es que ya no se instituye una nueva condición con marca de futuro, sino una acción anacrónica y presente (lo que han sido y son). De modo que declarar equivale a exhibir, a mostrar lo que estaba oculto por el lenguaje, y sin embargo, presente en él. Su disrupción consiste en instaurar un régimen diferente de acción y percepción que solo se realiza con palabras y en palabras, en la superficie del lenguaje. De idéntico modo, el Alcalde ratifica lo que ve, como una declaración *ramplán*, e instituye así otra verdad de forma u otra forma de verdad.

En 1961 durante el Encuentro de los intelectuales cubanos con Fidel Castro en la Biblioteca Nacional, Piñera realiza una declaración en la que se refiere a la acusación de contrarrevolucionarios que pesaba sobre numerosos intelectuales:

> Todos estamos de acuerdo con el gobierno, y todos estamos dispuestos a defender y morir por la revolución, etc, etc. Pero esa es una cosa que está en el aire y yo la digo" [...] E incluso lo digo un poco como chiste de que lo van declarar el 26 de julio [...] Está en el ambiente, lo que pasa es que no lo han dicho. Yo lo digo *ramplán*.[505]

En la defensa corporativa de sus pares, el poeta esgrime un argumento que discute el prejuicio oficial de la sospecha, atribuyéndole los

[504] Marcela Zanin, "Un mundo sin calificativos", Mónica Bernabé, José Antonio Ponte y Marcela Zanin, *El abrigo de aire. Ensayos sobre literatura cubana*, Rosario, Beatriz Viterbo, 2001.

[505] David Leyva, *Orbita de Vigilio Piñera*, La Habana, Unión, 2011, p. 214.

sentidos instituidos de lo "común", su carácter de doxa, en tanto significados dados a o naturalizados por los discursos hegemónicos.[506] Piñera traduce, en su declaración, las formas que flotan en el aire con un acto *ramplán,* contundente, y fuera de juicio, esto es, humorístico en su desajuste a las reglas. Performativiza así un acto de extrañamiento del lenguaje respecto del orden totalitario del mundo, subvierte lo establecido, desbarata la naturalización como procedimiento semántico.

En "La carne", opera una lógica afín a *Los siervos*. El relato se abre con la frase "sucedió con gran sencillez, sin afectación", una sentencia que parece clausurar el régimen barroco entendido como saturación y sobreabundancia[507], para instaurar un barroco-otro al que se referirá Bianco tiempo después, un barroco de superficie dado en el dramatismo de la acción de los personajes que se chocan con el mundo real como el bicho contra el cristal. La narración de la carencia de carne y la inoperancia del lenguaje para resolverlo constituye el nudo gordiano del texto, a tal punto que "pronto se vio aquel afligido pueblo engullendo los más variados vegetales".[508] Ansaldo será el primer sujeto revolucionario que invierte la declaración vegetariana de la orden para transformarla en su oxímoron, la autofagia carnal: "cortó de su nalga izquierda un hermoso filete".[509] A partir de ese momento, y ante la pregunta de sus vecinos, el protagonista responderá con la acción sin lenguaje de exhibir la huella corporal del autoconsumo hasta el momento del clímax cuando llega a "una demostración práctica a las masas", a un "glorioso espectáculo".[510] La acción de autoconsumirse invierte no solo la gramática de la declaración oficial, sino también la

---

[506] Una reproducción sonora de las palabras de Fidel Castro en la clausura de los encuentros en la Biblioteca Nacional están reproducidas por incubadora https://in-cubadora.com/2023/06/20/fidel-castro-palabras-a-los-intelectuales-audio-version-taquigrafica-biblioteca-nacional-de-cuba-1961

[507] La idea de un barroco a contrapelo del canónico está planteado en el prólogo que Bianco escribe al volumen *El que vino a salvarme* donde el argentino plantea que ese movimiento no se da en el plano de la retórica sino en la configuración de la acción que interpela la lógica de lo real.

[508] Virgilio Piñera, *Cuentos fríos*, Buenos Aires, Losada, 1956, p. 29.

[509] Id.

[510] Id.

pulsión consumista como política de supervivencia humana, al exhibir la declaración performática del dominio absoluto del deseo y del goce: exhibir antes que proteger (los senos), saborear un manjar, antes que comunicar, o la preeminencia del gesto gourmet de chuparse los dedos "antes que la función notarial de firmar una sentencia".[511] La inversión constituye un enunciado político y estético respecto de la lengua literaria y sus paradojas fundamentales. En el "breve montón de excrementos" que encuentra el perito de desaparecidos como restos de lo que antes fue el cuerpo del hijo de Orfila, se encuentra una de las claves del relato. La desaparición corporal del pueblo, de manera irónica, no se contradice con los beneficios de las políticas de subsistencia descubre la aporía que cifra el texto reenvía, entonces, a la superficie barroca de su escritura, en la medida en que lo que está en juego es, ni más ni menos, que una estética: la lógica de la reproducción capitalista configurada en el consumo de carne –y en su paroxismo– opuesta a la autoconsumición orientada por la pulsión erótica del derroche: ¿qué pueden importar unos dedos útiles para la firma de la condena comparado con la inutilidad del placer de chuparlos? El texto, en carácter de lengua del extrañamiento, cifra el sentido en su paradoja plástica y barroca: escritura contrahecha en el desperdicio de los sentidos, en la superficie de la lengua y del cuerpo.

## FICCIONES SOMÁTICAS

Si es posible concebir la ficción de Piñera como superficial en el sentido de contracara del trascendentalismo origenista y de la busca del mito del origen, lo es también por forma de una ficción que recorre la geografía corporal en su estadio prehumanista. Sus maquinaciones somáticas interpelan a los cuerpos en su desnuda materialidad carnal, en su in-forma antitotalitaria. La acción se escribe con el cuerpo desmembrado: con el dolor de la patada, con el ruido en el estómago, con los olores del cuerpo muerto, con la carne fileteada-devorada de los cuerpos vivos, con las partes inconexas de "La caída". Acaso por esas disecciones, su escritura no aloja en el cuerpo humano la posibilidad

---

[511] Ibid., p. 30.

del sentido, antes bien alberga (in)mundos construidos por la imaginación de los insectos, como potencia material de lo viviente o inteligencia carnal que encierra otra episteme poética del mundo. Vale decir, la ficción superficial-somática corporiza otros mundos y otro reparto de lo sensible, un pluriverso donde el ensamblaje de vitalidades no renuncia a la pulsión de supervivencia de los cuerpos, más bien los instruye como motor de la acción narrativa-dramática. De este modo, en su somatización, produce un giro centrífugo en la forma del relato que parte de los crecientes y siniestros ruidos estomacales del protagonista de "La carne" hacia su paroxismo, en el vacío del hambre radical, del cuerpo vaciándose en la nada. La experiencia de la falta en el cuerpo enfermo convoca una inversión de las categorías disponibles para pensar el mundo y habitarlo. El hombre ya no aplastará, de ahora en más, a los insectos más bien se convertirá en su víctima, y ellos en uno de los fragmentos de su cuerpo y en la cifra poética de lo real: "Entonces dejé de exterminarlas, comprendí que eran parte de mí mismo, que el resto del mundo resultaba una apariencia, y ellas la única realidad".[512]

Frente a ese "estar muriendo" del protagonista, al interior de un relato organizado desde una ontología vital de carácter biologicista-evolutiva, el giro zoopoético de la escritura de Piñera produce la disrupción temporal al instalar la no-acción (humana) del personaje en un espacio dado y proyectar una temporalidad del entre: en la indiferenciación de vida y no vida, en el tránsito dilatado como apéndice de vida humana y en el durar resistente de la especie de los blatodeos. Vale decir, se trata de otro *tempo* organizado sobre el dinamismo estático de la continuidad sin alteraciones del mundo del bicho, una especie de eternidad urdida en la paradojal fidelidad de las cucarachas en la devoración de las ropas y carnes del cadáver. Las cucarachas habitan un mundo sobreviviente, un inframundo que se asocia al mero-estar, a la mudez, al aislamiento del peso de la isla, y acumula densidad hasta convertirse en la mortaja viva del difunto que no acaba de morir: "en una breve iluminación de mis sentidos percibí el peso tremendo, como una armadura arriba de mis huesos".[513] Este *lapsus* temporo-espacial

---

[512] Ibid., p. 85.

[513] Id.

sin frontera dialoga con el relato "En el insomnio", donde el protagonista habita la "terrible eternidad" y se dispara un tiro en la sien sin alcanzar el sueño. "El hombre está muerto pero no ha podido quedarse dormido. El insomnio en una cosa muy persistente".[514] Finalmente, en el texto "Como viví y morí", el cuerpo excedido del insecto invierte la cosmogonía y el orden naturalizado del mundo cuando "la cucaracha más grande sobre la tierra" se exhibe sobre el cadáver del protagonista.

La lectura que propone Reinaldo Arenas en "La isla en peso con todas sus cucarachas" hace visible la función zoopoética de la cucaracha en la obra piñeriana en su carácter de portavoz de un mundo inverso. Vale decir, se sitúa en ese espacio-tiempo del dinamismo estático del sobreviviente, en el apéndice de vida que incluye la potencia somática sin frenos de la devoración, del "correr en cualquier dirección", "esconderse, pasar inadvertidos, desaparecer del radio (o radar)".[515] La potencia del deseo y la inversión de los órdenes "naturales" se agencia a través de los insectos-cuerpos que consumen la materia tiempo y la materia viviente y no viviente. Y se imponen, paradojales y absurdos, en el único registro de lo real, anticipando los in-mundos que la crítica literaria posthumanista interroga en el presente. De este modo, las cucarachas, incansables y mudas (resuena "Pueblo mudo no sabes relatar" de su texto más conocido) habitan la superficie del mundo, como agenciamiento subversivo ante una constante amenaza de aplastamiento, de fin. Su posibilidad de (sobre)vida depende de la treta de desaparición que puedan imaginar. Además, ponen en escena un vínculo desaforado en la consumición de todo aquello que le ofrece su paisaje vital: fagocitan dc modo ilimitado, destruyendo, el hábitat humano, en la devoración de sus alimentos, ropas, objetos, y por último, de su propia carne cadavérica. Huyen, corren a la deriva, incansables, a contrapelo del orden antrópico del mundo. La inversión ficcional que proponen estos textos consiste en sustituir la posibilidad del insecto como semiología antropocéntrica por la proyección de cierto modelo de vida (no) humana, una forma de habitar la superficie

---

[514] Ibid., p. 71.

[515] Reinaldo Arenas, "La isla en peso con todas sus cucarachas", *Mariel, Revista de Literatura y Arte*, vol. 2, 1983, pp. 20-24.

del mundo como comunidad disidente: se ensambla fuera del historicismo a través de heterocronicidades alternas, se sitúa en el negativo oscuro de la noción de cosmos y se configura en la *alter lingua* o del permanecer, devorar, resistir y esconderse.

Es posible, todavía, revisar otras modulaciones de la ficción somática piñeriana. Entre ellas, la que concentra el gesto de la patada de numerosas ficciones y obras dramáticas configurando un modo de no-acción narrativa, ya que el relato de la acción es sustituido por el golpe corporal de/en las zonas "bajas": de pie al trasero. En la novela *Pequeñas maniobras*, por ejemplo, se narra una sucesión de 'no-acciones' a las que el mismo narrador en primera persona define como no-literatura y donde lo literario se presenta como opuesto a lo real: "Me gustan los libros que hablan de lo que yo no puedo hacer". En esta ficción el narrador, que funge de cierto modo como otra cucaracha, se construye discursivamente como lagarto, con los atributos que en otros relatos asigna a los insectos, en la medida en que posee los atributos de cobardía, invisibilización y capacidad de fuga: "El tigre y el león acaban por ser matados, el lagarto tiene probabilidades de escapar. Me fascina ese animalejo que se confunde con las hojas, que cambia de color, que se arrastra, que duerme mucho… El se confunde con las hojas y yo me confundo con los bobos".[516] Sebastián se aniquila a sí mismo en función de lo que podría pasar si las 'pequeñas maniobras', no acciones o acciones somáticas cotidianas, que el personaje hace para que se cumpla su objetivo, no se llevaran a cabo. Éstas empiezan en una casa de huéspedes donde él alquila una habitación, continúan en una escuela donde trabaja, o en sitios aleatorios y culminan en un Centro Espiritista. Su objetivo parece ser desenmascarar algunos personajes de la historia sin comprometerse, sin intimar con ellos. Quizá uno de los ejemplos más claros de ese proceso desubjetivador sea el episodio de la boda con Teresa, la única mujer a la que el hombre está próximo y la única persona que, a su pesar, intenta ayudarlo. El día de la boda, Sebastián decide huir. El narrador piñeriano produce nuevamente la operación de inversión de formas de mundo al "zoologizar" –en su desindividuación– a los universos humanos y reconocer, solo en la su-

[516] Virgilio Piñera, *Pequeñas maniobras,* La Habana, Unión, p. 17.

perficie, la posibilidad del tejido literario: "la novela de un cobarde no se parece en nada a la novela de otro cobarde, a menos que el parecido se establezca entre lo más externo y superficial del problema".[517] La forma-superficie resulta la posibilidad del relato zoopoético que pueda organizar otra lógica de la acción narrativa y proponer otro modelo de mundo:

> Suponiendo que la población total del globo sea de unos mil millones de personas que hablan sin entenderse, se miran sin reconocerse. ¡Mil millones! Es escalofriante. Especies diferentes, una especie de agobiadora zoología.[518]

## CODA

> Nuestras cucarachas –o nuestras cucarachitas– piñerianas no están emparentadas con esa superestrella de los insectos modernos llamado Gregorio Samsa. Nuestra cucaracha ha sufrido y sufre la persecución pero la habita. Ha hecho de esa persecución un modo de vida o de sobrevida. Sabe que la luz, ese resplandor infernal, esa conminación avasalladora, ese fuego, es el símbolo de la muerte y corre en cualquier dirección pero hacia lo oscuro y húmedo: intersticio, hueco promisorio, sótano.[519]

La ficción superficial de Piñera se juega en el linde de la dermis, y en paralelo, en el linde de esconder-exhibir la escritura y los cuerpos, en su posibilidad de sobrevivencia. En el relato, "Como viví y como morí", publicado en *Cuentos fríos* (1956), el personaje en primera persona performativiza su propia muerte, anticipando de cierto modo una escena que Arenas relataría más tarde. En el texto antes citado de *Mariel*, había convocado, en la forma de un oxímoron, al guiño absurdo cuando recuerda la escena teatral del funeral sin cuerpo muerto de Piñera, una escena velatoria de superficies, con flores desparramadas en el piso de la sala, con rostros-máscaras de desconcierto en un fondo de silenciosa solemnidad. De repente, el cadáver, sustraído para la autopsia, ingresa, "teatral", al grotesco presente de la escena mortuoria. El cuento piñeriano, en cambio, narra otro tránsito,

[517] Ibid., p. 20.
[518] Ibid., p. 27.
[519] Reinaldo Arenas, ob. cit., p. 24.

el instante agónico, aunque sin *pathos*, de una vida miserable, una vida en tono menor, la "de un ser humano cuyo trasero se encuentra a disposición de todos los pies". Mientras crece la pobreza en la vida del protagonista, las cucarachas se multiplican, se vuelven sus siervas leales, para finalmente convertirse en las únicas que lo reciben en casa, como el pueblo a su soberano, hasta volverse mitema de su literatura "si no hablo de las cucarachas de qué hablaría?".[520] La paulatina inversión de un orden antropocentrado, se proyecta en el relato de insectos que habitan el submundo de la oscuridad y que poseen la potencia del ver-saber, como competencia para testimoniar (dar testimonio o declarar), y a la misma vez, encierran la impotencia de la palabra. Son testigos mudos, dice el cuento. Concitan en su existencia, asimismo, la negación de un tiempo cronológico en lo perenne de su supervivencia, cierto estatismo adaptado a las condiciones más adversas y, al mismo tiempo, la potencia del deseo incontrolable visibilizado en la voracidad, en el deambular sin límites, en la pura acción sin norte, en su dinamismo corporal como un contralenguaje, una *alterlingua* que interpela la diacronía de la sintaxis. Si el giro animal en su apelación kafkiana habilita el desarchivo crítico de nuestras políticas de vida y nuestras estéticas en tanto formas de concebir y organizar lo viviente[521], la vuelta de tuerca que la ficción piñeriana aporta es la inversión de las jerarquías de un orden establecido. Una disrupción que Arenas había leído tempranamente desde las páginas del *Mariel:* "Sobrevivir es para nosotros –cucarachas– esconderse, pasar inadvertidos, desaparecer del radio (o radar) implacable que ilumina el reflector al caer sobre la explanada o sobre el mar".[522]

A lo largo de estas líneas procurado pensar las ficciones piñerianas desde el exceso literario de sus papeles y al interior del montaje de una constelación heterogénea que me permitiera alojar zonas inasimilables de su estética, cierta forma de ilegilbilidad que aún pervive en las lecturas de su obra. He intentado algo así como perforar e in-

---

520 Virgilio Piñera, *Cuentos fríos*, 1956, p. 84.

521 Julieta Yelin, *La letra salvaje. Ensayos sobre literatura y animalidad*, Rosario, Viterbo, 2016, p. 7.

522 Reinaldo Arenas, art. cit., p. 22.

terpelar las formas de opacidad solidificadas en "el mito Piñera". Su persistente obsesión por las formas de la escritura está atada a un pensar material afectado por la amplificación del *sensorium* estético, que captura la experiencia de mundo en su plasticidad táctil. No se trata simplemente de escribir sino de hacerlo desde la potencia reflexiva del enclítico –escribir/se– como herida, cicatriz, tortura autoinfligida: una incisión hecha con el dolor de la carne y exhibida en las formas de una retórica de la pérdida y el derroche. Las ficciones somáticas y superficiales de Piñera indagan en el espacio de la supervivencia como noción por fuera de las categorías modernas, una metáfora que ensambla lo humano y lo no humano, al colocar a la humanidad en su más allá de sí, en su negatividad óntica, y en el modo de estar singular en la cohabitabilidad interespecie. La forma del insecto en la ficción piñeriana, en su disponibilidad al submundo, en su cualidad invisibilizadora y en su potencia de supervivencia (su estar en el *lapsus* fuera de norma del más allá de la vida y de la muerte) no ratifica su no-humanidad sino que se vuelve matriz en tanto que forma de un in/mundo, ficción que informa otros modos de pensar el mundo. Integrar esas formas a la lógica de la constelación *argentum* me permite hacer visible no solo la potencia somática de su escritura sino, al mismo tiempo, leer el modo en que proyecta su autoconfiguración autorial, su modo se performativizarse en cartas, ficciones, ensayos, dramas, como un escritor editor archivista que ensambla prolijamente los materiales de la escritura de sí y diseña su inscripción postrera –la causa misma de su deseo, diría Rául Antelo–, el más allá de su obra y de su vida de autor.

# Cartas a un "colibrí ahogado": la correspondencia Gombrowicz-Piñera pos gesta ferdydurkista[523]

PABLO GASPARINI
*Universidade de São Paulo*

Hay una época áurea de la correspondencia entre Piñera y Gombrowicz, la de las tantas veces relatada gesta ferdydurkista. En un artículo de la revista cubana *Unión*, "Gombrowicz por él mismo", Piñera reproduce la dedicatoria que el escritor polaco le escribe en uno de los flamantes ejemplares publicados por editorial Argos, el día 26 de abril de 1947:

> Virgilio, en este momento solemne declaro: "tú has sido mi descubridor en Argentina, tú me has tratado sin mezquindad, sin reservas ni desconfian-

[523] Era el objetivo original de este artículo leer en contrapunto las cartas de Witold Gombrowicz a Virgilio Piñera y la de éste al autor de *Ferdydurke*. Con el avance del trabajo fuimos percibiendo que las cartas de Witoldo a Piñera o a los "Estimados Virgilio y Humberto" son de relativa accesibilidad. Muchas de ellas fueron publicadas en diversos medios y gracias a la investigadora polaca Klementyna Suchanow (que ha indagado en el Archivo Piñera en La Habana) poseo copia reprográfica de las que no han sido publicadas. No sucede lo mismo con las cartas de Piñera a Gombrowicz. La investigadora Ewa Kobyłecka-Piwońska de la Katedra Filologii Hiszpańskiej de la Uniwersytet Łódzki me ha confirmado que en la Beinecke Library, donde se encuentra el archivo Gombrowicz, sólo se conservan dos cartas de éste a Piñera (y una de éste al polaco a la cual pudimos acceder gracias a la tesis de Milda Žilinskaitė). Hemos intentado suplir esta falta reponiendo algunas cartas de Piñera que han sido publicadas o al menos aludidas en diversas revistas y libros; sin embargo, la mayor parte de las mismas continúan sin encontrarse. ¿Acaso Gombrowicz no conservaba las cartas de su amigo cubano? Lo dudo. Con la honestidad que debe tener el trabajo intelectual confieso esta falta y presento este artículo como una suerte de "work in progress" en la que Piñera se nos aparece menos por sí mismo que en las figuraciones del escritor polaco. El *corpus* hace así a la perspectiva y Piñera, una vez más, vuelve a escapársenos...

> zas, me has tratado con una amistad fraternal. Este nacimiento de Ferdydurke se debe a tu inteligencia y a tu intransigencia. Por lo tanto, te otorgo el digno cargo de jefe del ferdydurkismo sudamericano y ordeno a todos los ferdydurkistas que te veneren como si fueras yo mismo. ¡Ha llegado la hora! ¡Al combate!".[524]

Esta fervorosa dedicatoria, característica, según Piñera "de la personalidad gombrowicziana, mezcla de mistificación y seriedad", estrena el tuteo como marca enunciativa de amistad y camaradería. "A partir de ahora vamos a tutearnos. ¿Cómo estás, Piñera? ¿Cómo estás Rodríguez?"[525] relata Virgilio Piñera en el mismo artículo al describir un Gombrowicz exaltado que decide regalarle a él y a Humberto Rodríguez Tomeu (el otro cubano del celebre comité de traducción) este tratamiento por el que el polaco se autoriza a inaugurar una serie de progresivas y asfixiantes demandas habilitadas, al parecer, por la falta de distancia inherente a lo familiar.

La exigencia, sin embargo, se verá más persistente que el mero tratamiento informal. "Recién recibí Piñera su carta"[526] le escribirá, por ejemplo, Gombrowicz a los "Queridos Piñera y Humberto" desde una de sus estancias en el chalet de Pardiñas el tres de noviembre de 1947, es decir algunos meses después de la publicación de la novela. Como otras tantas cartas se trata de una larga lista de directivas para la difusión de *Ferdydurke* (en otras incluirá reseñas que él mismo se encarga de redactar y que pedirá enviar a diferentes diarios y revistas con remitentes falsos). El tono general sigue siendo el de la gesta ("No hay motivo para gemidos ni lamentaciones. La batalla será dura por cierto

---

[524] Virgilio Piñera, "Gombrowicz por él mismo", *Unión*, n° 1, Año VI, La Habana, 1968, p. 116.

[525] Ibid.

[526] Trabajamos aquí con la carta reproducida por Piñera en "Gombrowicz por el mismo". Algunos aspectos del original (fundamentalmente la singularidad del castellano de Gombrowicz y la afectividad que demuestra la frecuente distorsión del apellido de Virgilio) han sido apagados por la edición. El original dice, por ejemplo, "Recién recibí la carta suya, Piñeiro" y está dirigida a los "Queridos Piñeiro y Humberto". Agradezco a Klementyna Suchanow la copia de esta y de otras cartas originales.Todas las cartas sin indicación específica de fuente provienen de material de archivo y serán repoducidas sin correcciones ortográficas.

y correrá la sangre – mas vencéremos") aunque lo que más llame aquí la atención sea el lugar de falta en la que se coloca el escritor polaco y su rigurosa manera de entender la amistad: "Ya ven con cuánta injusticia me trata el mundo y ojalá encuentren en este pensamiento amargo el estímulo para estrechar aun más nuestras filas, porque, ya saben qué cosa es la Amistad y qué deberes impone".[527]

A juzgar por el despecho que permea la correspondencia posterior, la tarea de difusión que el polaco les ha encargado a Virgilio y a Humberto parece no correr por los senderos esperados, y aún más, siquiera parece existir el nivel de reciprocidad epistolar exigido por el desde ahora decididamente dolido o resentido Gombrowicz. Una carta del quince de noviembre de 1948 posee el vehemente íncipit: "Estimados Virgilio y Humberto. No sé si el silencio de Uds debo interpretarlo como falta de ganas para mantener relaciones epistolares conmigo"; otra del quince de junio de 1949 es un mero lamento por la fracasada expectativa de Gombrowicz de mantener una suerte de diálogo literario con los cubanos a partir de la lectura cruzada de sus escritos.[528] Se trata de un Gombrowicz que trabaja ya en el Banco Polaco de Buenos Aires donde se dedica a la escritura de *Transatlántico* y que aguarda comentarios de Virgilio y Humberto sobre su *Drama* (en referencia, suponemos, a su obra *El Matrimonio*) y aun noticias

[527] Virgilio Piñera, "Gombrowicz por él mismo", ob. cit., p. 119.

[528] Es frecuente en la correspondencia de Gombrowicz que este deseo de diálogo literario se diga a partir de cierta posición magistral. En muchas de sus cartas el polaco (sin que nadie se lo pidiese) coloca a Piñera y a Rodríguez Tomeu en una suerte de relación discipular, generalmente para brindarles un consejo constante: el de que cultiven un estilo "sencillo y razonable". En una carta de 1947 les aconseja "no se dejan (*sic*) dominar por la palmera y no sean paradojales ni extremistas, sino que traten de encontrar el lenguaje cuerdo y humano, sencillo y razonable y una actitud amplia es decir que sea de muchas realidades y para muchos géneros y tipos de hombres". En otra del dos de febrero de 1949 (escrita entre castellano y francés): "vous devez ver le pont qui puisse unir votre monde avec le monde cotidien, moral, simple des gens et j'ai vu avec plaisir que dans ce sense la convivence avec moi Vous a fait du Bien parce que vos derniers articles quoique etre moins 'brillants' (ah, este brillo del Sur/se caracterizents) une facon bien plus simple, directe, tranquille de presenter les choses Mais pour ce Vouz devez mon cher mediter bien votre actitude devant la vie, etc".

sobre la representación de *Electra Garrigó* de Piñera en Cuba.[529] Pero el diálogo literario esperado no ocurre, aparentemente los cubanos no hacen más que chotear:

> Estimados Virgilio y Humberto:
> Hemos recibido la poca seria carta de ustedes pero naturalmente nos hemos dado cuenta enseguida de que se trata. Los felicito por el buen humor en medio de tanta calamidad pero resulta lamentable que con tantos y tan serios problemas encuentran tiempo para bromas de poca monta. [...] Me extraña mi querido Virgilio que no tuvo tiempo para escribirme sobre esta obra [se refiere al *Drama*] algo mas que unos cuantos elogios bastante cur[sis?, ilegible]. De Humberto tambien esperaba otra cosa. Pero ya se ve que Ustedes son bastante tropicalizados. [...] Por que no me mandan algunas noticias mas esenciales en vez de horribles pavadas? ¿Por que no sé ningun detalle de la representación de Electra y por que no sé lo que hacen ni que escriben? ¿Por qué? Ya se sabe por que. A rivederci.

Lamentablemente no sabemos a cuál carta podría estar refiriéndose Gombrowicz, pero es evidente que de la fraterna épica por *Ferdydurke* se ha pasado al registro de la indignación: los cubanos no se someten a los supuestos deberes de la amistad (al menos como la entiende el polaco) y flota sobre ellos cierta inculpación de jocosa superficialidad frente a ese núcleo duro de padecimiento (y autopiedad) de los que permanecen en Buenos Aires (Gombrowicz suele enunciarse desde un "nosotros", en este caso él y Alejandro Rússovich, pero que puede llegar a incluir a otros y nuevos amigos, incluso a renovados "comités de traducción" para alguna de sus obras).

Una carta de Piñera a Gombrowicz publicada por la revista *Unión* (n° 10, abril de 1990) y reproducida en *Diario de Poesía* aporta, sin embargo, otros matices que relativizan los reincidentes lamentos gombrowczianos de falta de reciprocidad. Se trata de una carta sin fecha aunque la revista *Unión* establece que habría sido escrita en algún momento de 1949. En ella Piñera, tras un escueto y ritual "Querido

[529] Las estancias de Virgilio Piñera en Buenos Aires fueron tres: de febrero de 1946 a diciembre de 1947 como becario de la Comisión Nacional de Cultura, de abril de 1950 a mayo de 1954 como empleado administrativo del Consulado de Cuba en Buenos Aires, y de enero de 1955 a noviembre de 1958 como corresponsal de la revista *Ciclón*. *Electra Garrigó* se estrena en La Habana en 1948.

Gombrowicz" elabora una suerte de mito de origen en el que el escritor cubano se autofigura como un habilidoso impostor frente a los diferentes y variados desafíos de la vida. En la escena inicial se describe asegurándole a su padre que sabe darle muy bien con un martillo a un clavo cuando en verdad no tiene idea de cómo se debe martillar. Cuando su padre lo invita entonces a proceder, Piñera inventa un artilugio para escapar a la tarea:

> Entonces yo inventé en ese momento la mentira de la mentira: alejar la cosa real con la cosa inventada. Ladeé con lentitud la cabeza, miré en la lejanía, dije una estupidez, teoricé, hablé, de pavos rellenos o de frutas en almíbar, y mi padre el clavo (*sic*). Entonces yo tenía quince años, un martillo en la mano, y toda mi labor en la vida sería desde ese momento ocultar al resto del mundo que yo era de la naturaleza del topo, esto es, que no veía nada.[530]

El escritor cubano confiesa que a partir de ese evento se habría dado a todo un "arte del engaño" y que ha cometido con el pensamiento "los crímenes más abominables, las más vituperables acciones". Con astucia y simulación dice haber logrado confundir a su profesor de griego para hacerse pasar por un hombre de "penetración maravillosa" y que este "arte del engaño" poco a poco habría ganado una "fuerza terrible". Piñera resume la fórmula o ardid en saber darse a cierto error sobre un "objeto previamente deformado", una estrategia a la que bautiza con el curioso nombre de "abocpochadocara": "Yo le diría que todo esto es el resultado de una abocpochadocara (invento esta palabra pues no hay ninguna en el idioma que pueda expresar o matizar el carácter de mi íntima naturaleza) FUGΛ. Esto es, una abo cpochadocara FUGA".[531]

Para cualquier lector de Gombrowicz es fácil percibir aquí que Piñera se está representando a sí mismo como un típico personaje ferdydurkista. Su "arte del engaño" se asemeja a las diversas estrategias que el protagonista de *Ferdydurke* parece ir improvisando para oponerse y resistir la infalibilidad con la que se exhibe cualquier apa-

---

[530] Virgilio Piñera, "Cartas desde y hacia Buenos Aires", *Diario de Poesía*, n° 51, Buenos Aires, primavera de 1999, p. 25.

[531] Ibid., p. 26.

riencia "superior", aquello que la traducción dirigida por Piñera optó por llamar con la alunfardada palabra "Facha" ("Gęba" en polaco).[532] Entre otras operatorias, en la novela se describe el "asqueroseo" (una suerte de parodia degradatoria de lo noble, como cuando el plebeyo Polilla imita los dignos gestos de su colega escolar Sifón en un memorable duelo de muecas), o se hace de una compota la figura a través de la cual se afirma que cualquier estilo (de habla, de vida, de conducta, etc.) por seguro y altivo que se quiera hacer ver puede ser rebajado a través de la mezcla de otros o por la perpetración de actos sin aparente sentido (por ejemplo cuando el protagonista entierra una sufrida mosca sin alas en las modernas zapatillas de una admirada, bella y engreída jovencita). La "abocpochadocara" de Piñera se acerca a estos ardides en lo que tiene de renuencia a entregarse a lo que se supone "debe ser" (sostener un martillo para darle correctamente a un clavo, hablar admirablemente griego, etc.), y, en este sentido, se presenta como una táctica de preservación de lo singular frente a lo prescriptivo por medio de laberínticos procedimientos de extravío y desorientación: hablar de cualquier cosa, desconcertar al afirmar con vehemencia un distorsionado error, etc.

Lo interesante es que menos que una carta Piñera parece estar enviándole a Gombrowicz un relato autobiográfico a partir del diálogo de su imaginario ficcional con el del escritor polaco. Sobre este intercambio de imaginarios por lo corriente se ha afirmado que Piñera al llegar a Buenos Aires ya era un escritor plenamente formado y que no se debe confundir la coincidencia en ciertos temas y procedimientos

[532] De acuerdo a Juan Antonio Ennis, el lunfardo designa un fenómeno que proviene "del contacto y la variación y el cambio lingüístico" resultante del impacto inmigratorio en Argentina. En la historia de su formalización ha sido común analizarlo como jerga delincuencial (así lo hace por ejemplo Borges en *El tamaño de mi esperanza*). La palabra "facha" por rostro parece provenir directamente del italiano "faccia". En el castellano de Argentina, en determinados contextos, el término puede referir a la apariencia, preferentemente masculina. Así "fachero" es aquel que exhibe su belleza y "hacer facha" es aparentar. Ver Juan Antonio Ennis, *Decir la lengua. Debates ideológicos-lingüísticos en la Argentina desde 1837*, Tesis de doctorado, Wittenberg, Instituto de Romanística de la martin-Luther-Universität de Halle-Wittenberg, 2007, p. 263.

con algún tipo de influjo de un escritor sobre el otro. Rodríguez Feo, por caso, señala que en "La isla en peso" Piñera trabaja "el tema de la inmadurez de nuestro pueblo en forma muy semejante a la que después emplearía Witold Gombrowicz en su novela *Ferdydurke*".[533]A pesar de que Rodríguez Feo se preocupa en aclarar que "La isla en peso" es anterior a la versión en español de *Ferdydurke* y que no debe suponerse "una posible influencia del escritor polaco en la obra de Virgilio Piñera", no es un dato irrelevante la simpatía literaria entre Piñera y Gombrowicz que llegó a hacer decir a Severo Sarduy que "Piñera es un autor cubano y a la vez argentino, por la influencia que recibió de ese otro autor argentino, Gombrowicz".[534] Con todo, más allá de las *boutades* o mezquinas atribuciones de autoridad o de deudas que supone plantear el diálogo literario en términos de influencias, vale señalar algunas afinidades entre ambos autores, por ejemplo su común propensión a figurarse como díscolos a la institución literatura en dos ensayos de 1947: "El país del arte" de Piñera y "Contra los poetas" de Gombrowicz (que será publicado en el número 5 de la revista *Ciclón*, dirigida por el cubano). También, como lo hemos trabajado, podríamos apuntar la confluencia en la construcción de un común *ethos* reacio al "cultivo facial" (esto es, interpretando la imagen, la común reluctancia a los mandatos formativos de la colectividad) en *Ferdydurke* y en *La carne de René* (novela que el cubano redacta entre 1950 y 1954)[535], e incluso Laddaga llegará a encontrar evidentes huellas piñerianas en "el trabajo de composición de la versión española de *Ferdydurke*".[536]

Volviendo a la "abocpochadocara" de la carta de Piñera a Gombrowicz en 1949, podríamos entenderla, en razón de su mancomuni-

---

[533] José Rodríguez Feo, "Hablando de Piñera", *Lunes de Revolución*, n° 45, La Habana, febrero de 1960.

[534] Cristofani Barreto, T.; Gianera, P.; Samoilovich, D. "Cronología", *Diario de Poesía*, n° 51, Buenos Aires, primavera de 1999, p. 18.

[535] Pablo Gasparini, " 'Carne fachera' (sobre *La carne de René*, *Ferdydurke* y *Paradiso*) ", en Rita Molinero, *Virgilio Piñera. La memoria del cuerpo*, San Juan de Puerto Rico, Editorial Plaza Mayor, 2002, pp. 289-304.

[536] Reinaldo Laddaga, *Literaturas indigentes y placeres bajos. Felisberto Hernández, Virgilio Piñera, Juan Rodolfo Wilcock*, Rosario, Beatriz Viterbo Editora, 2002, p. 79.

dad con ciertos tópicos estructurantes de la literatura del polaco, como un gesto lúdico más de todos los que generaron la "gesta ferdydurkista", una de las últimas veces que la comunicación se realizará en términos de histriónicas figuraciones literarias. En la década del cincuenta, al menos por lo que indican las cartas de Gombrowicz, las precisas indicaciones y acciones para posicionar las respectivas obras en el campo literario parecen no dejar lugar a las divertidas mistificaciones que pautaron las relaciones entre Piñera y Gombrowicz en la áurea época de la traducción ferdydurkista. El polaco aumenta al máximo sus quejas y exigencias y su tono se vuelve grave, cuando no decididamente áspero. Se le vuelve a reclamar a Piñera y a Rodríguez Tomeu (ya que las cartas usualmente van dirigidas a ambos) su reincidente (e imperdonable) falta de reciprocidad. Gombrowicz va pasando de la figura del despechado al de un abandonado que, a pesar de ello, insiste en preservar y buscar el diálogo. Una carta del ocho de noviembre de 1951 lo muestra decididamente indignado: "Estimados Virgilio y Humberto, Me resulta un tanto violento recordar a Vds. la existencia de mi persona", y otra anterior, que estimamos a inicios de 1950, confiesa la consternación e incomprensión que le produce el silencio de los cubanos: "Estimados Virgilio y Humberto: No me resulta muy claro porque Ustedes no me escriben [...] me extraña que han olvidado a una persona como la que os escribe". Alejandro Rússovich (que en aquel momento vive en un cuarto de la misma pensión en que se alojaba Gombrowicz) interviene al final de la carta para confesar que la ida de los cubanos de Argentina ha marcado un antes y un después: "Por aquí después que se fueron ustedes nos hemos ido desvinculando poco a poco de la pequeña colonia cubana de Buenos Aires" (Gombrowicz se refiere en otra carta a estos compatriotas cubanos como los bailarines[537]), y es rotundo respecto a la nueva condición que han ganado Piñera y Humberto:

[537] Según Reinaldo Arenas, la amistad de Gombrowicz y Piñera estuvo también asentada en la vivencia común del "flete" o nomadismo erótico. En su autobiografía, Arenas relata que "Durante la República, por los problemas económicos y, según Virgilio, por el desasosiego cultural que se padecía en Cuba, emigró a Argentina y allí pasó más de diez años como un Kafka del subdesarrollo. Pero allí conoció al escritor polaco Witold Gombrowicz. Emigrados los dos, fueron amigos y compañeros de fle-

> El único recuerdo vivo de ustedes es el fantasmal edifício de la calle Corrientes frente al cual pasamos todas las noches al salir del sempiterno Rex e invariablemente hacemos las mismas reflexiones nostálgicas sobre nuestros dos 'difuntos', que así –no sé si sabrán– los llama Gombrowicz.

Se diría, de forma general, que luego de la gesta ferdydurkista, y sobre todo desde el primer regreso de Virgilio Piñera a su país, la correspondencia plasma una suerte de duelo no sólo de aquella época de la publicación de la novela que significó el auge del afecto y afinidad entre Piñera y Gombrowicz, sino también el duelo de las ilusiones (perdidas) que resultaron de esa intensa y productiva amistad. Como se sabe, la traducción argentina de *Ferdydurke* no tuvo mayor repercusión en el ámbito nacional, algo esperable sin el apoyo del grupo que se reunía en torno a la revista *Sur*. El secretario de esta revista (en aquel momento Raimundo Lida) alega, por intermedio del escritor Ernesto Sábato, que la traducción era penosa y que a su juicio tenía que ser rehecha por completo. La reacción de Gombrowicz en una carta muchas veces citada, es la del asombro:

> Estimados Piñera y Humberto. Acabo de recibir una carta de Ernesto donse se disculpa por lo de *Sur* y *Qué*. [...] el amigo Ernesto, cuando en mi presencia leia un fragmento objetaba algunas frases y, a pesar de mis aclaraciones, decía que de ningún modo esas frases eran aceptables (criticaba por

te y aventuras eróticas" ver Reinaldo, Arenas, *Antes que anochezca. Autobiografía*, Barcelona, Tusquets, 1992, p. 106. Este nomadismo erótico homosexual en la Buenos Aires de los años cincuenta puede llegar a sorprender si pensamos que el peronismo de aquel entonces organizó junto a la iglesia católica un régimen contravencional restrictivo del deambular erótico ("De la casa al trabajo y del trabajo a la casa", fue uno de los lemas del General Perón), sin embargo el antropólogo y poeta argentino Néstor Perlongher sugiere que gracias a la impronta popular del peronismo se habría generado un inusual acontecimiento clasista-sexual: "Sugiero pensar –nos invita a pensar Perlongher– que con el peronismo los obreros ganaron el centro y se encontraron allí con los homosexuales. [...] El erotismo que nace de ese encuentro de clases es potente. La relación de la marica de clase media con el chongo villero no sólo llenó lamentaciones –como *La Busca de la Ballena* de Héctor Larra–, sino también saunas. Testimonios personales dan cuenta de saunas gays en Buenos Aires en la década del '50, cuando no los había en Nueva York" (Perlongher, documento CEDAE n° 0315, sin fecha). Recordemos que la Buenos Aires de los cincuenta es el territorio por donde se desplaza "El Puto" en la novela *Transatántico* de Gombrowicz.

ejemplo la palabra 'tal' en vez de 'como', la palabra 'carro' en vez de 'coche', etc.). Confieso no poder compreender, Piñera, como entre dos buenos estilistas como usted y Ernesto puedan existir tales diferencias.[538]

Piñera reconoce en "Gombrowicz en Argentina", un artículo escrito para la revista parisina *Cuadernos* (nº 45, 1960)[539], que "los críticos, sobre todo los gramáticos [...] En general tenían razón" y alega que "como la publicación del libro era inminente, fue imposible hacer una revisión 'con microscopio'" aunque rechaza que en virtud de algunas "palabras mal empleadas" la traducción fuera ilegible.[540] A

[538] Pablo Gasparini, *El exilio procaz: Gombrowicz por la Argentina*, Rosario, Beatriz Viterbo Editora, 2007, p. 139.

[539] Este texto le es solicitado por Gombrowicz a Piñera (ya definitivamente instalado en Cuba) en una carta fechada el 27 de enero de 1959 en Tandil "Mi estimado Virgilio: ¿Acaso Humberto recibió mi carta donde yo preguntaba si alguno de ustedes no escribiría para *Cuadernos* sobre Ferdy? Ocurre que K.A. Jelenski (el regisseur como quien diría) habló con Gorkin, director de *Cuadernos*, y este le dijo que gustoso publicaría en *Cuadernos* un fragmento mío precedido de una nota sobre la historia de Ferdy en América Latina [...] Considero, Piñeyro, que nadie mejor como usted para cumplir tal tarea, ya que era el principal traductor y presidente del Comité. Naturalmente hay que escribir a la altura de mi actual condición, ya que abiertamente se habla de mi como de genio y de Ferdy como de obra cumbre. *En passant* podría mofarse algo de los incapaces que no supieron captar; y distribuir algunas pullas (¿o cómo sé dice?) a diestra u siniesra. Si esto le resulta tentador (*Cuadernos* pagan bien, supongo) avíseme y yo escribiré a Gorkin o aún pueden hacerlo directamente con tal que no haya mucha demora", ver Virgilio Piñera, *Virgilio Piñera, de vuelta y vuelta. Correspondencia 1932-1978*, La Habana, Ediciones Unión, 2011, pp. 222-223. En carta sin fecha, pero seguramente datada entre 1959 y 1960 (año de la publicación de "Gombrowicz en Argentina"), el escritor polaco se encarga de apuntar una serie de cuidadosos consejos para la escritura de este texto que encontraba fundamental para la recepción de su obra "Si la escribes en forma demasiado polemica Gorkin no la publi cará pues Cuadernos es una revista internacional y por lo tanto muy diplomática. [...] No es necesario que me llames genio, aunque es lo natural. Basta que empiezes (*sic*) p.e. asi "GENIAL AUTOR DE FERDYDURKE, RECIEN DESCUBIERTO PARA LA EUROPA OCCIDENTAL"ASI CALIFICA A GOMBROWICZ Y A SU SITUACION ACTUAL EN EUROPA EL EMINENTE CRITICO FRANCES BONDY" ETC. [...] Elogiame por bocas ajenas. AL COMIENZO hay que ponerlo – porque los editores se fijan siempre en EL COMIENZO de la nota".

[540] Virgilio Piñera, "La legendaria traducción de Ferdydurke", *Debate*, 19 de marzo de 2004, pp. 44-46.

juzgar por el embarazo que parece causarle a Sábato justificar la actitud del secretario de *Sur* (sus observaciones no son más que estilísticas u obedecen a una mezcla de variantes: "carro" –Cuba– por "coche" –Argentina–) queda claro, como hemos trabajado, que la resistencia de Raimundo Lida obedece menos a una cuestión de traducción que a razones de otro orden más bien relacionadas a la inasimibilidad del polaco en el grupo hegemónico del campo literario argentino.[541] El recorrido europeo de la traducción será, sin embargo, otro. Como sabemos será gracias a ella que figuras de la talla de Albert Camus llegan a leer la novela de Gombrowicz y que luego el libro, gracias a la intermediación de Jelenski, llega a conocimiento de Francois Bondy y de Maurice Nadeau quien alienta y dispone la publicación en francés en 1958. Se trata de una edición que consagra el reconocimiento del polaco en su continente, ya que desde 1957 diferentes obras suyas se publican (aprovechando un intersticial momento de deshielo político) en Polonia, coronando un movimiento de "retorno" que se había iniciado en 1951 con la aparición por entregas de su novela *Transatlántico* en la revista de exiliados polacos *Kultura*.

Quizás este progresivo camino a la consagración sea el que esté por atrás del incipiente gesto de Gombrowicz por "ayudar" a los cubanos a internacionalizarse o, al menos, a ganarse algunos dólares. El verdadero objetivo de la carta del ocho de noviembre de 1951 que citáramos más arriba radica en informarle a los "Estimados Virgilio y Humberto" una posibilidad que le hizo saber "la escritora Kuncewiczowa [...] presidente del Comite for Writers in Exile" que consiste en:

> dos puestos vacantes para escritores (con obras publicadas) sudamericanos en Paris y bastante bien remunerados, además que el trabajo deja tiempo libre en abundancia. Contrato para 3 años y hay que tener la noción rudimentaria del frances. Se paga en dolares. [...] Si esto les interesa a lo mejor lograrán vencer la repulsión que les inspiro. Cordialmente. Witold Gombrowicz.

Trechos como los de arriba, en los que el polaco comparte las posibilidades que se le van abriendo en el mundo literario europeo, no

[541] Ver Pablo Gasparini, *El exilio procaz: Gombrowicz por la Argentina*, ob. cit.

son nada incomunes en la correspondencia; por ejemplo en otra carta, fechada el dieciseis de noviembre de 1953, Gombrowicz informa que:

> En el último numero de Preuves (importante revista en Paris, muy antibolche) apareció una reseña sobre Ferdydurke y en el numero de diciembre se publicaran fragmentos de Ferd, Casamiento y Trasatlantico. Me parece que Ustedes podrían aprovechar esta oportunidad para entrar en contacto con Preuves – en todo caso por las dudas les doy este dato. La reseña esta escrita por Bondy, director de la revista [...] Les aviso por si acaso, ya que quisiera poner a disposición de Vds. todas las posibilidades que podría procurar Ferd. por más remotas que sean y eso en vista de la gauchada que me hicieron. Estoy en contacto con Bondy y, si Vds. quisieran mandarle algo, podría escribirle también.

Palabras como estas nos hablan de cierta retribución por lo que Gombrowicz consideró un trabajo colectivo pues se trata que el camino en aquel momento promisoriamente ascendente de *Ferdydurke* repercuta y también tenga efectos en aquellos que lo habían ayudado a revivir una obra que, como él mismo autor declarara en su *Diario*, creía muerta y olvidada. Frente a la "gauchada" (favor gratuito por vocación solidaria y fraterna) Gombrowicz responde enunciándose como un sujeto afectivamente endeudado: "sé lo que debo a la AMISTAD y no ahorro esfuerzo ninguno. Sepalo Piñeiro que le voy a introducir en las letras" asevera, con imágenes de plena lógica económica, en una carta del 27 de octubre de 1956.

Más allá del éxito o no de estas oportunidades que Gombrowicz supone abrirle a Piñera en Europa, lo cierto es que la correspondencia parece sugerir cierta matización respecto a lo afirmado por Alessandra Riccio en "Witold Gombrowicz o de la ingratitud (la traducción de Ferdydurke)". En este artículo, la crítica italiana señala que:

> es de lamentar que con el pasar de los años y con la llegada del éxito y de la fama, el autor haya empezado a olvidar y juzgo como un gesto de verdadera ingratitud el hecho de que al preparar su propia biografía para el cuaderno de "L'Herne" (cuaderno al que trabajó en los últimos tiempos de su vida con gran empeño, orientando a Jelenski y de Roux, siguiendo paso a paso los adelantos y pasando horas en largas entrevistas) saltee por completo el año 1946 con los meses de trabajo en la sala de ajedrez del Rex y 1947 cuando la novela aparece en Argos. Un olvido que no puede ser casual y que se reafirma en la Biblio-

grafía del mismo *Cahier* donde en la sección "Bibliographie des traductions de l'œuvre de Gombrowicz", encontramos en el primer lugar la traducción al francés de Julliard mientras para la edición argentina, postergada al quinto lugar, se cita la misma traducción pero en su segunda edición, publicada por Sudamericana en 1964 con un prólogo de Ernesto Sábato. Un error cultural y una ingratitud de parte de quien sabía muy bien, y lo había escrito, la importancia de aquel libro de la pequeña editorial Argos.[542]

Polémicas aparte, resta aún por indagar las razones de la resistencia epistolar del cubano, aquello que Gombrowicz le recrimina una y otra vez. Arriesgo que parte de esa reticencia no es personal sino que debe leerse, al menos en cierto momento, en conjunción con las dudas que Piñera y Pepe Rodríguez Feo parecen guardar respecto a la publicación de algunos textos de Gombrowicz en *Ciclón*, paradojicamente aquella revista, al decir de Arenas, "mucho más irreverente"[543] que *Orígenes*, con la que Virgilio decide romper en 1957.

En "Acerca de algunos extranjeros en *Orígenes*", Kanzepolsky (2004) sostiene que esa resistencia no sólo se plasma en la demora de la publicación de "Contra los poetas" (que aparece recién en el número 5 del 5 de septiembre de 1955) sino también en la decisión de no publicar un fragmento del *Diario* en el que explícitamente el polaco hablaba mal del grupo *Sur*. La correspondencia de Piñera con Rodríguez Feo es, en este sentido, transparente. Kanzepolsky, cita una carta de marzo de 1956 en la que Virgilio le escribe a Rodríguez Feo:

> No conviene en estos momentos ponernos mal con Borges, Victoria y Sur, etc. Está a punto de salir lo tuyo en *Sur*, también mi novela. Además, ese artículo hace gran elogio de mi persona en detrimento de los escritores argentinos. Podría tomarse como que *Ciclón* aprovecha la coyuntura para destacar a un escritor cubano. Por supuesto que deberá ser publicado, pero esperemos a que las cosas hayan ido apareciendo. No vamos ahora a echar por tierra el edificio levantado con tanto trabajo.[544]

---

[542] Alessandra Riccio, "Witold Gombrowicz o de la ingratitud (la traducción de Ferdydurke)", *Inti*, volumen 1, n° 48, 1998, p. 23.

[543] Reinaldo Arenas, ob. cit., p. 106.

[544] Virgilio Piñera, *Virgilio Piñera, de vuelta y vuelta. Correspondencia 1932-1978*, ob. cit., p. 146.

El fragmento de *Diario* (referido en la carta como "ese artículo") nunca fue publicado. La respuesta de Rodríguez Feo no deja dudas sobre el cuidado de los responsables de *Ciclón* por resguardar las tan ansiadas relaciones con los escritores de *Sur*, Borges incluido:

> Querido Virgilio: La censura a Witoldo me ha causado enormes trastornos; me ha dejado trastornado, sin más. Ya la revista está para ser "tirada". ¡Imaginaos! Sin embargo, tu opinión era la mía. Lo que dice el polonés nos hubiese causado estragos en la línea de defensa delantera y el flanco porteño hubiese peligrado enormemente. [...] Te envío las páginas de Witoldo con los párrafos que propongo sean expurgados para así no ofender al círculo celeste del sur. Debes hablar con ella (*sic*) y decirle que si estima debe ser tachado estas líneas, que mande otro fragmento.[545]

El polaco, que en una carta del 23 de febrero de 1957, afirmaba que "en la literatura hay que proceder con dureza y firmeza"[546], reacciona de forma ruda ante lo que juzga ser los excesivos cuidados de los cubanos:

> Estimado Virgilio, recibí su carta. Hagan lo que quieran. Es lamentable que nos comprendamos tan poco. Frente a reacciones como la suya, me doy cuenta de todo mi exotismo entre Uds. –diferencia de planteo, métodos, de ver la literatura, aun de actuar. Lo que nos une es probablemente mas superficial de lo que nos separa. Estoy apenado, en todo caso, que mi esfuerzo para serle útil no ha resultado.

No será la única vez que estalle la desavenencia. Ya en la década del sesenta, en una carta del 16 de enero de 1961 motivada al parecer por la escritura de "Gombrowicz en Argentina" (aparentemente Piñera no habría seguido los estrictos consejos que el polaco había determinado para ese texto) la discusión se dice a partir del omnipresente léxico revolucionario[547] y se le agrega, además, la mordaz referencia

[545] Ibid., pp. 147-148.

[546] Ibid., p. 175.

[547] En este aspecto, como bien lo subraya Milda Žilinskaitė, la correspondencia se hace sabrosamente sarcástica. La carta del 27 de enero de 1959 (ya citada en la nota 7) remata con una punzante referencia a la revolución en Cuba: "¿Qué tal el embriagador aire de la libertad y el fervor patrio? Aprovechen para condenar a los infames y alabar al gran Jefe" ver Virgilio Piñera, *Virgilio Piñera, de vuelta y vuelta*.

a las por entonces aceitadas relaciones de Virgilio con los integrantes de *Sur*:

> Mi pobre Virgilio, no se trata de insultos, sino de que la SOBERANIA excesiva no siempre conduce a resultados positivos. Reconozco su derecho a la autodeterminación y no pretendo ser imperialista; pero cuando yo le pido una nota-prefacio con fines bien definidos, hay que tomarlo un poco en cuenta; o avisarme que me busque otra persona.
>
> Los párrafos eliminados que cita no añaden gran cosa. Al fin y al cabo no tiene gran importancia este asunto. Si tiene naturaleza de submarino, si le gusta hundirse a sí mismo y a su propio trabajo (su obra mejor dicho) haga lo que le dicta su naturaleza de colibrí ahogado, allá Ud., yo no me meto, cada uno con lo suyo, yo con Ferdy, Ud. con Victoria Ocampo en el eterno cha-cha-cha de sus palmeiras. Chau, cha, cha.[548]

De la fervorosa gesta de finales de los cuarenta, punto más intenso de una amistad asentada sobre la afinidad literaria y el rejuve-

---

*Correspondencia 1932-1978*, ob. cit., p. 223. En este tópico, el tono es el mismo de las cartas dirigidas a Humberto Rodríguez Tomeu. El 12 de enero de 1959 lo saluda con un irónico "Viva Fidel Castro!, y otra (referida también al famoso texto para la revista *Cuadernos*) comienza con una provocativa comparación entre la Revolucion cubana y el golpe de estado a Perón en 1955 (bautizado como "Revolución Libertadora"): "Cher Humbert, veo que la Libertadora tropical le ha confundido bastante el mate", y remata: "Me alegra oír que ya tienen contactos con los vencedores del Tirano y Libertadores de la Patria. Gloria! Gloria! No se callen la boca en estos momentos históricos". De acuerdo a Žilinskaitė, Piñera, que habría leído esta carta a Rodríguez Tomeu, responde en registro jocoso "La Revolución sigue su marcha triunfal. La isla está llena de barbudos y... barbudas. ¡Viva las barbas! Aunque sé que no te gustan" ver Milda Žilinskaitė, *Witold Gombrowicz and Virgilio Piñera, the Argentine Experience*, University of California, San Diego. Dissertation submitted in partial satisfaction of the requirements for the degree Doctor of Philosophy, 2014, p. 202. Como si fuese una premonición del infausto destino de Piñera a partir de 1961, Gombrowicz en una carta del 9 de agosto de 1958 a Rodríguez Tomeu escribe: "Ditez a ce pauvre Piñeyro que no sea pavote, sachez que los bolches han apretado otra vez y el pobre no tiene idea de lo (*sic*) como es por alla, en esas benditas regiones. Asi que yo FUI el mas grande durante 2 años y ahora no lo soy" (se refería al cierre de la apertura política que, desde 1957, con la llegada de Gomulka al poder, le había permitido publicar en Polonia *Ferdydurke*, y luego *Transatlántico*, *El matrimonio* e *Yvonne Princesa de Borgoña*).

[548] Virgilio Piñera, *Virgilio Piñera, de vuelta y vuelta. Correspondencia 1932-1978*, ob. cit., p. 231.

nicimiento textual (y quizás sexual-corporal) de Gombrowicz[549], la correspondencia pasa a la elaboración de un duelo por la ausencia de Piñera y por las frustradas expectativas incubadas durante la áurea época ferdydurkista. Los cubanos son ahora "los difuntos" que, desde la "lejana Cuba" (como graciosamente Gombrowicz suele adjetivar al país de Piñera) no dan demasiado retorno a la incesante correspondencia del polaco que comienza, durante los años cincuenta, a consagrarse en Polonia, Francia y otros países; un ascenso (y revancha sobre el indiferente medio argentino) que Gombrowicz procura compartir en amistoso reconocimiento a la "gauchada" de la traducción al castellano de su principal novela. Pero los caminos se han desencontrado. Piñera, responsable por *Ciclón*, persigue y consigue colaboraciones de los integrantes de *Sur*, revista donde incluso a partir de 1956 comienza a publicar[550]. A pesar o en razón precisamente de la valoración positiva que al polaco le merece la obra del cubano[551], el antiguo "difunto"

549 Trabajo el rejuvenecimiento de *Ferdydurke* en Argentina como parte del "rejuvenecimiento" que Gombrowicz dice experimentar en ese país en " 'Carne fachera'(sobre *La carne de René*, *Ferdydurke* y *Paradiso*) ", ob. cit.

550 Sobre la cuestión, leemos en el artículo de Adriana Kanzepolsky: "Escritores ausentes en la década del cuarenta ingresarán a *Sur* en el decenio siguiente, y otros aumentarán su participación. El mismo Piñera es un buen ejemplo en este sentido. En los años de *Orígenes* su nombre no figura entre la lista de colaboradores; sin embargo, a finales de la década del cincuenta comenzará a firmar notas con cierta asiduidad. Es recién en 1956, en su tercera estancia en la Argentina, ya como corresponsal de *Ciclón*, que el cubano conoce por intermedio de María Zambrano a José Bianco –secretario de redacción de *Sur* en la época– y es seguramente por intermedio de éste que publica en la revista argentina, además de diversas críticas –particularmente sobre teatro–, varios de los cuentos que más tarde integrarán *El que vino a salvarme*", Kanzepolsky, Adriana. "Acerca de algunos extranjeros: de *Orígenes* a *Ciclón*", *Revista Iberoamericana*, Volumen LXX, nº 208-209, julio-diciembre 2004, p. 138.

551 En carta de septiembre de 1956 "Leí como cincuenta páginas de su volumen *Cuentos fríos*. Sepa, en todo caso, que estoy en verdad impresionado y creo que esto lo consagrará definitivamente, su verdadero terreno es el cuento. El libro tiene más fuerza de lo que posiblemente sospecha. Más rico que *La carne de René* ya que contiene variantes. No le haría ilusiones, Virgilio, respecto a un asunto tan importante para usted así que puede confiar en mi sinceridad" ver Virgilio Piñera, *Virgilio Piñera, de vuelta y vuelta. Correspondencia 1932-1978*, ob. cit., p. 174. Sobre *Cuentos Fríos* incluso llega a escribir una nota en la que dice: "Piñera quiere hacer palpable la locura

gana entonces la transparente figuración de un "colibrí ahogado" y esto no sólo por el desprecio que a Gombrowicz le parece generar que el cubano se incorpore a esos escritores que en otro momento el propio Piñera había calificado como los mejores representantes del "tantalismo" de la literatura argentina (en el ferdydurkista "El país del arte") sino, de forma premonitoria, por la muerte en vida que Piñera, entre tantos artistas y escritores cubanos, tendrían desde las famosas "Palabras a los intelectuales" de 1961. Gombrowicz, recordemos, fue un autor que salvo breves períodos de tolerancia estuvo prohibido en su país hasta el año 1986, así que bien sabía de las opresivas relaciones entre práctica artística y sujeción de la vida cultural a los mandatos de la política oficial.

Ambos escritores intercambian sus últimas cartas en 1968. Es el primero de enero de ese año y Gombrowicz le agradece a Piñera la escritura de "Gombrowicz por él mismo", un texto en el que el cubano cita por extenso algunas de las numerosas cartas que el polaco le enviara a propósito de la publicación de *Ferdydurke*. En cuanto Gombrowicz se emociona por su propia voz y por la ventana al pasado que le produce la lectura de su correspondencia ("Querido Virgilio: Kot Jel. dice que su texto es excelente y yo digo lo mismo, con emoción escuchaba mi voz de antaño y los tiempos heroicos!"[552]), Piñera, en respuesta del 5 de febrero, se conmueve porque encuentra que en el presente la voz de su amigo resuena de la misma manera que en aquel pasado que cimentó su amistad: "Querido Gombrowicz, ¡Cuánto tiempo...! Nada ha faltado para que muramos los dos sin habernos vuelto a escribir y hablar. Como siempre, usted "genio y figura hasta la sepultura". Leyendo su carta oía su voz y veía su "facha". Rejuvenecía veinte años."[553]

---

cósmica del hombre que se devora a sí mismo mientras rinde tributo a una lógica insensata. Su rica imaginación le permite mostrarnos el contraste entre el hombre y su ley [...] Es un moralista que se estrella contra dos grandes ausencias: la ausencia del alma y la del Ser transcendente" ver Cristofani Barreto, T.; Gianera, P.; Samoilovich, D. "Cronología", ob. cit., p. 27.

552 Virgilio Piñera, *Virgilio Piñera, de vuelta y vuelta. Correspondencia 1932-1978*, ob. cit., p. 242.

553 Ibid., p. 243.

Luego de afirmar su autonomía ante las siempre impetuosas observaciones del polaco ("Por mi carta al señor Jelinski verá lo que acepto suprimir y lo que no acepto"), Piñera decide contrastar su situación con la de Gombrowicz que se dice al pleno galope ("todos los días, sin parar, cartas, editores, traductores, agencias, teatro, televisión, radio, intervius, visitas, proposiciones"[554]) de su fama: "Lo veo literalmente galopando, es ése el precio de la gloria. En cambio como a mi todavía no me ha llegado en la gigantesca medida en que a usted, simplemente, trato, mi querido Gombrowicz, y quién sabe si llegaré sencillamente a andar al paso."[555]

Virgilio nada le cuenta a Witoldo de su miedo a enfrentar la delación y la cárcel que le confiesa, por ejemplo, a Juan Goytisolo en una visita de éste a Cuba en 1967 ("Me contó con detalle la persecución que sufrían los homosexuales, las denuncias y redadas de que eran objeto, la existencia de los campos de la UMAP"[556]). Frente a ese "terror mortis" la rejuvenecedora voz de Gombrowicz lo anima a huir entre las "risitas" de una final y sarcástica "abocpochadocara"[557]: "Bueno, cuídese" le aconseja, para luego añadir humorísticamente: "pero no suprima el galope".[558]

[554] "estoy galopando, galopando, medicamentos, médicos, paseos, respiraciones, al galope, damas, caballeros, visitas, al galope, al galope, al galope, al galope", Ibid., p. 243. La imagen del galope proviene de su obra *Opereta*.

[555] Ibid., p. 244.

[556] Cristofani Barreto, T.; Gianera, P.; Samoilovich, D. "Cronología", ob. cit., p. 29.

[557] Hacemos aquí referencia a una parte de la ya citada carta de 1949 en la que Piñera escribe: "Cómo resolví yo mi terror mortis? Pues con la abocpochadocara. Una risita, dos risitas, tres risitas… y yo ya no tenía nada que ver con la muerte" ver Virgilio Piñera, "Cartas desde y hacia Buenos Aires", ob. cit., p. 25.

[558] Virgilio Piñera, *Virgilio Piñera, de vuelta y vuelta. Correspondencia 1932-1978*, ob. cit, p. 244.

# Entrevista a Abilio Estévez De Saint-Simon a Marcel Proust: las memorias francesas de Virgilio Piñera

ARMANDO VALDÉS-ZAMORA

ARMANDO VALDÉS-ZAMORA [A.V.Z]: Es un tema conocido por los especialistas de Virgilio Piñera su atracción por la lengua y la cultura francesas. De una manera general ¿cómo consideras –y recuerdas– esa atracción en su vida diaria y en su actividad literaria?

ABILIO ESTÉVEZ [A.E.]: Creo que, en ese sentido, Virgilio Piñera continúa una tradición latinoamericana que viene desde finales del siglo XVIII. El punto de giro que fue la Revolución Francesa, el romanticismo francés, los simbolistas, la revolución baudeleriana, ese *frisson nouveau* (Victor Hugo *dixit*) que significó Baudelaire y que reveló una sensibilidad casi inédita, nos descubrió la belleza de lo feo, grotesco y lo terrible... El siglo XIX en Cuba fue en sentido general un siglo antiespañol, con el agregado de que, también en sentido general, no fue un buen siglo para la literatura española, si se ponen a un lado los casos de Clarín, Benito Pérez Galdós y dos o tres más. París fue el centro irradiante para los escritores latinoamericanos. Para los cubanos, con esa figura maravillosamente decadente que fue Julián del Casal. Casal, nuestro pequeño Des Esseintes. El siglo XX cubano comienza con esa fascinación por la cultura francesa. Rubén Darío llegó a declarar: "París era para mí como un paraíso en donde se respirase la esencia de la felicidad sobre la tierra. Era la Ciudad del Arte, de la Belleza y de la Gloria; y, sobre todo, era la capital del Amor, el reino del Ensueño". Esa frase podían haberla suscrito cualquiera de los escritores contemporáneos y posteriores a Rubén Darío. Piñera pertenece, como no podía ser de otra forma, a esa fe. Comenzó muy joven a estudiar francés. El poeta y arqueólogo Felipe Pichardo Moya fue su profesor de literatura en el Instituto de Segunda Enseñanza de Camagüey y ejerció una importante influencia sobre el adolescente Piñera. Pichardo Moya era además sobrino de Francisco Javier Pichardo, también poeta y traductor al español de *Les Trophées* de José-María de Heredia. Luego estudió francés solo o con profesores particulares (cuando podía permitírselo). A veces, los profesores particulares eran amigos (Charles Stonehill) con los que simplemente mantenía largas conversaciones en francés. Según contaba, ya con veinte años podía leer *Las diabólicas* de Barbey D'Aurevilly o la *Sylvie* de Gerard de Nerval. Para practicar el francés, por esos años se aficionó a leer sobre las realezas europeas, principalmente las españolas y francesas, gracias a las *Memorias* de Saint-Simon y a la *Revue Historique,* cuyos ejemplares encontraba en la Biblioteca Nacional, que entonces estaba en el Castillo de la Fuerza y dirigía José Antonio Ramos. Era de esperar que ese "afrancesamiento" marcara incluso su vida cotidiana. Leía cuanto caía en sus manos, fundamentalmente en francés. Estaba asociado a la biblioteca de la Alianza Francesa de La Habana; biblioteca que, como él decía medio en broma medio en serio, había leído completa. A veces yo le decía que parecía un personaje de Tolstoi, porque su conversación se completaba con expresiones francesas. Si subíamos a un "botero" repleto de personas, comenzaba a hablarme en francés, con el inevitable escándalo de quienes iban en aquel taxi compartido. Siempre que había extraños cerca, hablaba en francés.

[A.V.Z.]: En el libro *Piñera corresponsal. Una vida en cartas*, de 2016, de Thomas F. Anderson donde se reúnen las cartas a Humberto Rodríguez Tomeu (1919-1994), Piñera hace infinidad de alusiones a las "carnitas ", es decir a libros que insisten en detalles de la vida de personajes históricos o literarios de la France desde el período clásico (siglos XVII y XVIII) hasta el siglo XX. Asombra la diversidad de alusiones (de la Marquesa de Sévigné, Bossuet, Mazarin, Talleyrand, Chateaubriand a Sade y a Genet, etc.) al parecer tomadas de fuentes diversas. ¿De qué manera Piñera se fue formando esos conocimientos y adquirió su original visión de la literatura e historia francesas?

[A.E.]: En efecto, cuando le enviaban o encontraba alguna revista *Historia*, decía que tenía *carnita* para la semana. Recuerdo en su casa un ejemplar en francés de las cartas de Mme de Sévigné, que leía una y otra vez. A veces, solía traducir alguna carta en voz alta al propio tiempo que la iba leyendo. Le encantaban aquellas cartas llenas de cotilleos de la corte. Su exigua biblioteca estaba compuesta casi en su totalidad de libros franceses. Recuerdo en su casa las *Memorias de ultratumba*, de Chateaubriand. *En busca del tiempo perdido*, *Las flores del mal*, *El opio de los intelectuales*, *El hombre rebelde*... Era de las pocas personas que podía traducir al leer, simultáneamente, un texto en francés como si estuviera leyendo en español. Le gustaba contar cómo Gombrowicz se burlaba de su lado snob, de su pasión por las casas reinantes y sus rituales. Sin embargo, creo que la verdadera influencia francesa en Virgilio Piñera, que viene acaso de un camino abierto por Baudelaire, está en Alfred Jarry, en Antonin Artaud, en la Patafísica y el Oulipo. El último libro que nos tradujo en voz alta (y cuya lectura no llegó a terminar) fueron las conversaciones de Raymond Queneau con George Charbonnier, la edición de Gallimard. Admiraba mucho, como se puede deducir de su literatura, a Raymond Queneau. Creo que hay un lado de su obra que entronca con la Patafísica y, sobre todo, con el Oulipo: todos esos poemas de "Si muero en la carretera" o incluso los poemas escritos en francés de "Tout un cortège fantasque". Ahí está a mi modo de ver la mayor influencia francesa en Virgilio Piñera.

[A.V.Z.]: Llama la atención que esta pasión de Piñera por la historia literaria y política francesas no se retoma en su narrativa, nada apegada ni al realismo ni al relato histórico. Pienso en las *Mémoires* de Saint-Simon o en *À la recherche du temps perdu* de Proust –la excepción que confirma la regla en su narrativa quizás sea "Otra vez Luis Catorce", un cuento de 1975. Tú, que también eres dramaturgo, ¿piensas que es en el teatro donde más se puede identificar la presencia de una estética francesa –existencialismo, absurdo– en la literatura de Piñera?

[A.E.]: Como te dije en la respuesta anterior, aquello que lo fascinaba no era lo que quizá pudiéramos llamar el lado *cartesiano* de la literatura francesa. Lo que más se avenía con su personalidad de "oscura cabeza negadora" (frase de Lezama Lima), se hallaba en ese otro lado de la literatura francesa (¿también cartesiano a su modo?) que venía de Baudelaire y continuaba en Rimbaud y abría un camino para Jarry y aquellos que transgredían la barrera del lenguaje, esa necesidad de romper las expectativas del lector, sacarlo de su zona de confort. Piñera nunca fue complaciente, sino disruptivo. Le interesaba la vida en la corte de los Austrias tanto como le interesaba jugar canasta: un pasatiempo. Su verdadera necesidad literaria venía quizá del primer parlamento de una pieza de teatro: el Padre Ubú exclamando: ¡Mierda! Si observas bien, "Otra vez Luis XIV" es un cuento cuyo centro no está ni en París ni en Luis XIV. Como casi siempre en sus narraciones, el lugar está desdibujado, casi no importa. Lo llamativo en esa historia es una cierta visión del poder, de la necesidad que tenemos los seres humanos de confiar en un poder. Desde cierto punto de vista, este cuento es una variación del aquel tema de su pieza teatral *Jesús*, con el añadido, en este caso, de una especie de eterno retorno. Como bien destacas, el cuento es de 1975; me parece que no deberíamos pasar por alto esa fecha. Por supuesto, puede que sea lícito decir que Piñera concebía la vida como un inmenso absurdo. Quizá la mayor influencia no habría que buscarla entre los franceses, o sólo entre los franceses, sino en alguien que cambió para siempre la concepción que tenemos del mundo, Franz Kafka.

[A.V.Z.]: Me parece que un ensayo de 1955 –por suerte rescatado recientemente–[559] titulado "Cuba y la literatura" es un buen ejemplo de la manera en que Piñera se representa tanto la literatura cubana de entonces como la francesa en general, a veces a través de contrapunteos como el de los dos Heredia, el cubano y el francés. En una buena parte de ese extenso ensayo Piñera es muy crítico con la literatura cubana al mismo tiempo que la compara con la francesa. Al hablar de los dos Heredias concluye que el "primo francés" del cubano "ha sido difundido universalmente" "pese a su tontería", "por el hecho de expresarse en el idioma de una gran literatura". ¿Por qué crees que la literatura francesa para Piñera fuera en la mayoría de los casos el principal modelo que él utilizara para interpretar la nuestra, la cubana?

[A.E.]: Siempre hacía esas comparaciones yo diría que "profilácticas". Cuando era muy duro conmigo, solía aclararme en algún momento, con esa predilección (nada ingenua, por cierto) por las frases hechas: "Quien más te quiere te hará llorar". Era muy crítico con la

[559] *Virgilio Piñera al borde de la ficción. Compilación de textos*, pp. 190-200.

literatura (la cultura) cubana. Acaso como un modo de "hacer llorar". Él mismo sabía que era injusto comparar una literatura tan joven con una tan antigua. Cuando hablaba de *Mi tío el empleado*, tan elogiado en los años sesenta, tan elogiado por Calvert Casey, recordaba que en Francia ya había publicado Gustave Flaubert. Si se refería a Miguel de Carrión o Carlos Loveira, recordaba que en ese tiempo Proust estaba publicando *En busca del tiempo perdido*. No cabe duda de que su gran paradigma era la literatura francesa. Y sentía la necesidad de "bajar los humos". No, no, autocomplacencia no, que estamos muy lejos de la literatura francesa. Reflexionaba: "Todos los franceses escriben bien, por eso es tan difícil ser un gran escritor francés".

[A.V.Z.]: En los últimos años se ha hablado con frecuencia del Piñera traductor del francés. Desde sus traducciones de Valéry y Aimé Césaire en los números de su revista *Poeta*, hasta sus traducciones en *Ciclón* y en *Lunes de Revolución*, y al final de su vida para la Editorial Arte y Literatura –pasando por su experiencia argentina en la editorial Argos–, es cada vez más conocida esta faceta suya. ¿Tienes recuerdos de esta actividad de Piñera? ¿En qué medida crees que el acto de traducir puede ser una referencia útil para describir y situar a la obra del propio Piñera?

[A.E.]: Sí, claro, muchos recuerdos, porque comentaba los libros que estaba traduciendo. Por ejemplo, recuerdo el tiempo en que traducía *Camino de Europa* del camerunés Ferdinand Oyono, un libro que tradujo con mucho gusto. También recuerdo cuando estaba traduciendo *La tragedia del hombre* de Madach, una edición francesa traducida por Roger Richard. Fue un trabajo que lo entusiasmó sobremanera, también porque lo acompañaba la escritora y editora húngara Eva Toth. Las reuniones de trabajo lo llenaban de vida (esta frase provocaría en él una risa burlona). Estaba tan contento con el trabajo que repetía que *La tragedia del hombre* era mejor que *Fausto* de Goethe. Lo más interesante, a veces traducía por gusto. Cuando no tenía un plan de escritura ni traducía para el Instituto del Libro o las innumerables ocasiones en que se sentía desanimado, se mantenía activo traduciendo poemas de Verlaine, de Mallarmé, páginas del diario de Gombrowicz, cuentos de Tibor Dery, de Bruno Schulz (todos, por supuesto, de las ediciones francesas). A mí me hizo traducir un cuento de Tibor Dery,

"El circo", y luego nos sentábamos, yo leía mi traducción y él leía la edición francesa y me iba corrigiendo. No tengo que aclarar cuánto se divertía con mis imprecisiones. Estaba satisfecho con su traducción de *Las flores del mal*. Fue muy ofensivo para él que Guillermo Rodríguez Rivera prefiriera la traducción de la poetisa argentina Nidia Lamarque. Para Virgilio era una traducción muy cursi. En su opinión, convertía a Baudelaire en un poeta al estilo de José Ángel Buesa. Para colmo, el libro publicado en Cuba, con la traducción de la autora de *Telarañas*, mantenía la censura de algunos poemas. Todo parece indicar que la traducción de Piñera de *Las flores del mal* se perdió definitivamente. Me culpo al respecto. En un acto de desesperación irreflexiva, le di mi copia (que quizá era la única que quedaba) al dramaturgo José Triana y su esposa Chantal Dumaine cuando salían definitivamente para Francia en diciembre de 1980. Creí salvar el libro de este modo. Y lo que hice, sin saberlo, fue hacerlo desaparecer. José Triana nunca más mencionó los textos de Piñera (hay además cuatro cuentos perdidos) que le di. No sé si los llevó a Francia o los dejó en La Habana. No sé si alguna vez se aclarará este misterio. Me reprocho haber sido tan ingenuo de confiar en la benevolencia de los extraños.

[A.V.Z.]: En múltiples ocasiones se ha insistido en el desapego material de Piñera. Llama la atención su decisión de no recopilar libros, de no poseer una biblioteca. La biblioteca material de Piñera es más bien una biblioteca mental, la biblioteca de su memoria lo que quizás explique su necesidad de repetir, citar, recitar "lo francés" leído, traducido, visto o escuchado a lo largo de su vida. ¿Crees que es una paradoja hablar de biblioteca al referirse a la omnipresencia de la literatura y la cultura francesas en los escritura crítica e íntima de Virgilio Piñera?

[A.E.]: No debiera llamar mucho la atención si se tiene en cuenta que, como él decía, siempre había sido "pobre de solemnidad". Vivía al día. A veces, ni eso. No podía darse el lujo de tener una biblioteca. Aunque sospecho que, aparte de la falta de dinero, era lo opuesto a un coleccionista. Vivía de casa huéspedes en casa de huéspedes. A veces, no tenía el dinero para desayunar. En esas circunstancias, ¿podía interesarle cualquier colección? ¿Te lo imaginas, casi sin comer y si ropa adecuada, coleccionando chinerías y japonerías como los hermanos

Goncourt? Su único mundo era escribir. Lo demás, carecía de sentido. Vendió cuanto cuadro valioso tenía, un Portocarrero, un Mariano, un Amelia... Una mañana fuimos a San Francisco de Paula, al museo Hemingway. Toda aquella colección "necrológica" le pareció un horror. Principalmente, y esto lo hizo reír a carcajadas, un objeto acabado de entregar al museo con gran ceremonia: una navaja que había pertenecido al norteamericano. Encontraba en esa acumulación algo enfermizo. He contado en otras ocasiones que en 1977 encontré en la librería Cuba Científica un ejemplar de lord Macauley con su firma y un año, 1937. Cuando se lo llevé, me comentó que todos los libros que compraba los revendía más adelante, una vez leídos. En efecto, carecía de biblioteca. Carecía de las ediciones de sus propios libros. El único que recuerdo allí, en su pequeña estantería era un ejemplar de *El que vino a salvarme*, de la Editorial Sudamericana (1970). Piñera era lo opuesto al coleccionista. Solo que entre sus papeles (se llegaron a reunir más de diez cajas repletas) había innumerables notas sobre cuanto leía. No necesitaba los libros. Le bastaba con haberlos leído. Muy bien leídos. No hacía falta más que leerlos bien. También es cierto que tenía una memoria prodigiosa. Sabía *par cœur* poemas enteros. En una ocasión me dio una edición inglesa de *El cuervo* de Poe y me *hizo tomarle la letra*. Ante mi asombro, dijo el poema entero en inglés. Creo que también podía haber dicho de memoria *La joven parca* o *El barco ebrio*. Piñera no era un hombre nostálgico. En consecuencia, no sentía la necesidad de acumular objetos para *fijar* su propia vida. Tenía una extraordinaria coherencia entre sus conceptos del mundo y su manera de estar en él. Es probable que esto lo haya ayudado en medio de su pobreza material a carecer de biblioteca, ese modo con que queremos detener el tiempo y completar algo que falta a nuestra vida. Su estudio, sus lecturas, le permitieron, en cambio, ser el extraordinario escritor que fue.

VIRGILIO PIÑERA

**Ensayos selectos**

Selección y edición:
Gema Areta

*I.S.B.N.:* 978-84-9074-143-6

La vida de Virgilio Piñera (Cárdenas 1912-La Habana 1979) parece aproximarse a la de Antonin Artaud: una lucha agónica, "lucha por la subsistencia diaria, lucha contra su propia personalidad". El primer combate forja al escritor, el segundo una subjetividad dialéctica que utilizará el dinamismo de las formas literarias (poesía, teatro, cuento y novela) para expresarse, en un delirio de relaciones donde sobresale la espada del pensamiento. El ensayo sería en Virgilio Piñera parte de la mirada crítica de ese gigante de múltiples ojos y fiel guardián llamado Argos, por ello sus ejercicios ensayísticos se encuentran enraizados en el entramado cognoscitivo que sostiene toda su obra, y donde la argumentación adquiere (más allá de los géneros) diferentes concreciones que incluyen artículos periodísticos, páginas autobiográficas, cartas, editoriales de revistas, prólogos, solapas, reseñas, conferencias, entrevistas, reportajes, etc.

VIRGILIO PIÑERA

## Teatro selecto

Edición crítica:
Vicente Cervera y
Mª Dolores Adsuar

*I.S.B.N.:* 978-84-9074-188-7

La edición del *Teatro Completo* de Virgilio Piñera fue publicada en Cuba por Rine Leal en 2002 y contiene en su índice un total de 20 títulos, algunos de los cuales nunca fueron publicados con anterioridad ni tampoco representados. Esta edición que hoy presentamos es la primera Antología de su Teatro publicada en España y viene a llenar un vacío editorial de décadas. Se trata de una nómina de siete títulos (*Electra Garrigó, Jesús, Falsa alarma, Aire frío, El no, Dos viejos pánicos y Una caja de zapatos vacía*) que, sin duda, son altamente representativos de toda su obra dramática. Su lectura confirma la idea de que Virgilio Piñera contiene las claves del teatro cubano